社会责任读本

SHEHUI ZEREN DUBEN

仲　里　张福生 主编

山西出版传媒集团

山西人民出版社

图书在版编目（CIP）数据

社会责任读本／仲里、张福生主编． — 太原：山西人民出版社，2012.6

ISBN 978-7-203-07749-7

Ⅰ．①社… Ⅱ．①仲… ②张… Ⅲ．①社会责任 – 基本知识 Ⅳ．①C91

中国版本图书馆 CIP 数据核字（2012）第 095572 号

社会责任读本

主　　编：仲　里　张福生

策　　划：姚　军

责任编辑：樊　中

装帧设计：王聚金

出 版 者：山西出版传媒集团·山西人民出版社

地　　址：太原市建设南路 21 号

邮　　编：030012

发行营销：0351-4922220　4955996　4956039

　　　　　0351-4922127　（传真）　4956038（邮购）

E – mail：sxskcb@163.com　发行部

　　　　　sxskcb@126.com　总编室

网　　址：www.sxskcb.com

经 销 者：山西出版传媒集团·山西人民出版社

承 印 者：山西晋财印刷有限公司

开　　本：890mm × 1240mm　1/32

印　　张：12.625

字　　数：300 千字

印　　数：1-5000 册

版　　次：2012 年 6 月　第 1 版

印　　次：2012 年 6 月　第 1 次印刷

书　　号：ISBN 978-7-203-07749-7

定　　价：32.00 元

编委名单

序

当今中国，市场经济大潮席卷，经济成就举世瞩目，各种光环令人炫目迷离，但在这喧嚣纷杂中，社会责任的缺失也在不断质问着我们……赖账违约、价格欺诈、假冒伪劣、商业贿赂、财务造假、环境破坏，一桩桩、一件件，无不令人瞠目结舌！

2011年，中国社科院发布了《企业社会责任蓝皮书》。从调查结果看，在被选中评价的300家企业中，按百分制考评，所有企业平均得分不到20分。有近七成企业是旁观者，没有推动社会责任管理，社会责任披露十分缺乏。

据商务部的最新统计，我国企业每年因信用缺失导致的经济损失高达6000亿元，其中因产品质量低劣造成各种损失达到2000亿元。

……

"心能化物"、"厚德载福"，企业的成长离不开社会提供的资源与机遇，离不开员工的心血与汗水，离不开消费者的支持与信赖，离不开今天良好的改革开放环境。而企业在发展过程中，也必须与社会、员工、消费者共同分享企业成长价值。

"失利是小，失信是大"，"小成凭智，大成凭德"，这些中国传统的"仁"商之道一旦丧失，不仅会使企业最终失去立足之地，也会影响全社会的物质福祉，对改革发展起到错误的导向作用，甚至动摇整个国家的根基。

谁来拯救社会责任的缺失？全社会都在探求，殊途同归，只有加强教育，完善制度，强化监督，构建政府、企业、非营利组织和公民和谐共存的科学社会责任体系，才是最终解决之道。

令人可喜的是，近年来国家领导人高度重视，在多次会议上提到企业的社会责任；政府机关和行业机构共同努力，不断出台规章制度进行引导，我国的社会责任体系建设正朝着积极健康的方向发展，力求形成"以政府为主导，以企业为主体，以事业单位、社会团体为补充的社会各界积极参与"的社会责任运行体系。

本书旨在做社会责任的宣传者。全篇语言通俗易懂，笔调客观生动，将理论和实例紧密结合，深入浅出地探究了社会责任的概念、发展历程、适用对象、应有之义、战略管理等问题。但纵观全书，仍有许多不完善之处，望广大读者指正。

2012年5月于太原

（江波，中国电子科技集团公司第三十三研究所所长）

目 录

第一章　社会责任概述

　　社会责任一词是 20 世纪初产生于发达资本主义国家学术界的一个重要概念，它修正了"追求利润最大化是企业存在的唯一目的"这一传统理念，并在与之对抗的过程中得到了发展与完善。随着社会的不断进步，社会责任这一概念被运用到政府、非营利组织和公民的责任承担上。什么是社会责任？社会责任的本质是什么？社会责任的内涵有哪些？社会责任的作用何在？谁应该承担社会责任？这些都是较为复杂和充满争议的问题，本章将对上述问题加以论述。

第一节 社会责任释义

一、什么是责任

"责任"一词的内涵十分丰富，大致有两个方面的意思：一是分内应做之事，即职责或责任关系，这是"积极责任"；二是没有做好应做之事而应承担的不利后果，这是"消极责任"。

按照是否具有强制的特性，可以将责任分为两类：一是强制性责任，它具有非如此不可的性质。社会主体不去履行这些责任，相应主体的存在、权益就会受到影响，可能是利益受到不同程度损害，甚至是面临灭亡的致命威胁；二是非强制性责任，这是出于社会主体意向而自愿承担，主体可以自由的决定，也可以称之为道义上的责任。如"路见不平，拔刀相助"的见义勇为行为，自愿捐出资金去帮助贫困人群、失学儿童等。

英文中有些单词如 duty, liability, obligation, responsibility 都有"责任"的含义，但它们的侧重点又各有不同。如 duty 侧重于职位的规定，liability 侧重于对不当行为承担责任，obligation 来源于法律、合同，侧重于对事情的负责，responsibility 的含义最广，包含责任、义务等。

二、社会责任的定义

什么是社会责任，到目前为止，学术界并没有给出一个权威性的定义，各组织以及众学者各抒己见，现行各国的社会责任标准表达也不一致。这一方面反映了社会责任赖以生存和发展的不同社会背景，另一方面也反映了社会责任在不同的人群中体现为不同意识形态。因此，在确定社会责任定义时不必追求统一的标准和模式，而应允许对社会责任不同认识的存在。因为在很多情况下，不同的定义只是不同的社会背景、不同的个人意识的反映。

1. 中外学者关于社会责任的定义

简要地介绍一下中外学者对社会责任的不同定义，对于启发人们思考这一问题不无裨益。我们可以将学者的认识概括分为三类：

（1）从纯粹经济利益的角度定义社会责任。

这类社会责任定义的特点在于将追逐利润作为社会责任的唯一内容，提出了对社会责任的认识。比如美国经济学家米尔顿·弗里德曼认为："公司有且仅有一种社会责任，在法律和规章制度许可的范围之内，利用它的资源从事旨在增加其利润的活动。"他认为："公司的社会责任就是为股东们赚钱。"美国著名管理学家彼得·杜拉克也认为："企业首要的责任就是获取足够的利润以弥补将来的成本，如果这个社会责任没有实现，其他的社会责任也不可能实现。处于经济衰退中的企业不可能成为好邻居、好雇主，或者对社会负责。随着对资本需求的迅速增加，用于非经济目的尤其是慈善事业的企业收入盈余也不可能增加，它们几乎一定会缩减。"

（2）从社会责任主要因素的角度定义社会责任。

这类社会责任定义的特点在于将道德责任作为社会责任体系中的主要因素，提出了对社会责任的认识。比如美国著名法学教授曼尼认为："只有出于纯粹自愿的行为才算是合格的，对社会责任的承担，并且为此而付出的必须是真实的企业支出而不是个人的慷慨捐助，法律等强制要求承担的责任不应包含在企业社会责任之列。"美国著名学者菲利普·科特勒及南希·李也认为："企业社会责任是企业的一种自我承担，通过'自愿'

的商业行为及'自愿'地贡献本身资源去改善社区的福利。"①

（3）从利益相关者的角度定义社会责任。

这类社会责任定义的特点在于把握社会责任主体与其利益相关者的联系，提出了对社会责任的认识。比如世界银行认为："社会责任是指企业与关键利益相关者的关系、价值观、遵纪守法以及尊重人、社区和环境有关的政策和实践的集合。它是企业为改善利益相关者的生活质量而贡献于可持续发展的一种承诺。"我国学者黎友焕认为："社会责任是在某特定发展时期，企业对其利益相关者应该承担的经济、法规、伦理、自愿性慈善以及其他相关的责任。"②

2. 社会责任定义新探

从社会责任的发展历史进行考察，就会发现，尽管国内外各组织、各学者对社会责任的认识各不相同，但在实质上或者形式上都与利益相关者有关。所谓利益相关者，是指那些在社会主体运营过程中进行了一定的专用性投资，并承担了一定风险的个体和群体，其活动能够影响或者改变社会主体的目的，或者受到社会主体实现其目的过程的影响。一般说来，虽然社会责任的内容涉及社会生活的各个方面，看似纷繁复杂、包罗万象，但仍然是有规律可循的，那就是利益相关者。任何社会责任主体都是构成社会这个有机整体的基本单元，任何单元不可避免地和其他单元发生这样或那样的关系，而与其发生关系的社会单元即为利益相关者。对于社会责任的定义，无论定义者是有意还是无意的，其落脚点皆为利益相关者。

由此可见，对社会责任的定义要从社会责任主体与利益相关者的关系为落脚点展开。因此，我们将社会责任定义为：社会主体在开展活动过程中对利益相关者承担的经济、法律、道德、慈善和可持续发展责任。

三、社会责任的本质

对于社会责任的本质,中外学术界有很多不同的看法,其中主流观点有三种:一是策略论,以实现利润最大化或为了应对外部压力而采取的一种策略;二是奉献论,因道义感而作奉献;三是综合论,社会责任主体与其利益相关者相互作用的结果,利益相关者是与社会责任主体具有各种关联的组织或个人。

相比较而言,社会责任综合论更符合当今社会的要求。作为综合论的代表人,美国佐治亚大学教授卡罗尔提出了社会责任金字塔模式,他将社会责任分为四个层次:第一层是经济责任。对于整个社会责任而言,经济责任是最基本也是最重要的社会责任,但并不是唯一责任;第二层是法律责任。作为社会的一个组成部分,社会赋予并支持企业承担生产性任务、为社会提供产品和服务的权利,同时也要求企业在法律框架内实现经济目标;第三层是伦理责任。虽然社会的经济和法律责任中都隐含着一定的伦理规范,但公众社会仍期望企业遵循那些尚未成为法律的社会公众的伦理规范;第四层是慈善责任。社会通常还对企业寄予了一些没有或无法明确表达的期望,是否承担或应承担什么样的责任完全由个人或企业自行判断和选择,这是一类完全自愿的行为。

应该肯定,尽管将综合论视为社会责

社会责任金字塔

任的本质尚有可推敲之处,但它的确揭示了社会责任在运行过程中的相关特性,因而向科学认识和研究社会责任的本质问题迈出了关键性的一步。因此,我们认为,社会责任的本质是社会责任主体基于各利益相关者的影响或主动或被动的行为。

四、社会责任的内涵

卡罗尔的社会责任金字塔模式基本上能够反映出社会责任应有的内涵,可是仍然不够完善。在卡罗尔社会责任金字塔的四个因素中,经济责任和法律责任属于社会责任毋庸置疑;而从社会责任四个构成要素的相互关系来看,与法律责任具有紧密联系并且相互补充的应该是道德责任,伦理责任属于道德责任的重要组成部分,但不唯一,因此将伦理责任作为四要素之一是不够准确的,应由道德责任代替;慈善责任作为金字塔最顶端的责任,所体现的是一种在全社会之间拥有普遍认同和奉行的诚信友爱的道德理念和规范,是社会和谐发展的深层次道德基础。

就社会责任的具体内容而言,处于不同国家的不同历史时期的不同人,会给出不同的答案。随着社会的不断进步,可持续发展责任也已经成为社会责任不可或缺的部分。因此,我们认为:社会责任的内容包括经济责任、法律责任、道德责任、可持续发展责任和慈善责任,这五个因素都包含着对利益相关者的责任。经济责任是社会责任主体增加社会财富的责任;法律责任是保护遵守法律规定的各个利益相关者的合法权益的责任;道德责任、可持续发展责任和慈善责任也都与利益相关者的权益密切相关。

五、南方电网公司——诠释社会责任

2011年5月20日,南方电网公司在广州发布2010年社会责任报告、南方电网绿色发展报告。两份报告透明、客观、全

面地阐述了南方电网公司积极履行社会责任、大力推进可持续发展的理念和做法，更好地与利益相关方沟通和交流。

南方电网

1. 设立"首个社会责任日"

与往年不同的是，南方电网公司今年同时发布两份报告，一份是公司2010年社会责任报告，这是公司的第四份社会责任报告；另一份是公司首次发布的绿色发展报告。当天也是南方电网公司的首个社会责任日，公司所辖五省区电网公司同步发布本企业的社会责任实践报告，15个地市供电局同步开展主题为"责任南网——绿色同行"的社会责任互动活动。

在设立首个"社会责任日"当天，佛山供电局隆重举行2011年社会责任日暨营业厅创文明启动仪式，即在全市五区的53个供电营业厅广泛开展"创文明城市，展窗口形象"活动。来自政府部门、电力咨询委员会、市民代表60余人参与了本次活动。佛山供电局有关人员介绍，积极主动承担社会责任是电网企业生存和发展的必然要求，佛山供电局要以创建"国内领先、国际先进"水平供电企业为契机，创新服务，建设更加坚强、智能、绿色的供电网络，为佛山社会经济的高速发展、为广大市民享受到世界先进水平的供电服务而不懈努力。

"如果要对佛山供电局在服务和承担社会责任来打分的话，我打100分。"当天前来参加活动的佛山市经贸局有关人员对供电部门的工作给予高度评价。认为，供电局作为服务千家万户的公共服务企业，无论在客户服务、自然灾害抢修，还是在近几年用电紧张局势下采取的一系列措施，都起到了表率作用。

2. 佛山供电可靠性——蝉联全国金牌

作为供电企业，如何以客户为中心，主动承担更多的社会责任？对此，广大用电客户有着自己的感知和解读：用安全可靠的电，减少停电时间。

事实胜于雄辩，数据显示：2010年佛山全年供电量459亿千瓦时，以11.48%的电力增长支撑了全市14%的GDP增长；全年用户平均停电时间9.98小时，同比下降42.6%；平均停电次数1.58次，同比减少35%；连续两年被评为全国城市供电可靠性B级金牌企业。在应对今年"4·17"的自然灾害中，迅速组织了2000多人投入抢险复电，并在17小时内全部恢复正常供电，赢得各界的肯定。

4月13日，国家电监会和中国电力企业联合会在北京举行2011年电力可靠性指标发布会，佛山供电局是广东电网公司入选2010年度全国供电可靠性金牌企业的5个供电局的其中之一，并在三个获奖B类企业中获南方区域排名第一，这是该局继2009年获得全国可靠性金牌B级企业后，再次获此殊荣。2011年，全国有394个地市级供电企业参加了评价工作。

3. 圆满书写责任篇章

2010年，面对经济环境复杂多变、自然灾害多发的严峻挑战，南方电网公司夺取了抗灾保电和亚运保供电的全面胜利，全面完成了国资委下达的年度经营业绩考核目标和"十一五"

各项目标任务。这一年,南方电网公司33万员工齐心协力,共同书写了责任南网的新篇章

举全网之力保亚运供电,实现了万无一失的目标。南方电网公司经受住了自成立以来时间最长、任务最重、范围最广、难度最大的保供电考验。精心组织了6万多名工作人员昼夜坚守一线,从西部的电源保证到广州赛场的灯头和插座,做到了"零事故"、"零差错"、"零投诉"。

奋力抗击自然灾害,为灾区及时送去光明和温暖。在去年初西部旱灾时,统一调配全网电力电量,支援各地抗旱救灾,做到"哪里有水源,哪里就有电源";员工捐款在云南、贵州、广西建造40口"南网井"、28个"南网蓄水柜"和5条"南网引水渠",解决老百姓长期饮水问题。在汛期抗击广东"凡亚比"台风和海南特大暴雨等严重灾害中,迅速恢复了受灾地区正常供电,做到了"水退、人到、旗到、电通"。青海玉树地震发生后,公司第一时间组织向灾区运送110台柴油发电机,全系统捐款捐物累计2776万元。

致力于提供优质服务,客户满意度明显提升。南方电网公司坚持以客户为中心,把减少客户停电时间作为刚性要求,把第三方客户满意度测评作为服务标尺。全年城市客户平均停电时间6.66小时,同比大幅下降40.6%。上周国家电监会发布报告,深圳、中山、佛山、江门、广州供电局被评为2010年"全国供电可靠性金牌企业"。持续开展客户满意度测评,公司10个样本供电局的表现优于盖洛普公司全球数据库中60%的同类企业。广东、云南、贵州电网公司在"背靠背"社情民意调查中位列当地公共服务行业第一,其中广东电网公司供电服务连续5年蝉联十大服务行业满意度之首。

努力打造绿色平台,节能减排成效显著。南方电网公司不

断深化南方电网"绿色行动",在国内率先全面启动了全网节能发电调度运行;配合政府实施国家"上大压小"政策,全年关停小火电机组250万千瓦,超额完成"十一五"规划目标。深化线损管理,全网综合线损率6.28%,"十一五"期间累计下降了1.1个百分点。深入开展节能服务,全年帮助客户节约电量22.4亿千瓦时;组建了综合能源公司,致力于构建覆盖能源生产、输送、消费等环节的节能服务体系。"十一五"期间,南方电网带动上下游实现节约标煤1.2亿吨,减少排放二氧化碳3.1亿吨、二氧化硫230万吨。积极支持电动汽车产业发展,加入了中央企业电动车产业联盟,与有关省区政府签订了电动汽车充电设施建设合作框架协议,明确了南方电网促进电动汽车产业发展的路线图。

加快电网建设步伐,重点加大农网改造升级力度。成功投产了世界上第一个±800千伏特高压直流输电工程——云南至广东特高压直流输电工程,工程自主化率达到62.9%,申报国家专利106项。积极落实国家强农惠农政策,大力推进农村电网改造升级,完成县级电网建设投资225亿元,解决了22个行政村、3万户无电人口的用电问题,农村用户平均停电时间同比减少5.37小时,农村用电量同比增长18.8%。积极推动农电体制改革,接收了50多个农电代管企业,农电基础管理水平大幅提升。

——摘自《羊城晚报》

第二节　社会责任的主体

长期以来,学者们把研究社会责任的目光主要集中在企业上,而对于社会责任中的一个非常重要问题——社会责任的主体却疏于研究。在当前国际社会,无论是发达国家还是发展中国家,都已对企业应当承担社会责任达成了共识,而政府、非营利组织以及公民个人的责任定位,政府、企业、非营利组织以及公民个人的社会责任边沿的界定等都处于一种模糊状态。明确社会责任的主体,确定它们的责任范围,是完善社会责任理论的重要内容。

我们认为,社会责任的主体应包括政府、企业、非营利组织和公民。本节拟对社会责任的主体进行界定,并对政府、企业、非营利组织和公民的社会责任主体问题进行具体分析。

一、政府社会责任主体问题

政府能否成为社会责任的主体,历来是学者探讨社会责任时所争论的要点之一。我们认为,政府应该成为社会责任的主体。

1. 政府社会责任的来源

英国著名哲学家和政治思想家、古典自然法学派代表约翰·洛克在其代表作《政府论》一书中阐述了他的自然权利学说,通过对人生而具有的自然权利的阐释,分析了政府权利的来源,并给出了政府权利合法性的判

约翰·洛克（1632-1704）

断标准。人们生而自由，对自己的生命、生活和财产拥有自由安排的权利。而这些权利，是人们生而具有的权利，也就是自然权利，包括了洛克认为是最重要的生存权、自由权和财产权，这些自然权利神圣不可侵犯。

在洛克的理论中，由于任何人都不拥有管理他人的权利，也没有超乎所有人之上的政治权威来处理个人之间的权利纠纷。因此，每个人都是自己自然权利的保护者。众人遵循自然法，也就是理性，通过理性维持自然状态下社会的秩序，防止人与人之间权利侵犯情况的出现。自然状态中虽然不存在人压迫人的情况，但它存在着难以克服的缺点：一是缺乏稳定社会秩序的法律保证；二是缺少裁判者；三是缺少权威来执行判决。

洛克认为自然状态并不是一个稳定的社会模型，每个人都享有完全自然权利的结果是所有人的自然权利都无法得到保证。为了更好地保护个人自然权利，人们彼此联合形成一个公民社会，并推选出这一公民社会的保证——政府。

政府是人民自愿让渡权利的产物，因此，政府的权利存在着一个明显的不可逾越的边界，即它始终被局限在人民所自愿让渡的那部分权利。在洛克设计的政府模型中，政府与人民各自存在着一定的权利空间，并在各自的权利空间中依据规则运行。政府是一个被委托人的角色，如果事实上政府逾越了其权利的合法边界，那么最初构建他的人民就可以以契约被破坏为由解散或者更换新的政府。

政府的责任也由此而生：保护公民的一切合法权益。洛克对政府权利和责任的产生及制衡作出了精辟论述，为政府责任的来源作出了清晰而完整的界定。③

随着人类社会的不断发展，特别是随着作为社会基本因素的社会经济的发展，人类社会产生了众多的公共需求，这些需求就是政府承担社会责任的来源，而且人类社会对这些需求的要求程度正是与经济的发展程度相一致的。也就是说，政府承担社会责任的内容和承担社会责任的能力及程度就来自于社会发展的程度。因此，研究政府的社会责任的具体变化就必须要从社会发展程度出发去研究社会对于政府的要求，这也是研究社会责任的一个方法论问题。

2. 政府社会责任的发展

20世纪30年代以来，国家干预经济理论逐步取代亚当·斯密的自由放任理论。国家干预经济理论的集大成者、著名经济学家凯恩斯在其著作《就业、利息和货币通论》中，对自由放任的私人企业制度进行了批判，对国家干预经济的理论作了系统、深入的阐述。他认为："高度自由放任的私人企业制度最大的弊端有两条：一是不能实现充分就业；二是财富与收入的分配不够公平。"凯恩斯主张对经济实施国家干预，促使企业成为既追逐私人利益，又实现充分就业功能的经济机构。

国家干预经济理论在美国进行了成功实践，随着国家经济开始复苏、增长，国家干预理论获得全面认同。20世纪30年代，美国展开了一场关于社会责任的论战，论战焦点是"企业是否应该承担社会责任"，关于企业具有社会服务和追求利润两方面功能的观点，被激进理论家和开明实业者所接受的原因就是和国家干预理论有关，论战结果以一方宣告自己成为"企业社会责任的忠实实践者"而结束。在历次大规模的企业社会责任运动中，往往都伴随着要求国家加强对企业实施干预的强烈呼声。如果企业拒不承担社会责任，则政府就应该采取强制性干预措施，促使企业进行社会回应，履行社会责任。

企业认识到，与其等待国家强制干预，不如自觉履行社会责任，从而获得更好的社会声望。值得注意的是，通过国家干预为企业设定社会责任的做法得以保留，后来还以立法的形式得到体现。实践证明国家干预经济是促使企业履行社会责任的有效的方式。

3. 政府社会责任的定位

政府成为社会的权利组织，其权利不是天然拥有的，而是社会赋予的。因此，政府就应该对其权利来源——社会负责。同时，政府作为一个社会组织，不仅具有权利和职能的社会公共性，而且它已经形成了一个独特的利益团体，因此政府具有双重性质。由于政府的双重性质，政府需要对权利的来源作出回应，这就造成了政府责任的多元化。主要分为以下三种：第一，政府对于整个社会承担的责任；第二，政府对于统治阶级承担的责任；第三，政府对于其组织成员承担的责任。我们研究的政府社会责任主要是第一种社会责任，即政府由于社会赋予其公共权利，所以需要承担相应的责任。[④]

一方面，政府作为社会管理者，掌握着大量的社会资源，因此应该承担自身的社会责任；另一方面，政府在推进企业社会责任建设工作中，也扮演着规制者、推进者、监督者的角色。为了追求利润最大化，企业总是倾向于逃避社会责任。如果没有外部力量的强制和管理，那么这种倾向很可能造成社会无法承受的灾难。放眼国内外，政府介入企业社会责任建设是一种普遍的国际现象。

如果一个企业为社会责任所付出的成本远高于收益，那么企业自然不会自觉履行社会责任，整个社会也会出现"劣币驱逐良币"的现象。当企业行为与社会目标不一致时，政府就有责任出面纠偏和限制。具体说，政府可以通过法律、法规对企业的活动进行干预和约束，以防止市场的种种失灵。因此，政府在企业社会责任发展过程中，承担着规制者的角色。它制定各类"规矩"以推动企业履行社会责任。

政府作为推进者，应该运用自身行政资源，开展宣传、教育、倡导及责任研究等工作，注重培养社会责任的理念、意识，提高企业社会责任水平，另外还应通过政府采购等措施对社会责任履行良好的企业给予经济上的支持，引导企业社会责任投资流向，激励企业主动承担责任。

如果没有强有力的监管，任何法律规范都是空文，所谓推进也必然失之偏颇。因此，必须加大对损害社会利益行为的监督和处罚力度，这也是政府所担负的监督者责任。⑤

二、企业社会责任主体问题

1. 企业社会责任的理论渊源

企业社会责任具有多种理论渊源，这些理论均说明企业的社会责任是符合企业自身发展需要的。企业社会责任的理论主要包括三种：一是协调发展理论，着眼于企业和社会的协调、共同发展、和谐共生的角度；二是权利让渡理论，着眼于企业的所有权运用需要限制的角度；三是国家干预理论，着眼于企业在发展过程中需要适应国家对宏观经济调整的要求。

（1）协调发展理论。

协调发展理论最初源自企业生产经营活动的外部性。"当一个人从事一种影响旁观者福利，而对这种影响既不付报酬又得不到报酬的活动时，就产生了外部性。"这是美国著名经济学家曼昆给出的外部性简明定义。

外部性分为正外部性和负外部性两类，当对社会的作用是不利的时候，称为"负外部性"，当对社会的作用是有利的时候，称为"正外部性"。经济负外部性说明，企业承担社会责任是不证自明的正当性要求。加速的工业活动不断改变社会，企业排放废水、废气、有毒物质等污染环境行为，对企业经营理念构成外部性制约。例如，国家曾经下令在2000年6月底前必须关掉淮河流域5000吨以下的小造纸厂，以减少污水排放。从局部的微观利益看，小造纸厂能够提供就业机会、增加地方财政收入，关掉后将有不小损失。但从外部看，小造纸厂排污标准低，对淮河造成严重污染，直接造成水质下降，影响淮河流域居民的生活和健康。据有关统计测算，淮河流域的小造纸厂提供利润总计50亿元，但治理淮河污染需要投入5000亿元。显然，这些小造纸厂具有很大的负外部性，需要服从外部合理性要求，自觉履行社会责任。

负外部性企业应当负有社会责任，正外部性企业是否可以不负担社会责任？企业作为特殊的社会公民，是社会的重要组成部分，企业和社会是应当协调发展、共同进步的，健康、文明的社会环境有利于企业发展，恶劣、不稳定的社会环境不利于企业发展，企业自身的健康成长离不开良好的社会环境。"一个健康的企业和一个病态的社会是很难共存的。"战争、暴力犯罪、社会疾病以及失败的学校教育，这些都不是企业引起的社会病症，但它们对企业生产经营以及投资都是非常不利的。减轻、消灭此等病症，企业会从中受益颇多。具有长远眼光的企业已经这样做了，它们积极地投入到社会责任运动中，改善所在社区的安全、卫生工作，为企业健康、快速发展创造良好环境。

（2）权利让渡理论。

权利让渡理论着眼于企业的所有权运用需要限制。所有权社会化观念及相关立法的出现，对企业确立社会责任观念起到了直接或间接的促进作用。按照这种观念，社会上所有企业，无论企业资产是私人所有还是国家所有，无论股东享有所有权还是企业享有所有权，行使权利都不再是绝对自由的，都必须受到一定约束和一定条件限制。根据强调社会本位观念，企业所有权在某种意义上甚至是不自由的，它必须注重社会表现、考虑社会公共利益，进一步讲，就是必须负担一定的社会责任。这样，企业社会责任就与所有权社会化找到了共同点。

1937年的德国《股份公司法》中首次原则性地予以确立企业社会责任观点，这和所有权社会化的观念紧密相关。后来，1965年的德国《股份公司法》省去了企业社会责任的规定，但所有权并非绝对自由的观念仍得到普遍赞同，这无疑为企业社会责任的大范围传播提供了适宜土壤。

企业所有权的社会化或者企业所有权的不自由，都意味着企业在服从现代法律制度的同时就放弃了某些权利。企业向社会让渡部分权利或者说使自身行为受到约束，以保证企业在有序环境中自主经营、自由竞争。这些企业让渡出的权利即表现为企业社会责任。一般说来，企业让渡出的权利越多，意味着企业所承担的社会责任越多，反之亦然。完全不向社会让渡权利的企业，是不负责任的企业，这种企业在现代社会和市场竞争中很难生存。

（3）国家干预理论。

国家干预理论着眼于企业在发展过程中需要适应国家对宏观经济调整的要求，该理论已在前面的"政府社会责任的发展"中进行了阐述。

2. 企业社会责任的现实渊源

企业社会责任是随着资本的不断扩张引起的一系列社会矛盾（贫富分化、社会贫困、劳工问题、劳资冲突等）而提出的。20世纪60年代以前，企业的社会责任问题并没有引起人们足够的重视，人们只是对于企业以追求利润最大化为唯一目标提出了疑问。20世纪80年代以后，伴随经济全球化的进程，企业社会责任被重提，并成为一个世界范围内的话题。

由经济全球化引发的跨国公司等巨型企业的涌现，推动了规模经济的发展和科技的进步，实现了成本降低和优势互补，也完成了企业组织由传统结构向现代结构的转变，加快了全球财富的积累。但是，在经济全球化的过程中，由于劳资力量对比的不平衡，资本的全球扩张形成了对于劳动力的压制，由此引发了以劳工为核心的一系列社会问题。

第一，企业在获得超额利润的同时，工人的身体健康和生产安全得不到保障，生活越来越贫困，使得企业与劳动者之间的矛盾越来越尖锐。

第二，一些企业运用高尖端的技术使得产品缺陷难以辨识，生产假冒伪劣产品等，直接影响了消费者精神和身体的健康。由于保护措施不健全，消费者的权益经常得不到保护。

第三，不少企业为了追求高额利润，对资源进行掠夺性开发和不合理利用，造成了资源的浪费；同时在生产经营过程中肆意排放废气、废水，使生态环境遭到了严重破坏。

第四，企业在为社会创造物质文明，增加物质财富的同时，也使人类社会的贫富差距进一步变大。从而引起两个阶层人们的隔阂和冲突，引发了许多新的社会矛盾。

面对如此多的矛盾和问题，劳动者、消费者及其他社会组织和个人对企业的不满情绪日益高涨，纷纷要求企业承担一些社会责任以维护自身的权益。于是，企业社会责任运动作为一个全球性的社会运动首先在欧美发达国家兴起。企业社会责任运动与国际劳工运动、人权运动、消费者运动、环保运动等互相联系，并得到了联合国的鼓励和促进。

三、非营利组织社会责任主体问题

非营利组织是指独立于政府、企业之外的社会组织，在我国，主要包括事业单位和社会团体，它们具有一些共同的特点，一是非政府性。它强调这些组织在社会功能上有着与政府类似的公共管理职能的同时，有着与政府完全不同的体系；二是非盈利性。它们不以盈利为目的，或者说它们的存在不是为了积累财富或者创造财富而是实现社会的公共利益；三是自治性。他们作为独立的组织，在人事、财务、决策等方面不依附于其他任何组织，具有独立的决策和行使权利的能力；四是自愿精神。主要表现在三方面，组织成立的自愿性，组织服务的自愿性，组织成员活动的自愿性。

非营利组织作为一种社会组织形式，与政府、企业构成互补的关系，同时，它们的存在也是制度的需要，它们的宗旨导向机制与政府的行政监督机制、企业的利润导向机制互相补充，共同满足社会的需要。

非营利组织是公民自愿结合起来的社会团体，其体制结构及活动方式与政府组织相比具有更大的灵活性，官僚主义程度低，它们侧重于社会发展建设。今天各种各样的非营利组织活跃于社会发展领域，如扶贫、教育、安全、保健等。非营利组织具有非盈利性的特点，它们不以赚取高额利润和谋取权利作为其活动目标，因此在组织结构中人员关系较为单纯，程序较为简单，远离腐败，决策灵活，办事效率高，有着良好的目标人群的支持。

这类组织为什么要承担社会责任呢？这需要从它们发挥作用的领域和范围来研究。一方面，这些组织的社会责任被看作是市场失灵和政府失灵时的有益补充。更为积极的观点是将这类组织看成是独立的第三部门，当这些组织失灵时，由政府提供资助，形成与政府合作承担的模式；另一方面，这些组织可以作为社会自主性的支持，进行自我治理，通过社团组织与政治团体之间的内在联系促进社会的政治民主。这些组织作为利益集团能够凝聚和表达社会意识，充分反映社会的整体利益，对社会利益和关系进行沟通和协调，促进社会福利的最大化。

四、公民社会责任主体问题

从伦理学的角度讲，公民其实就是指符合社会人应有的身份、角色的人，侧重的是公民个人应有的行为态度和道德品质。社会是公民的集合，也是公民之间相互关系的集合。公民的活动创造了社会，而社会又不断地影响着公民自身。对于一个公民来说，社会是他生存的环境，对他的生存与发展都存在着很大的影响。但公民一旦形成独异的人格，他在自己的生活中就起到了主导作用。换句话说，社会这个外因，要通过公民自身这个内因起作用，而社会的发展，又有赖于公民的努力。

正是因为这种相互依存的关系，公民应该承担社会责任。作为国家、社会、民族的一分子，每个公民在享受经济社会发展成果、享有国家和社会所赋予的各项权利的同时，应把对国家和民族负责、对社会和他人负责与对自己负责有机统一起来，积极承担社会责任。英国著名诗人骚塞说过这么一句话："生活的道路有无数条，但是只有一条通往幸福，那就是——义务之路。"

公民获得社会的回馈首先应尽个人责任，因为国家或政府本身并不创造物质财富。国家可以更多地开动印钞机，但是，如果没有相应的物质财富保证供应，那么，其结果只能是"通货膨胀"。

五、霍英东——商界巨子，爱国典范

2006年10月28日，杰出的社会活动家，著名的爱国人士，香港知名实业家,中国人民政治协商会议第八、九、十届全国委员会副主席,香港中华总商会永远名誉会长霍英东先生在北京逝世。

噩耗传来,山水同悲。

霍老用他的梦想、信念、智慧、勇气、胸怀、仁厚,铺就了他奋争不止、奉献不辍的传奇人生。他毕生贡献祖国、服务香港的无私奉献精神,赢得祖国各地和香港百姓的深深尊敬。

霍英东的一生,诚如全国政协常务副主席王忠禹在悼词中所言,是爱国的一生,奋斗的一生,奉献的一生。

1. 爱国的一生

有媒体评论,霍英东可谓多能之士,在多个领域均作出了重要成绩,但最使人感怀的,就是他一生坚持不懈的爱国赤诚之心。他无论做什么事或在哪一个领域的活动,都贯穿着浓烈的爱国主义精神,都在为实现其国家兴旺、民族富强的梦想努力。

1950年,朝鲜战争爆发。西方实行禁运,中国的对外贸易渠道全被封堵,祖国急需大量燃油和建设物资,中国人民政府开展了海外组织抗美援朝物资的工作。当时,香港有爱国商人采购到一些物资,却无法运到内地。在这种情形下,有人想到了霍英东。就这样,霍英东开始了运送抗美援朝物资的活动。运送持续了整整3年,霍英东冒着武力缉私的巨大风险,向内地运送了大量的黑铁皮、橡胶、轮胎、西药、棉花等"禁运"物资。虽然他获得了一些经济回报,却也付出了无法弥补的代价,甚至还被港英当局告上法庭。

霍英东几十年来为中国体育出力、出资之巨非一般人可比,享有"中国民间体育大使"的美誉。这其中既有他自己是个体育迷的原因,更是一个爱国的赤子之心所驱使。他说过:

"捐赠体育项目，并非仅仅由于我本人喜欢体育运动，而是基于体育运动本身对于国家进步，民族兴盛的重要作用。"霍英东对"东亚病夫"四个字有切肤之痛，深切感受过国人体质强弱对于国家命运的影响，他曾经说过："体育水平也是国家兴盛的标志，中国是世界上的一个大国，理应跻身世界体育强国之林。"从20世纪70年代开始，他利用自己在国际体育组织中的广泛接触和雄厚财力，与其长子一起到处奔走游说，突破重重障碍，为中国在国际和亚洲体育组织中赢得在当时来说许多难能可贵的理解和支持。1974年，在伊朗举行的亚洲足协大会上以压倒多数票通过恢复了中国的席位。其后，霍英东先生密切配合中国体育部门，于1979年10月在国际足联中成功恢复中国的合法席位。由于足球项目在所有体育运动中影响最大，选择加入亚洲足协，就是找到了中国重返世界体坛的突破口。

1979年11月中国在国际奥委会中的合法地位得到重新确认，中国也全面回到了国际体坛。北京两次申办奥运会，霍英东都倾注了心血。他虽然身患绝症，却没有停止为祖国体育奔忙。为了使北京申办成功，霍英东父子向国际奥委会执委做了大量的游说工作，甚至答应捐资非洲建立一个体育基金会。当年北京申奥成功，国人无不雀跃，而霍英东的心情恐怕却更为兴奋和复杂。为了协助发展国家的体育事业，他在精神、心血、金钱上都作出了无法精确估算的付出，而今夙愿成真，能作何想，常人难以体味。然而，北京奥运日益临近，霍公却撒手人寰，把巅峰的愉悦留在身后，着实令人遗憾、令人扼腕叹息。

同样洋溢着那颗炽热爱国心的，是在霍英东经营他的企业航母的过程中对祖国发展和现代化建设的居功至伟的支持。多年来，他不断投入自己的财富和精力，一心一意地为实现祖国现代化而努力，并为内地的发展作出了巨大的贡献。20世纪70

年代末期,中国内地实行改革开放新战略时,霍英东热情高涨,言必称"三中全会"。他通过"三中全会"看到了中国的前途和光明,于是迫不及待地开始了在中国内地的事业,立下了先行者的拓荒功劳。投资兴建中山温泉宾馆及广州白天鹅宾馆,打破禁忌、禁区,为开放带来首批具体成果,从而起了重要的示范作用。他说:盖酒店不是为了赚钱,是为了孝敬母亲,"中国历来最讲孝道,我发达了,理应孝敬母亲"。这里他所指的母亲自然就是祖国。霍英东曾经说过,"我本人不在故乡做生意,家乡的利润,基金会一块钱也不取!投资,捐赠,目的只有一个,就是希望国家兴旺,民族富强。"

霍英东是香港回归的坚定支持者和参与者。作为香港特别行政区《基本法》起草委员会委员和香港特别行政区筹备委员会副主任的他,为香港回归前的顺利过渡,为稳定香港社会作出了自己特殊的贡献。

2. 奋斗的一生

在此前很早的时候,香港一家报纸就用16个字来概括霍英东:"白手起家,艰苦创业,名成利就,爱国爱乡"。《霍英东传》写道:"在香港超级富豪中,他的事业起点也许是最低的,他本是个船民之子,当许多香港人腰缠万贯时,他还在为果腹而苦苦挣扎。他没有祖业可以继承,完全凭着自己的目光远大和勤奋智慧,赤手空拳打天下,创建了自己的王国。"

霍英东的一生可以说是奋斗人生的典范。

霍英东说:"一个人要干成一番事业,其中放开眼界、抓住时机、百折不挠、艰苦创业占95%的因素。"

1923年5月10日,霍英东出生于香港一户水上人家。香港人把水上人称为"水流柴",意思就是无家无业,随水漂流。在香港当时赤裸裸的金钱社会里,做一个穷人是低下的,做一个水上的穷人，则尤为低下。霍英东的童年充满艰辛和贫苦。

上世纪40年代初，日军侵占香港，霍家的生活陷入危机中，霍英东被迫辍学，17岁的他挑起了家庭的重担。他踏入人生的第一件差事就是苦力。在轮船上做添煤工，在太古船坞做打铁工，在启德机场扛石料。

1942年，霍英东管理一间杂货店。他每天早上六时多开店，煮酱料、调制酱油，样样都得自己制作，到了午夜才能忙完。由于他细心精明的经营，杂货店的生意日渐兴隆。霍英东从打理杂货店中获得经营管理的良好训练，并培养了坚强的意志和灵活的处事方法、经营手段。

真正使霍英东跻身超级富豪的是房地产业。30岁那年，霍英东已经积蓄了一定规模的财产。此时，他把目光投向了房地产业，决定把自己的资金全部押在地产上，大干一场。结果，在短短一年间，他就赚了超过600万。这几年里，勇于开拓的霍英东首创了"分期付款"和"卖楼花"，并制订出大厦的公共契约，这些招数如今已成为全世界地产行业通行的惯常做法。到20世纪60年代初期，霍英东的财产已数以千万港元计，跻身于香港的超级富豪之列。从那以后，霍英东用了几十年的时间在商场上打拼，除了经营地产，他还涉足建筑、航运、旅馆、博彩、酒楼、百货、石油等领域，逐渐成为香港乃至亚洲最知名的实业家之一。

中国大陆发端于20世纪70年代末80年代初的改革开放，给霍英东提供了更舒展的奋斗舞台。他是改革开放初期最早进入内地的投资人，其中家乡广东是他内地投资的重中之重，他投资的许多项目都对广东的发展有开创性的作用。堪称代表作的"白天鹅"，引领内地酒店业走向现代化管理的历史性进步。

霍英东曾说"南沙是我的一个梦想"。其实，开发南沙的大手笔怎会仅仅一个梦想,而实际上就是他晚年的一部鸿篇巨制。他的构想是要在珠江三角洲找一个能够面向国际、面向大海的地方,把这里建设成"香港"式现代化的滨海城市。上世纪80年代末,霍英东开始了在这里的庞大投资,开发南沙以东21平方公里土地,工程包括兴建港口、高尔夫球场和旅游区等,涉及金额逾100亿港元。现在的广州南沙,珠江河畔的荒滩已经变为现代化的滨江新城。除了修桥筑路,交通基建,美化、绿化沙洲的环境外,还建立了国家级经济开发区、信息科技园和配套的客运码头、酒店、会展场地及高尔夫球场、游览胜迹等设施。霍英东构思中的南沙,要充分利用其珠三角中心位置,成为高层次的人流、信息流及科技流中心。

与此同时,他在政坛上也逐渐显现辉煌。1980年,霍英东被邀请为全国政协第五届委员会委员,这是霍英东第一次在政权架构中担任职务。1983年,他被选为全国政协常委,1993年晋身为全国政协副主席,成为国家领导人之一。

3. 奉献的一生

在大多数人的印象里,一提到霍英东三个字,马上就会联想到财富、捐款和乐善好施。奉献社会、回报公众成了他生命乐章后半部分的主旋律。

央视《东方时空》栏目称:如果说霍英东的前半生,是一部"白手起家"的致富传奇。那么他的后半生,是一个"千金散去"的慈善经典。长期以来,霍英东为祖国的文化、教育、体育事业以及家乡建设捐献了大笔金钱。

霍英东从小爱好体育、特别是足球运动。为此,霍英东专门创办了体育基金,一直致力于推动中国体育事业的发展。从1984年洛杉矶奥运会开始,他向在每届奥运会上夺得金牌的体育健儿每人赠予一枚重一公斤的纯金金牌及8万美元奖金。

2004年1月，霍英东又捐资2亿港币用于国家游泳中心水立方的建设。

除了体育事业，霍英东的目光还关注到祖国大陆的医疗、卫生、经济领域等其他方面。很多人都知道，霍英东不是香港最有钱的人，可他却是为慈善事业捐款最多的人，在这以前的几十年中，他一共捐赠了150亿港元。

香港《文汇报》报道说，将毕生精力献给祖国的霍英东，一生"为善莫问回报"。他生前热心公益，香港和内地无数的教育机构、运输基建、地方团体都受过他的财政资助。2003年先向香港科技大学捐赠3000万元，两年后又捐出一笔总值8亿元的巨额捐款，支持该校未来的发展，这笔捐款创下该校十多年来接获捐款的最高额纪录。除了对香港教育支持，霍英东对内地教育也不遗余力。他曾捐款南沙建中学，拨款支持香港大学北上南沙，与内地专家合作研究科研发展。霍英东捐赠兴建的道路、大桥、基建更是不胜其数，例如英东体育馆、泳池、医院等社会设施；捐资兴建洛溪大桥、大石大桥、南沙大道，等等；在"非典"肆虐的时候，捐赠2000万元人民币用于抗击"非典"的科研攻关、医疗机构的临床救治以及奖励一线医务人员。

对于国家公益事业解囊如此慷慨的霍英东，对于自己却非常"吝啬"，他个人生活的俭朴谁也想象不到：平时最喜欢吃的就是煮玉米，烤白薯；他的鞋子坏了，也会让人拿去补补再穿。

霍英东说："财富，钱并不是很重要的，吃，一个人吃得也不多，我们看到国家的强大，人民生活的改善，是作为一个中国人，作为一个炎黄子孙应该做的。"

善心奉献精神尽显，令人景仰。

霍英东走了。他的长子霍震霆说，父亲从一个穷孩子到成功人士，参与了国家改革开放的每一步重大历程，他一生想做的事基本做成了，人生应该是圆满了，所以他走得很安详。

是的，安详、坦然源自无愧于天，无愧于地，无愧于国家，无愧于人民，更无愧于自己内心良知。

霍公走了，全国政协常务副主席王忠禹称"是香港的重大损失，也是国家的一大损失"，但他的爱国精神、创业精神、奉献精神却是我们全体爱国者的宝贵财富。发扬这种精神，继续坚定不移地贯彻落实一国两制方针及基本法，为保持香港的长期繁荣稳定及发展努力奋斗才是我们对霍公最好的怀念。

霍公远去，英名永驻！

——摘自中国政协新闻网

第三节　社会责任的功能

政府、企业、非营利组织、公民各自承担着自己的社会责任，但他们之间不是独立的，而是互相联系、互相配合、密不可分的协作关系，共同负担起社会这个大系统的责任需求。各社会责任主体之间互相协调合作，共同构建起科学的社会责任体系。受不同社会历史背景、社会发展状况的影响，社会责任在各个国家所体现的功能不尽相同。在我国，社会责任的功能主要表现在三个方面。

一、落实科学发展观、构建和谐社会的客观要求

和谐社会是一个民主法治、公平正义、诚信友爱、充满活力、安定有序、人与自然和谐相处的社会。社会责任建设是当前我国构建和谐社会中，政治、经济、社会发展对政府、企业等社会组织和公民提出的紧迫要求和历史使命。随着改革开放的深入，市场经济逐步完善，我国经济保持着快速增长，群众生活不断改善，经济社会整体发展保持着良好的态势。

世界需要和谐

但是，伴随着深刻而剧烈的社会转型，在经济成分多样化、利益关系多元化的历史背景下，各种社会问题和矛盾也凸显出来。例如，企业在向现代企业制度的目标迈进中，在促进经济社会进步的同时，也给社会带来某些不公正、不和谐和不稳定，出现了浪费资源、污染环境、生产和销售劣质产品、拖欠债款、侵害员工利益、逃避税收和社保缴费、忽视安全生产等社会责任缺失问题，使得劳资关系以及与消费者、股东等利益相关者、社会弱势群体、环境资源的关系，出现不协调甚至紧张的现象。尽管这样的企业是少数，但它是社会转型期新的社会问题、社会矛盾的突出表现形式。这些问题，影响了社会经济的可持续发展，并且影响到群众对改革形势的判断、对政府的态度、对发展方向和模式的认同，损害了社会公正，造成不满情绪和不安定因素。

这种情况下，在落实科学发展观、构建和谐社会的实践中，如何增强全社会的社会责任意识，完善社会责任的制度基础，让各社会组织、公民承担和履行好社会责任，已成为构建和谐社会的一个重要课题。当前社会责任已经同国际贸易问题紧密地交织在一起，成为中国走向国际市场的必要环节。国际上绿色贸易壁垒越来越高，越来越严，污染环境的产品在国外市场步履维艰，只有遵守国际准则和全球协定才会有更大和可持续发展的空间。

二、全社会可持续发展的客观要求

承担社会责任有利于企业提高竞争力，实现企业的可持续发展，进而促进全社会的可持续发展。在当今世界，社会责任对企业而言，已经不再是纯粹的道德或伦理说教，而逐渐成为制约企业未来竞争力的重要要素。在产品和服务的竞争日益趋同化的情况下，很多世界知名企业也开始把社会责任作为获取和增强竞争优势的新工具,社会责任已具有明显的"工具性"特征。一般认为,社会责任可以在以下几个方面作为竞争利器,提升竞争力:

1. 有助于实现产品的差异化

随着消费者对环境保护和社会责任等问题的关注度越来越高,企业通过积极承担社会责任,在产品或服务上附加一定社会责任属性,可以将自身与竞争者有效区分开来或向消费者索取价格溢价,从而增强企业的市场竞争力。因此,企业对社会责任的关注在促进社会利益的同时,也会使企业获得竞争优势和丰厚利润。

2. 有助于降低运营成本,提高经营效率

企业可以通过减少污染物排放和资源再生利用等途径,在促进社会问题解决的同时又大幅度降低企业成本,使企业在市场竞争中获取成本领先优势。例如,3M公司致力于推进"3P"(Pollution Prevention Pays)计划,从产品和生产过程中的污染源头抓起,重新规划产品,改善生产流程,重新设计生产设备,对废料进行循环利用,近5000个"3P"项目为企业共节约了近9亿美元。

3. 有助于吸引、激励和保留优秀员工

承担社会责任的实践,如公平薪酬、清洁安全的工作环境、培训机会、儿童照管设施、灵活的工作时间和工作分担,既可以增加雇员士气和生产能力,又能够减少旷工现象及人员的流动。一个有很强社会责任承诺的企业常常具有吸引优秀员工和保持员工士气的能力,由此可以降低选聘和培训成本。企业积极承担社会责任,有助于增强企业员工的凝聚力和工作热情,提高员工忠诚度,并吸引更多的优秀人才加入企业,构筑企业的"人才高地",促进企业竞争力的提升。

4. 有助于营造良好企业形象和声誉

企业积极承担社会责任，如产品安全、职业健康、环境保护、公益慈善等，会在社会公众面前营造企业负责任的良好形象，有利于声誉资本的建立与发展。例如，声誉资本中的信用与可靠性是一种很难为竞争者所模仿的路径依赖型战略资源，

世界在你我手上

而可信性声誉的形成就部分取决于企业发布有关环境和社会影响的真实信息。企业在有关环境、社会和伦理方面的良好表现将影响利益相关者对企业的态度和观念，建立利益相关者信任，给企业带来良好的声誉，提高其市场价值。英国电信(BT)的一项研究表明，社会责任态度在BT公司声誉形成中至少要占25%的比例。企业社会责任的这种工具性思维，不应仅停留在企业层面。实际上，企业积极承担社会责任，还可以有效促进产业竞争力和国家竞争力的提升。

三、构建环境友好型、资源节约型社会的客观要求

我国土地、淡水、能源、矿产资源和环境状况对经济发展已构成严重制约。要把节约资源作为基本国策，发展循环经济，保护生态环境，加快建设资源节约型、环境友好型社会，促进经济发展与人口、资源、环境相协调。推进国民经济和社会信息化，切实走新型工业化道路，坚持节约发展、清洁发展、安全发展，实现可持续发展。

　　发展循环经济，是建设资源节约型、环境友好型社会和实现可持续发展的重要途径。坚持开发节约并重、节约优先，按照减量化、再利用、资源化的原则，大力推进节能、节水、节地、节材，加强资源综合利用，完善再生资源回收利用体系，全面推行清洁生产，形成低投入、低消耗、低排放和高效率的节约型增长方式。积极开发和推广资源节约、替代和循环利用技术，加快企业节能降耗的技术改造，对消耗高、污染重、技术落后的工艺和产品实施强制性淘汰制度，实行有利于资源节约的价格和财税政策。在冶金、建材、化工、电力等重点行业以及产业园区和若干城市，开展循环经济试点，健全法律法规，探索发展循环经济的有效模式。强化节约意识，鼓励生产和使用节能节水产品、节能环保型汽车，发展节能省地型建筑，形成健康文明、节约资源的消费模式。

　　目前我国部分城市开展了环保诚信企业和环境友好型企业活动，促进企业自觉增强环境保护意识和社会责任感，树立了一批科技含量高、资源消耗低、环境污染少、产业发展与资源环境协调发展的企业典范。

　　总之，政府、企业、非营利组织以及公民都必须承担起各自的社会责任，严格遵守国家法律法规，自觉接受社会监督，建立和完善企业环境自我约束。只有这样，才能为社会的发展创造一个稳定良好的内外环境，才能成为社会进步的促进者。

四、百事农场——让沙漠变良田

　　沙漠治理，保护生态环境，可持续发展，是中国社会面临的重大挑战。百事公司作为中国社会的一分子，在这方面进行了许多有益的探索和实践。从1994年开始，百事公司投资近2000万美元在全国开展马铃薯种植项目，不仅促进了当地农民收入的提高和农村经济的发展，而且对于治理荒漠化和改造环

内蒙古百事农场

境，也起到了积极的推动作用。其中内蒙古达拉特旗农场从沙漠到良田的改造过程尤其具有深远的意义。

1. 达拉特旗农场的成功

占地一万余亩的达拉特旗农场，原来全部是沙丘地，没有达到马铃薯种植的基本要求。百事从改良土壤入手，采用平整沙丘、种树植草、防风固沙等一系列手段，使荒沙变成了马铃薯种植的沃土。同时，百事坚持"精细农业"的标准和"高产高效"的原则，引入最先进的农业技术和设备，精心种植马铃薯，"把马铃薯像对待孩子一样精心抚养"，保证了马铃薯生产质量和产量，并在种子繁育、田间管理等马铃薯生产的全过程建立起科学的规范。百事还在农场周边植树造林、修筑公路，帮助减少当地沙尘暴的影响。如今的达拉特旗农场，马铃薯亩产达2.73吨，超过了国际水平。昔日渺无人烟的荒漠，现已成为生机盎然的绿洲。

达拉特旗农场的成功，不仅生动体现了百事公司的环保意识和企业社会责任，而且对中国这样一个严重缺水、沙漠化威胁日益扩大的发展中国家如何进行保护性开发，进行可持续发展探索，有相当借鉴意义。百事在内蒙古达拉特奇农场的运作模式，创造了沙漠变良田的奇迹。如今，达拉特旗农场已作为样板开始在内蒙古其他地区推广。而百事马铃薯农场的模式，也为国内其他有志于西部开发的企业所借鉴和仿效。

2. 全国性的推广

百事投资 2000 万美元与中国农业部合作开展有关提高马铃薯种植水平的项目,是在中国推广现代化的种子培育技术和种植技术,帮助内蒙古、甘肃、河北、陕西、广西、山东等地农民种植马铃薯。然后把种薯交给农业生产企业和农民进行种植,百事提供技术指导,产品由百事公司根据协议收购。

与此同时,百事积极在国内建设原材料基地,在内蒙古达拉特旗、内蒙古阿鲁克尔沁旗、广西北海、广东湛江和河北沽源建立了 5 个农场,并在农场应用最新的灌溉、冷藏和散装运输技术,使之成为世界一流的标准化农场,有力地促进了马铃薯的规模化生产和相关食品产业的发展。采用百事先进品种和技术后的国内马铃薯种植,由原来平均亩产 1 吨左右跃升至 2 吨,甘肃酒泉一家企业的产量甚至高达 2.5 至 3 吨。

此外,百事公司基金会捐赠 70 万美元资助"百事中国农科院农业发展研究中心"的建设,积极参加中心举办的各类研讨会、培训班,同国内的马铃薯专家分享马铃薯种植的方法和经验。百事还在甘肃、昆明等地设立世界一流的种薯实验室,教育和支持当地的种植者改善品质和质量。特别是百事食品在内蒙古达拉特旗的模范农场,业已成为国内主要的培训中心,向农民传授如何栽培高价值、高商品率的农作物。

3. 先进的培育技术

在休闲食品的生产中,最重要的原材料之一是马铃薯。而中国原有马铃薯品种,基本用做蔬菜,不能加工食品,食品加工用的马铃薯需要进口。百事食品经过认真考察研究,将最适合于中国种植条件的专有马铃薯品种"大西洋"引入中国,同时引进了世界上最先进的马铃薯种子培育技术和种植技术。

国内马铃薯科研水平的提高和生产技术的改善,也推动了相关食品加工业的进步。目前中国食品加工用马铃薯已开始规模化生产,食品加工用马铃薯占到国内马铃薯产量的 5% ~ 10%,替代了进口,推动了食品产业的发展。不仅如此,中国生产的马铃薯,质量已经达到国际标准,生产成本远低于发达国家,极具市场竞争力,完全可以出口到不宜种植马铃薯的台湾地区以及韩国和东南亚国家。

百事公司的"沙漠种马铃薯"项目不仅提升了中国的马铃薯种植技术和生产加工水平,而且百事食品投资运营的直接作用和示范效应,也让包括食品行业、相关合作企业、农民等,都从中受益。

——摘自人民网

百事模范农场的成功,生动体现了百事公司企业社会责任中的环保意识,其成功经验对中国这样一个缺水严重、沙漠化威胁日益扩大的发展中国家如何进行保护性开发、进行可持续发展探索有很大借鉴意义。如今,达拉特旗农场已作为样板开始在内蒙古其他地区推广,其模式也为国内其他有志于西部开发的企业所借鉴和仿效。

五、践行社会责任——浦发银行先行

上海浦东发展银行股份有限公司(以下简称"浦发银行")是1992年8月28日经中国人民银行批准设立的股份制商业银行,总行设在上海。秉承"笃守诚信、创造卓越"的经营理念,浦发银行积极探索金融创新,资产规模持续扩大,经营实力不断增强。作为"特殊的"企业公民,商业银行经营着信用、传导着政策、调配着资源,是社会核心力量之一,也承担着引导和助推社会向可持续发展方向发展的责任。作为商业银行的一

浦发银行

分子，浦发银行不断推进金融创新，因势而变、顺势而为、乘势而上，以"新思维，心服务"为指引，努力建设成为具有核心竞争优势的现代金融服务企业。

浦发银行自成立以来，致力于自身发展和社会进步相结合，始终积极践行社会责任，打造优秀企业公民。浦发银行一直以来都很重视企业社会责任，在经济责任、法律责任、道德责任和可持续发展责任和慈善责任五个领域作出了突出贡献。

1. 经济责任

浦发银行自设立以来，便致力于促进推动中国经济的再次腾飞，为中国的经济发展作出了重大贡献。浦发银行1993年1月正式开业，1999年在上海证券交易所挂牌上市，短短10余年的发展历程，浦发银行成功位居国内股份制商业银行的前列。自2006年以来，浦发银行更是步入了飞速发展时期。目前在全国27个省、市、自治区，100座重点城市，设立了34家直属分行，655个营业机构，员工达28081名，架构起全国性商业银行的经营服务格局。比较2009年与2010年的经营业绩，我们更能清晰地体会到浦发银行的发展速度以及为社会作出的重大贡献：

2009 年与 2010 年的经营业绩

项目	单位	2009 年	2010 年	较上年增长%
资产总额	亿元	16227	21914	35.05
贷款总额	亿元	9289	11465	23.43
存款总额	亿元	12953	16387	26.51
营业收入	亿元	368	499	35.60
员工费用	亿元	79.07	101.24	28.04
利息支出	亿元	267	278	4.12
纳税额	亿元	74.85	83.58	11.66
企业留存收益和股息	亿元	207.83	292.32	40.66
归属于上市公司股东净利润	亿元	132	192	45.10
属于上市公司股东净利润增长率	%	5.6	45.10	39.94
对外捐赠总额	万元	1459	2296	57.37
每股社会贡献值	元	5.16	5.6	8.53
ROA	%	0.90	1.01	0.11
ROE	%	25.86	23.27	−2.59
核心资本充足率	%	6.9	9.37	2.47
资本充足率	%	10.34	12.02	1.68
不良贷款余额	亿元	74.60	58.80	−21.18
不良贷款率	%	0.80	0.51	−0.29
纳税额	亿元	74.85	83.58	11.66
拨备覆盖率	%	245.93	380.56	134.63

在惠及国计民生领域，浦发银行贯彻落实国家宏观经济政策，积极响应国家产业政策导向，发挥金融机构信贷支持作用，

优化和调整授信结构，加大对实体经济信贷投入，着力支持西部开发和东北工业区振兴，对关系国计民生领域予以重点金融服务。

在金融普惠领域，浦发银行进行包括制度、机构和产品在内的金融体系创新，关注弱小，普惠金融，使每个企业和个人都可拥有金融服务的机会，从而有机会共同参与经济发展，实现共同富裕。

在提供社会服务领域，浦发银行将金融服务与社会制度、精神文明、经营环境、技术手段等因素相关联，通过提升服务质量，优化服务流程，提高运营效率，加强服务反馈，维护金融安全等责任举措，从而在为客户创造经济价值的同时，创造美好客户体验的责任。

2. 法律责任

浦发银行坚持"稳健发展、守法合规"的经营理念，严格按照国家各项法律法规、各项监管规章开展经营管理工作。

在对待员工方面，浦发银行严格遵守法律法规，保障员工享有法律规定的就业权、签署和解除劳动合同权、获得劳动报酬权、劳动卫生安全保护权、享受社会保险和社会福利权、休息休假权、接受培训权、救济补偿权等社会性权利，承担企业应当在这些方面承担的强制性义务。

在对待消费者方面，浦发银行承担诚信经营的法律责任，坚持"诚信经营、不欺不诈"，真实披露信息责任，保护消费者的知悉权、尊重消费者的隐私权和人格尊严等。

在同行业竞争方面，浦发银行严格遵守法律的规定，依法办事，与同业竞争者保持友好关系，相互学习。在竞争中坚持平等原则、公平原则、诚信原则，坚持互惠互利、竞争与合作原则，坚决避免价格战等恶性竞争行为。

在对待政府方面，浦发银行遵纪守法，合法经营，照章纳税。积极履行自己应该承担的法律责任，保持与政府的良好关系。

3. 道德责任

浦发银行坚持以人为本，主动承担对员工的责任，包括保障员工权益，激发员工归属感，重视员工幸福感，培养员工就业能力，规划员工职业道路。

2008 年—2010 年浦发银行培训的发展情况

年度	教育培训基金(万元)	使用培训基金人员	面授培训		网络培训	
			班（个）	人员	人员	学时
2010	6 192.87	15 114	418	27 950	151 313	279 888
2009	4959	14062	393	22000	21210	133 222
2008	3723	10940	343	17760	18074	71830

浦发银行针对金融消费者缺乏专业知识，风险防范能力薄弱现状，建立长期工作机制，积极推进公众教育，面向社区、企业、校园等不同金融消费者，开展形式多样的教育、培训、宣讲活动，增加消费者金融知识，提高风险意识和风险识别能力，切实保障金融消费者权益的责任；同时，浦发银行热心公益，通过向社会捐赠财物等活动，奉献爱心，为社会公众谋求福祉和利益，承担构建社会主义和谐社会的责任。

4. 可持续发展责任

在承担环保责任方面，浦发银行服务国家宏观调控政策，发挥金融对社会资源的引导和调配作用，合理有效配置信贷资源，支持绿色信贷，助力绿色产业，创新绿色金融服务，促进中国低碳经济的发展。浦发银行一方面对绿色产业提供重点授信支持，对环境污染、能耗超标的企业，不与其建立授信关系，确保将有限的金融资源投入环保，致力于建设可持续发展的节约型社会。另一方面，积极探索以金融创新支持节能减排，不断提升针对绿色产业的金融服务品种和内涵，探索以商业行为、市场机制支持绿色产业发展壮大的道路；致力建设环境友好型社会，倡导可持续发展，通过优化和约束某些对环境不友好、效率不优化的消费和生产活动，身体力行，积极传导绿色责任，从而引领、带动、汇聚更广泛的社会力量，形成合力，使低碳成为新型价值尺度的责任。

在承担金融创新责任方面，浦发银行保持前瞻性的国际视野和专业视角，以客户需求为中心，创新产品功能、创新服务模式、创新多元渠道，从而运筹金融力量，实现个人财富增长、企业价值提升的责任；创新推出合同能源管理融资，并成功实施多个项目；创新排放权（碳权）交易金融服务，已完成首笔以化学需氧量（COD）和二氧化硫排污权抵押贷款，形成国内碳交易市场金融服务方案，成为天津排放权交易所CER离岸托管唯一合作行；作为业内引领者，参加国家发改委能源所编写《能效及可再生能源融资指导手册》；创新提出"浦发银行绿色金融五年发展规划"。通过对哥本哈根后续谈判结果及低碳经济发展潜力进行专题研究，起草《"哥本哈根气候变化会议"后中国低碳经济前景及我行绿色金融发展思路》。

5. 慈善责任

浦发银行通过向社会捐赠财物等活动，奉献爱心，为社会公众谋求福祉和利益，履行构建社会主义和谐社会的责任。仅2010年一年，浦发银行对外捐赠2296余万元，广泛用于扶贫、助学、帮困、环保等社会公益事业。浦发银行还积极发挥金融资源优势，汇聚两万余名员工以及1600余万客户的力量，积极参与到社会公益事业中。一是建立内部员工网上银行捐赠系统，自2005年该系统开通至今，员工累计捐赠金额2400余万元，有效支持了扶贫、帮困、助学等公益项目以及员工内部互助。二是建立面向客户的外部网上银行捐赠系统。这是专为网上银行客户开设的爱心通道，致力于搭建一座爱心桥梁，将客户与社会公益慈善机构直接连通。借助浦发银行网上银行平台，轻松点击，从而将爱心接力传递。目前，浦发银行网上捐助系统与6家社会慈善机构合作，客户通过网上银行的捐赠款项自动、即时划转到社会慈善机构账户，由慈善机构全权支配。2010年网上银行用户通过浦发银行网上捐助平台捐赠2056笔，金额31多万元。

此外，浦发银行还持续开展希望小学建设。从1997年在大别山革命老区建立第一所浦发希望小学开始，截至2010年底，浦发银行在杭州、昆明、重庆、深圳、南昌、南宁、天津、西藏等地共建立了22所希望小学，累计捐助金额1400多万元。

6. 社会责任报告

2011年3月29日，浦发银行发布了《2010年企业社会责任报告》，这是该行自2006年率先在中国银行业发布企业社会责任报告以来，连续第6年发布报告。报告以鲜明的理念、翔实的信息，形成具有浦发银行特色的报告模式和管理架构：

（1）战略引领特色。

浦发银行首次披露了公司《2011—2014年度企业社会责任战略规划》相关内容，该战略与公司品牌战略以及公司整体发展战略相对接，从而将社会责任工作有机融入公司品牌建设以及整体发展战略之中。

（2）责任领域特色。

浦发银行在经济责任、社会责任、环境责任架构下，将银行业履职责任进行梳理,归纳为具有浦发银行特色的十大责任领域,分别给出定义,作为今后报告体例中的主要责任领域。

（3）角色转换特色。

浦发银行更加深入关注利益相关方,改变以银行为中心进行责任案例分析的做法,而是从利益相关方角度,首次以责任议题、责任举措、责任价值形式,透视浦发银行的责任举措,以及对不同利益相关方产生的责任价值。

（4）提升管理特色。

在浦发银行制定2011年社会责任工作指引时,将同步启动全行社会责任工作部署,相关指标、工作分解落实到责任部门,从"写报告"到"做报告",加强报告编制与企业社会责任管理工作的有机联系,从而就社会责任报告编制与社会责任管理和实践的关系进行积极探索。

（5）多元指标特色。

本年度报告增加相关金融指标以及内部管理指标,信息更为多元丰富。

7. 获奖情况

类别	奖项名称
企业社会责任	中国上市公司竞争力公信力TOP10调查最具社会责任上市公司。
	2010中国上市公司最佳社会责任董事会十强。
	2010中国低碳新锐银行大奖。
	2010最佳绿色银行创新奖。
	2010第一财经中国企业社会责任榜优秀实践奖。
	浦发志愿者日活动荣获中国企业公民优秀项目奖。
	入选恒生可持续发展企业指数系列。
	A股上市公司社会责任报告评级银行业第二位。
	2010年全球契约中国企业社会责任典范报告——优秀创新奖。

类别	奖项名称
金融服务	2010年度村镇银行奖。
	2010年度支持中小企业发展十佳商业银行（全国）奖。
	"未来之星"成长十年特别贡献机构。
	2010年中国十大最佳零售银行奖。
	《亚洲银行家》中国零售金融服务卓越大奖：卓越品牌与业务建设奖。
	2010年度最佳电子银行服务奖、最佳手机银行。
	2010年亚洲最佳公司业务银行。
	2010年度中国CFO最信赖银行大奖、最佳现金管理奖、最佳绿色银行奖、最佳公司金融品牌奖。
	2010中国区最佳创新投行、2010中国区最佳银团融资银行。
	2010年度中国银行业优秀客服中心评选最佳创新奖。
	2010年度最佳用户体验信用卡。
国际排名	世界银行品牌500强第76位，居国内银行第7位。
	《福布斯》全球公司2000强第224位，居上榜中国企业第11位。
	《银行家》世界1000强银行排名，核心资本排名108位，居国内银行第10位；总资产规模排名81位，居国内银行第8位。
	《福布斯》中国品牌价值榜50强榜单第15位，居上榜银行第6位。
	亚洲银行综合竞争力十强。

——摘自《浦发银行2010社会责任报告》

　　银行业掌握着最重要的金融资源，浦发银行充分认识到银行金融机构在全球可持续发展中的重要地位和重大责任，将社会责任工作提升到战略高度，系统推进社会责任与公司运营、部门管理、品牌建设及员工日常工作的融合。并通过制定一套具有自身特色的社会责任指标以监控履职绩效、并指导社会责任信息披露。从浦发银行的一系列行动我们可以看到，它正脚踏实地以一种先进的、负责任的运营模式赢得责任竞争力，来有效推动自身和社会共同可持续发展。它通过对经济、法律、道德和可持续发展责任的践行来履行自身的社会责任，为中国乃至世界的经济发展、环境保护以及可持续发展作出重大贡献。诚如浦发银行董事长所言："作为中国践行企业社会责任的先行者，浦发银行致力于推动中国经济的再次腾飞，致力于国民财富的持续增长，致力于社会的和谐进步，追求更具社会责任的可持续发展，成就社会各方价值，这是国际趋势、中国需要、浦发银行的责任。"

参考文献：

① 王雄文：《企业社会责任概念诸说及评析》，载《理论月刊》，2007 年第 11 期

② 黎友焕：《企业社会责任理论》，华南理工大学出版社，2010 年 5 月第 1 版

③ 卢梭著，何兆武译：《社会契约论》，商务印书馆，2008 年 1 月第 3 版

④ 崔开华：《组织的社会责任》，山东人民出版社，2008 年 6 月第 1 版

⑤ 陈佳贵：《政府与企业社会责任》，经济管理出版社，2010 年 5 月第 1 版

第二章 社会责任发展史

　　社会责任思想的提出至今已有一个多世纪，这期间它遭受到传统经济自由主义者的严厉批评，其理论构建进程可谓举步维艰。虽然理论构建进程非常缓慢，但是社会责任运动却是一波接着一波，一浪接着一浪，已经越来越深入人心。本章将回顾政府、企业和非营利组织社会责任的产生和发展过程，从而使读者了解社会责任的发展史，对社会责任有一个更加全面、准确的认识。

第一节　社会责任的产生和发展

一、政府社会责任的产生和发展

随着企业规模和力量的扩张,企业自身的性质也在悄然发生变化,以经营权和所有权"二权分离"为主要特征的现代企业制度逐步形成。这种企业制度促使学者们重新认识企业,并思考其权力的使用与约束问题。通过不断地探索研究,人们认识到,需要给企业权力的使用加上了一个"紧箍咒",这个"紧箍咒"就是政府的约束力,是政府应该承担的责任。不仅如此,政府在约束、引导企业履行社会责任的同时,还必须承担起自身应该承担的社会责任,即政府的社会责任。

首先是政府掌握着大量的资源,为其承担社会责任提供了可能性;其次是政府在推进社会责任建设工作中扮演着规制者、推进者和监督者的角色。在西方国家企业社会责任的发展历程中,政府都是积极的推手。其中尤以美国的政府社会责任发展进程最具有代表性。

美国是企业社会责任的起源地,也是较早提出政府社会责任的国家。自上世纪中叶以来,由于美国企业规模日益扩大的趋势不断引发比较严重的社会问题,民众的不满情绪非常严重,一些开明的企业领导人开始关注企业利益相关者的权益。美国政府也开始采取各种措施,如开放舆论、鼓励公众参与、加强监督等规范企业行为,促使企业更好地履行其社会责任。①

1. 开展企业社会责任立法

美国是世界上企业社会责任规则制定最完善的国家之一。

美国有近30个州通过法律规定：董事会在制定重要经营决策，特别是在决定是否接受和拒绝一项股权收购方案时，除了考虑股东的利益外，还要考虑其他参与者的利益。

美国白宫

　　本世纪初，安然、世通等公司财务丑闻事件发生后，美国政府又颁布了一系列严肃公司道德准则的法案，如《2002年萨班斯—奥克斯利法案》，加大对忽视社会责任、侵害相关利益者的企业的处罚力度。几十年来，美国政府不断地通过各式各样的法令，从产品安全、消费者保护、环境保护、公平竞争等方面用强有力的执法来约束和规范企业的行为。目前，美国已经有近30个州相继在公司法中加入了企业社会责任的内容。

　　2. 通过公共政策促进企业履行社会责任

　　除立法外，美国政府还通过大量的政策引导和鼓励企业履行社会责任。在劳工权益方面，劳工部要求禁止从可能由童工生产产品的国家进口相关产品；在环保方面，美国政府要求大型电器生产厂商必须将其产品的耗能成本列出，给消费者提供有用信息，从而迫使生产厂商致力于改进耗能效率；美国环境保护部要求公司公开对环境的影响和责任，进出口银行也建立了环境复查制度，以加强对出口企业环境保护的监督。

　　为加强对信息披露的监管，美国政府建立了企业社会责任会计制度，目前已经有几十项准则涉及社会责任问题。美国还是企业社会责任审计的发源地，从20世纪70年代初开始，美国的政府机构如联邦贸易委员会、环境保护局、职业安全和事故防护局以及平等就业机会管理局等部门,就要求企业提供某一方面的社会责任履行情况。2003年,美国政府出版了名为《消除世界性贫困:令全球化为贫困者带来好处》白皮书,审视了有关企业社会责任问题,并强调要通过与不同机构合作,促进商业及投资团体对企业社会责任的了解。

3. 改革企业监管制度,加强对企业履行社会责任的监察

美国政府推出了一系列政策与法律措施,加强对企业履行社会责任的监察。比如,建立专门的追踪企业腐败机构,提高企业总裁金融定罪后的坐牢期限,冻结非正当收入,没收造假账所得利益等;政府对经营道德上出现问题的企业在执行罚金上明显加重;还成立了独立的证券监管委员会,加大审计业营运监督;并建立退出机制,将造假者随时驱逐出相关行业。

4. 通过制定标准引导企业履行社会责任

1999年,美国推出"道—琼斯可持续发展指数",它主要是从经济、社会、环境和投资四个方面评价企业可持续发展的能力。该体系中的指标分为两类:通用标准和特定产业相关标准,两类指标权重各占总权重的50%。一个公司的可持续发展分值按照事先确定的权重和评分标准汇总得出。其中,通用标准中经济方面的有关公司管理和公司执行以及贪污舞弊状况,环境方面的生态效益、环境报告,社会方面的企业公民慈善行为、社会报告、劳动力实践等反映社会责任状况的指标的权重总和占了总权重的80%左右。这就意味着,一个公司的"道—琼斯可持续发展指数"越高,就表明它在社会责任方面的贡献越大。目前,它已经成为美国甚至是国际上将企业社会责任评价纳入企业绩效评价的重要体系之一。

由于美国政府的积极推动，美国企业履行社会责任取得了良好的效果。我们应该积极借鉴美国的经验，充分利用行政、舆论及经济等手段作为法律的补充来促进企业履行社会责任，促使企业的所有利益相关者受益，增加整个社会的福利，推动社会的发展。

道——琼斯可持续发展指数

二、企业社会责任的产生和发展

企业社会责任思想诞生于20世纪初，至今已近一个世纪，这期间它遭到来自传统的经济自由主义者的严厉批评。例如，美国经济学家米尔顿·弗里德曼就曾尖锐地指责企业社会责任思想是一种"颠覆性的学说"，甚至会彻底地动摇社会的根基。另外由于企业社会责任思想自身的理论化进程有些迟滞和混乱，以至于某些学者将企业社会责任研究说成是"一堆寻找理论的数据"[2]。

然而，过去几年中，"社会责任8000"标准、"社会责任指南——ISO26000"的制定以及《联合国全球契约》的签署等，都无可辩驳地证明：在世界范围内，企业应当承担社会责任的思想观念不仅已经深入人心，而且正在转化为具体的行为准则，并对企业的实践活动进行指导和约束。由此我们不禁要追问，到底是什么因素推动了企业社会责任在过去一个世纪中的不断发展呢？

英国著名经济学家、经济学的主要创立者亚当·斯密告诉我们："作为一个社会行为主体的个人，尤其作为企业家，作为法人代表，每一个人都应该推己及人，具有社会责任感。"亚当·斯密在他的著作《道德情操论》中明确地指出："我们据以赞同或者不赞同自己行为的原则，同据以判断他人行为的原则是完全相同的。"这就是说，不能对人和对己执行不一样的行为标准。他把人们对一般行为的衡量准则称为责任感并告诉我们，这是人类生活当中最重要的一条原则，并且是唯一一条大部分人都能够用来指导他们行为的原则。

个人要对自己的行为负责，企业更要对本企业的每一项经营行为、每一项管理行为、每一项社会行为负责。一个企业通过市场能够最好地确定消费者的需求，如果企业能够尽可能地高效率使用资源以提供社会需要的产品和服务，并以消费者愿意支付的价格销售它们，企业就尽到了自己的社会责任。这也是企业社会责任的雏形。

在企业社会责任的发展过程中，企业社会责任思想的意义、内涵和范围虽得到了进一步的阐述。例如1953年，美国著名学者鲍恩在《企业家的社会责任》一书中指出："企业被股东、员工、消费者、政府、供应商等各种利益相关方所环绕，企业除了要为其股东赚取合理利润外，也应履行其应负的社会责任，如果企业在决策中认清了这一更广泛的社会目标，那么，其商业行为就会为广大社会带来更多的社会效益和经济效益。"1960年，美国著名学者戴维斯在一篇名为《公司能够忽视社会责任吗？》的文章中也指出："企业的决策者在追求企业自身利益的同时，具有采取措施保护和促进社会整体福利的义务等。"但是，同反对者言之凿凿的严厉批评相比，企业社会责任思想这一理论进展确实有些迟滞和疲软,反对者在评述许多学者对企业社会责任思想的贡献时说到,他们只是提出重要的问题,并指出解决问题的方向,而不是"描绘寻找上帝之城的蓝图"。③

企业社会责任自产生以来就备受争议,却在激烈的争论中不断地发展。企业社会责任的发展主要可以归纳为以下四个阶段:

1. 基于纯粹道德驱动的企业社会责任管理阶段

早在18世纪中后期英国完成第一次工业革命后,现代意义上的企业有了充分的发展,但企业的社会责任还未出现,当时的企业社会责任局限于业主个人的道德行为。18世纪末,西方企业的社会责任观发生了微妙的变化,表现为小企业主经常捐助学校、教堂和穷人。在这一阶段,社会责任思想还没有被提出来,企业社会责任管理是基于纯粹道德驱动的。

亚当·斯密在《道德情操论》中说:"人类希望自己不仅被人所爱,而且自己确实可爱,不仅受到表扬,而且值得表扬,同样,他们害怕被人所恨,被人亵渎,因此愿意做出值得受表扬的行为。业主个人的道德行为正是寻求来自他周围的人的信任、尊重和信赖,寻求社会的认可。一个业主向他身边贫困的人分发粮食,他原本的动机并不是造福社会,而是享受来自他人的尊重与敬仰,但他的行为使社会群体直接收益。"

正如亚当·斯密所说,生活在社会里的每个人都具有社会性,愿意归属于一个团体。生活在社会里就像在照镜子,正如镜子可使我们看到自己的样子,社会生活能使我们看到自身行为对他人的影响。在这种社会注目之下,"每个人"都能观察到他人同意他的某些行为,不同意他的其他行为,其结果是他会在某种情况下继续提高自己。亚当·斯密正是用这种对他人

51

的反应——别人同意就高兴，不同意则痛苦来解释为什么富人要显示自己的财富，而穷人则要掩盖贫穷。富人对他们财富的价值更看重的是它带给他们的威望，而且，这种对威望的追求是刺激人们继续寻求威望的主要动力。

2. 基于社会压力回应的企业社会责任管理阶段

进入19世纪以后，两次工业革命的成果带来社会生产力的巨大飞跃，社会责任观念发生了一系列变化。劳工权利运动、绿色环保运动、人权运动、消费者权利运动等此起彼伏。美国政府接连出台《反托拉斯法》和《消费者保护法》，企业社会责任运动对企业管理形成了非常现实的压力。面对外界压力，企业是被动回应，穷于应付，还是主动回应，主动管理，这是当时企业社会责任管理的一个重大问题。下面以消费者权利运动的发展为例，简述企业社会责任第二阶段的发展历程。

世界各国消费者权利运动的发展和壮大表现出全球广大消费者要求公司、工厂承担应有的社会责任。早在19世纪中叶，英国在《货物买卖法》中就应广大消费者的要求，给予购买质量低劣和不适于预定用途商品的消费者以法律上的索赔权，并对欺骗消费者的行为给予严厉处罚，从而改变了"买者当心，卖者不负责"的传统做法和观念，要求维护消费者的基本权利。1844年，英格兰北部以制造毛毯、法兰绒而知名的罗奇代尔市，首创消费者合作社，当时叫消费协作组合，它是世界上消费者运动的最早的源流。1891年，纽约消费者协会成立，这是世界上第一个以保护消费者权益为宗旨的组织。

1899年，美国消费者联盟诞生，成为世界上第一个全国性的消费者组织。1914年，美国设立了第一个保护消费者权益的政府机构——美国联邦贸易委员会。到了20世纪60年代，美国消费者运动的规模进一步扩大。1962年3月15日，美国总统肯尼迪在《关于保护消费者利益的总统特别国情咨文》中，率先提出消费者享有的4项基本权利，即安全的权利，了解的权利，选择的权利和意见被听取的权利。1969年，美国总统尼克松进一步提出消费者的第五项权利：索赔的权利。消费者权利的提出，使消费者运动进入了新的阶段，同时，美国联邦政府和州政府，都设立了消费者保护机构。

日本的消费者运动兴起于第二次世界大战结束之后。当时日本经济全面瘫痪，消费品奇缺，一些不法厂商趁机生产伪劣商品。1948年9月，深受劣质火柴之害的一些家庭主妇召开"清除劣质火柴大会"，会后成立了日本主妇协会，揭开了日本消费者运动的序幕。20世纪50年代至60年代，伴随着日本经济的高速发展，一些严重损害消费者利益的事件频频发生。面对一系列重大消费者受害案件的发生，日本消费者要求消费品安全的呼声越来越高。进入70年代以后，日本消费者运动目标进一步扩大，除了食品及日用消费品的卫生和安全问题外，在实现公平交易，制止不正当营销手段，取缔不公平交易习惯等方面也提出了更高的要求。在日本的消费者运动中，消费者组织发挥了极其重要的作用。迄今为止，日本全国性的消费者团体有29个，各种民间性消费者团体近4000个，消费者运动的成果也不断得到来自政府方面的承认。

除美国、日本外，消费者运动在其他国家也如雨后春笋般蓬勃兴起。1953年，德国消费者同盟成立；1957年，英国成立了消费者协会；1969年韩国成立国内第一个消费团体——主妇俱乐部联合会。到1984年，全世界有90多个国家和地区设立了消费者保护组织。1960年，美国、英国、荷兰、澳大利亚、比利时5国消费者组织在海牙发起成立国际消费者组织联盟，1994年其会员和通讯会员组织来自110多个国家，达到

消费者权益保护日主题

300多个。1983年，国际消费者组织联盟将每年的3月15日定为"国际消费者权益日"，消费者运动从此成为席卷全球、势不可挡的历史潮流。

消费者运动的发展壮大是消费者自我维权意识不断觉醒的表现，对企业认识到自身的社会责任起到了直接的促进作用，使企业将社会责任提到了重要的地位。

3. 基于社会风险防范的企业社会责任管理阶段

社会经济学认为，利润最大化是企业的第二目标，企业的第一目标是保证自己的生存。为了实现这一点，他们必须承担社会义务以及由此产生的社会成本。他们必须以不污染、不歧视、不从事欺骗性的广告宣传等方式来保护社会福利，他们必须融入自己所在的社区并资助慈善组织，从而在改善社会中扮演积极的角色。④

1976年经济合作与发展组织（OECD）制定了《跨国公司行为准则》，这是迄今为止唯一由政府签署并承诺执行的多边、综合性跨国公司行为准则。这些准则虽然对任何国家或公司没有约束力，但要求更加保护利益相关人士和股东的权利，提高透明度，并加强问责制。2000年该准则重新修订，更加强调了签署国政府在促进和执行准则方面的责任。

20世纪80年代，企业社会责任运动开始在欧美发达国家逐渐兴起，它包括环保、劳工和人权等方面的内容，由此导致消费者的关注点由单一关心产品质量，转向关心产品质量、环境、职业健康和劳动保障等多个方面。一些涉及绿色和平、环保、社会责任和人权等的非营利组织以及舆论也不断呼吁，要求社会责任与贸易挂钩。迫于日益增大的压力和自身的发展需要，很多欧美跨国公司纷纷制定对社会作出必要承诺的责任守则（包括社会责任），或通过环境、职业健康、社会责任认证以应对不同利益团体的需要。

20世纪90年代中期以来，北美和欧洲的工会与人权、消费者、学生及宗教组织联合发起了跨国性的"反血汗工厂运动"，因利用"血汗工厂"制度生产产品的美国服装制造商被新闻媒体曝光后，为挽救公众形象，制定了第一份公司生产守则。在劳工和人权组织和消费者的压力下，许多知名品牌公司也都相继建立了自己的生产守则，后演变为"企业生产守则运动"，又称"企业行动规范运动"，企业生产守则运动的直接目的是促使企业履行自己的社会责任。在其全球性生产体系中制定"公司行为守则"，并建立实施多种监察机制促进守则实施，从而达到在全球范围内消除血汗工厂，促进经济与社会的公正、民主、平等的目的。"反血汗工厂——公司行为守则运动"开辟了全球化背景下维护劳工权益的第三条道路，也预示着全球化背景下劳工运动的新方向。90年代以来复兴的劳工运动，促进了具有社会运动理论视角的劳工研究的大发展，逐渐要求工厂、公司承担起社会责任。

1990年世界经济论坛上，前联合国秘书长安南提出倡议，呼吁世界工商领袖在全球化的过程中要关爱人文，全面关爱人权、劳工和环境等三大问题，为全世界人民谋幸福。1992年强生公司公布了第一份社会贡献报告，北美地区的国家则通过包含1993年劳工事务协议的北美自由贸易协定，使有关公司在社会责任问题的上受到约束。各种国际贸易与援助协议也开始采纳了有关的"社会条款"。1995年，世界可持续发展工商理事会（WBCSD）成立。WBCSD的宗旨在于促进企业、政府和社会组织间在可持续发展领域的对话、交流与合作，并在此基础上推动整个社会更加开放和共同富裕的进程。

1997年，美国一家非营利组织"社会责任国际"(简称SAI)咨询委员会以国际劳工组织ILO和联合国的13个公约为依据，起草了一份社会责任标准，即SA8000，以此为评价依据开展认证活动。1999年2月在瑞士达沃斯召开世界经济论坛时安南提出了企业界的"全球契约"，要求企业界领导人在经营自己的企业时，维护人权以及正当的劳工和环境标准。进入21世纪，企业社会责任呈现出促进力量多元化、责任运动国际化、责任发展标准化的趋势，联合国、世界银行、欧盟、国际经济组织等分别从不同角度对企业社会责任进行了要求。

联合国全球契约认为企业履行社会责任，应遵循"全球契约"十项原则，包括人权、劳工、环境和反腐败四个方面。强调企业社会责任的内容，体现联合国推崇的价值观、关注重点和新千年目标。世界银行认为企业社会责任，是企业与关键利益相关方的关系、价值观、遵纪守法以及尊重人、社区和环境有关的政策和实践的集合，是企业为改善利益相关方的生活质量而贡献于可持续发展的一种承诺。2003年，国际商业领袖论坛提出了新的企业社会责任要求，企业应以伦理价值为基础，坚持开放透明运营，尊重员工、社区和自然环境，致力于取得可持续的商业成功。认为企业社会责任要遵从商业伦理，对员工、社区和环境承担责任，并且认为只有这样，企业的商业成功才可以持续。

4. 基于财务价值和综合价值创造的企业社会责任管理

基于财务价值创造的企业社会责任管理,是指企业通过开展社会责任业务实现企业的营利目标,从而提升企业的市场和财务的竞争力,也就是可以帮助企业挣钱的企业社会责任。例如跨国医药公司开拓中国市场的重要方式就是选择慈善事业作为突破口,与国内的公益组织合作,以向患者赠送自己生产的药品为突破口,提升企业形象,宣传药品疗效,从而以最快的速度占领中国市场。这是典型的工具理性。但是它确实也应该得到一定程度的提倡,它可以促使企业发现新的商机,发现实现资源更优配置的新方式、新空间。但是,我们绝不能完全以工具理性替代价值理性,否则对企业社会责任管理实践的根本突破会产生障碍。

综合价值创造的企业社会责任管理,是指企业向社会提供商品和服务的过程,不仅是为股东创造利润的过程,而且是为全社会创造经济、社会和环境的综合价值的过程。从根本上讲,它是对一流公司社会责任管理实践的总结、提升与理论化。企业不能简单地把生产经营过程变成一个创造利润的手段和方式,否则类似三鹿奶粉的事件就一定会层出不穷。因为它不需要关心产品本身,而只要关心能否将奶粉卖出去,能否赚钱。

基于财务价值和综合价值创造的企业社会责任管理是当今社会并存的两种企业社会责任管理模式,基于财务价值的企业社会责任管理正向基于综合价值创造的企业社会责任管理过渡。企业向社会提供产品和服务的过程,实际上是对社会和环境产生影响的过程,是企业与现实的人发生关系的过程,是企业与环境发生关系的过程。因此,企业不仅需要工具理性,而且必须以价值理性的要求规范自身的行为。企业应在内生的道德动力推动下,有效管理企业运营对社会和环境的影响,最大限度创造企业发展的经济、社会和环境的综合价值。

三、非营利组织社会责任的产生和发展

非营利组织承担社会责任可以通过其组织的产生及发挥作用的范围和领域来阐释。早期出现的非营利组织分为两部分：一是与权力争斗相关。随着16、17世纪圈地运动的扩展，资产阶段和工人队伍逐渐形成，资产阶级新贵族寻求独立自主的经济自由和个人空间自由，要求结盟，反对专制统治。失去土地的工人和农民也频频掀起社会运动，并逐渐建立各种社会组织。这些与政治利益相关组织的雏形也是资本主义的个人权力、自由民主等价值取向的反应；二是慈善和民间公益事业的发展。英国在1601年就颁布了《慈善法》和《济贫法》，鼓励开展慈善救济等社会公益活动的组织的发展。⑤

早期这类组织的出现，是国家主导的社会秩序衰落，资产阶级寻求独立自主的自由经济，向国家分权的产物。这类组织首先产生于英国资产阶级革命，实现了民主共和理念；其次是18世纪60年代资本主义作为一种基本的生产方式和社会经济制度逐渐走向成熟，营造了这些组织产生的经济基础和制度土壤。这一时期出现的这类型组织的核心内涵是"社会"与"国家"的分离，其承担的社会责任的初衷更多是出于对国家的分权行为。

随着19世纪末资本主义发展进入"垄断资本主义时期"，财富的集中导致贫富分化的加剧，一方面，推动社会变革的工人组织不断出现，如1886年美国工人成立劳动者联盟等；另一方面，出于对贫困者的关怀，或者垄断资本家为缓解社会矛盾，各种致力于慈善事业的基金会纷纷建立。二战以后，人们对战争的抵触和人类对关怀意识的增强，涌现出大量的和平维护组织和权利保护组织，如人权组织、妇女组织等，它们在各国的

社会重建和社会变革中发挥了积极的作用；在战后经济恢复和社会重建过程中，一批致力于慈善救助和环境保护的组织也应运而生，如世界自然保护基金等，它们的出现很好地帮助了贫困者和保护了社会环境。到了20世纪70年代以来，这类组织进入了繁盛期，承担的社会责任也涉及了社会的各个领域。

20世纪后期，它们与福利国家、公共管理的危机、政府改革、治理理念等相关联，对政府失灵和市场失灵起到了积极的应对作用。但必须认识到，这两种失灵并没有离开政府和成熟的市场经济，换言之，这些组织的出现对国家统治霸权和市场经济霸权起到了很好的制衡作用。

非营利组织社会责任的发展是现代社会发展的必然趋势。随着市场经济的发展，市场机制触及社会生活的各个角落，但是，社会问题的多重性、复杂性是市场机制难以招架的，更谈不上合理地解决，如市场机制本身造成的贫富差距产生新的社会问题；单一的市场机制对残疾人、城市贫困人口的救助，对社区中老年人的照顾等也无能为力。而政府也不是万能的，政府的力量是有限的，单独依靠政府力量并不能解决众多的社会问题。非营利组织的兴起并积极承担社会责任，恰好弥补了政府、企业在解决社会问题上的不足。

四、安德鲁·卡耐基——企业家社会责任的践行者

一个有钱人如果到死还是很有钱，那就是一件可耻的事情。

——安德鲁·卡耐基

安德鲁·卡耐基，美国钢铁大王，白手起家建立卡耐基钢铁公司，数十年保持世界最大钢铁厂的地位，几乎垄断了美国钢铁市场。卡耐基与洛克菲勒、摩根并立，是当时美国经济界的三大巨头之一。但让世人为之惊讶的是，他在自己事业的最巅峰时期，毅然放弃了所有的一切，开始实施他的把财富奉献

安德鲁·卡耐基

给社会的伟大计划。纽约著名的卡耐基音乐厅是他捐资修建的，匹兹堡的卡耐基大学是他出资建立的，还有遍布在世界各地的"卡耐基图书馆"。这就是卡耐基，财富对于他而言不是第一位的，享受人生，为社会作出贡献才是他生命的真谛。

1. 捕捉机遇的勤奋少年

1835年11月25日，安德鲁·卡耐基出生于苏格兰古都丹弗姆林。父亲威尔·卡耐基以手工纺织亚麻格子布为生，母亲玛琪则以缝鞋为副业。父母虽穷，却为人正直，始终充满着积极进取的精神，这是一个继承了自豪、自立、自尊光荣传统的家族。

小卡耐基的祖父是个性情开朗、机智幽默，并具有不屈不挠精神的人。小卡耐基作为长孙，以祖父的名字——安德鲁·卡耐基命名。他的外祖父是个天生的雄辩家，也是个富有才智的政治家，是当地颇为活跃的政治领袖。或许是祖辈遗传基因的作用，卡耐基自小就乐观进取，能言善辩，这对他一生的影响极大。

1848年，怀着对美国的向往，卡耐基和家人来到美国东海岸的纽约港，后又辗转来到匹兹堡。移民的生活是非常清苦的，小卡耐基白天做童工，晚上读夜校，十分辛苦。14岁那年，他来到匹兹堡的大卫电报公司做信差，通过努力，仅仅用了一个星期的时间就成为公司的熟练工。

1853年，宾夕法尼亚州铁路公司西部管区主任斯考特看中了有高超的电报技术的卡耐基，聘他去当私人电报员兼秘书，每月薪水35美元。当时卡耐基已是18岁的大小伙了，他怀着强烈的上进心走进了这个更为广阔的世界。

在宾夕法尼亚铁路公司的十余年中，卡耐基凭着自己的勤奋和机灵，24岁就升任该公司西部管区主任，年薪1500美元，并逐步掌握了现代化大企业的管理技巧。与此同时，卡耐基也抓住时机，初试牛刀，参与投资，而且频频得手，为他以后开办钢铁企业奠定了一定的经济基础。

1865年4月，南北战争结束了，战争造成了大量的机会。29岁的卡耐基这时已经小有成就了，但是他不满足，他要紧紧抓住人生旅途这一关键阶段，自主创业，另立门户。于是，他向宾州铁路公司提出了辞呈并在宾夕法尼亚州与人合伙创办了联合钢铁厂。

2. 难言的奋斗之路

1862年，他与几个朋友创立了建造铁桥的公司。而1863年7月4日，南北战争的双方都开始使用军舰对抗，给卡耐基以警示：帆船时代已经过去了，钢铁时代即将到来。于是，辞职之后，他来到欧洲旅行，到伦敦考察了那里的钢铁研究所，果断地买下了道茨兄弟发明的一项钢铁专利，还买下了焦炭洗涤还原法的专利，他认为，这两项专利会带来源源不断的财富。

随着1873年经济大恐慌，愈来愈多的人都遭到了破产的厄运，当初的合伙人柯路曼兄弟，还有弟弟的岳父，这些元老级人物都不得不把自己的股份卖给卡耐基，最终，1890年，卡耐基将公司名称变为卡耐基钢铁公司，资金增长到2500万美元，他持公司半数以上股份。

到了19世纪末20世纪初，卡耐基钢铁公司已成为世界上最大的钢铁企业。它拥有两万多员工以及世界上最先进的设备，它的年产量超过了英国全国的钢铁产量，它的年收益额达4000万美元，卡耐基是公司的最大股东。

3. 东方文化洗礼后的另一种人生

早在1866年12月底的一天，卡耐基曾写下这样一段备忘录："人生必须有目标，而赚钱是最坏的目标。没有一种偶像崇拜比崇拜财富更坏的了。"可是后来的他却一直沉浸在商海之中，这个东西早已抛掷脑后了。

可是就在20年后，发生了许多不幸的事情，这使得卡耐基的人生也开始有了巨大的改变。1886年10月，从小跟卡耐基一起长大、一起奋斗的弟弟汤姆去世了，紧接着，母亲无法承受这样的打击，也离开了人间。可是悲剧并没有就此结束。1889年，卡耐基的得力助手琼斯厂长因为高炉爆炸而死，这又是一个沉重打击。虽然，在此之前，卡耐基信奉的是东方传统，研究孔子著作和佛经，但却从未付诸行动。这一次，他开始真正地面对残酷的事实，有所清醒了。

接连几天，他都在思考自己走过的路：从一个小信差、一个贫穷移民的后代，到今天的千万富翁，手里拿这么多的财富，到底有什么用。现在亲人一个个离去，曾经离弃过的朋友也不会再回来了，赚钱的目的是什么呢？最后，他得出这样一个结论："富人若不能运用他聚敛财富的才能，在生前将其财富捐献出来为社会谋取福利，那么死了也是不光彩的。"

1890年，他在《财富的福音》一书中宣布："我不再努力挣更多的财富。"于是，他毅然从他那蓬勃发展的钢铁事业中引退，以5亿美元的价格将卡耐基钢铁公司卖给金融大王摩根。然后，他就开始实施他的把财富奉献给社会的伟大计划。

此后直到1919年8月11日卡耐基去世的近20年间，卡耐基的生活发生了巨大的改变。1901年，即他引退后的第一年，他首先拿出500万美元为炼钢工人设立了救济和养老基金，以向帮助他取得事业成功的员工们表示感谢。接着，为帮助有志上进而家境贫穷的年轻人，他当年在纽约市捐款建立了68座图书馆。这个图书馆建设事业持续了16年，他总共捐资1200万美元，兴办图书馆3500座。

第二年，卡耐基在他的第二故乡匹兹堡创办了"卡耐基大学"。后来，又在美、英各地捐资创办了各种学校和教育机构。这类用于建造教育设施的捐款，达9000万美元之巨。在随后的几年中，卡耐基又设立了若干项基金。他捐资500万美元，设立"舍己救人者基金"，他捐资3900万美元，设立"大学教授退休基金"，以保障教育家的晚年生活。他还设立了"总统退休基金"和"作家基金"，对美国总统或作家的晚年给予资助。此外，他向11个国家提供了"卡耐基名人基金"，并以1000万美元设立"卡耐基国际和平财团"，专门资助为世界和平作出贡献的人们。

1911年，年迈的卡耐基夫妇由于10年来一直直接参与捐献工作，身心都深感疲惫，因而，卡耐基决定再以仅余的1亿5千万美元设立了"卡耐基公司"，让公司人员代理他们的捐献工作。

直至生命结束之前，卡耐基都在为社会奉献着他的财富，其捐献总额高达3亿3千多万美元。然而在他身后，"卡耐基公司"及各项卡耐基基金依然在实施他的捐献计划，况且这笔巨款还会不断地增加利息，或赚进红利，实际上他在世界上捐献的数额远大于这个数字。

——摘自《财富之路》

"钢铁大王"卡耐基所处的时代是社会责任萌芽时代，其所承担的责任完全是企业家的自愿。就像1899年安德鲁·卡耐基在《财富福音》一书中首次提出了"公司社会责任"一样。最初的慈善被当作是个人的义务，而非工商义务。然而，到了20世纪20年代，社会慈善的需要超过了最乐善好施的有钱人的个人财产，为慈善事业出资的责任就落到了工商企业身上。正是有着一批批安德鲁·卡耐基这样的无私承担社会责任的优秀企业家，才有了现今社会蓬勃发展的社会责任运动。

第二节　中国社会责任的发展

2012年2月22日，第七届中国企业社会责任国际论坛在北京钓鱼台国宾馆举行。由中国新闻社和中国新闻周刊共同主办的论坛，已是连续七年与社会各界共同探讨"社会责任"这一严肃而深具使命感的话题，研究政府、社会、经济和环境的定位与关系，深具理论价值与现实意义。中国社会责任的发展，主要可以归纳为以下四个阶段：

一、基于纯粹政治目的驱使的社会责任管理阶段

这一阶段是自清政府洋务运动至新中国建立前夕的阶段。自19世纪中叶之后，经过第一次和第二次鸦片战争的沉重打击，中国社会发生了翻天覆地的变化，逐渐沦为了半殖民地半封建社会。特别是随着太平天国轰轰烈烈的起义运动，使得清政府第一次感到了生存危机。面对这种局面，清政府开始了一场轰轰烈烈的洋务运动。

洋务运动一开始的目标是巩固国防创办"自强新政"以"求强"，具体表现在开办近代军事工业、创建新式军队、购买国外新式武器。洋务派在兴建军事工业的同时，为解决巨额资金的投入问题，洋务派开始将工业范围扩大，兴办民用工业以"兴商务，竣饷源，图自强"。

在兴办近代工业的同时，中国的军队也得到了前所未有的发展，到了甲午中日开战之前以湘军、淮军为代表的各省防军、练军普遍装备了后膛枪炮，比之西洋各国毫不逊色，1888年北洋水师的成军更是使清朝的国防力量上了一个台阶，使得中国

的军队从大刀长矛的中世纪军队一变而为使用先进兵器的近代军队。但是洋务运动的根本目的还是要富国强兵，维护清政府的腐朽统治，其兴办的军事和民用工业还是处于基于纯粹政治目的驱动的社会责任管理阶段。

19世纪末20世纪初实体工业救国运动也是处于这个阶段。这一时期是中国近代化的整体发展阶段，其主要特征是将学习西方先进的科技文化与变革社会制度相结合。在这一阶段，以工业化为主体的经济近代化有了长足进展。

在经济取得一定成果的同时，政治体制的近代化进程实现了重大突破。19世纪末，中国的民族资产阶级登上政治舞台。为了挽救甲午战争后严重的民族危机，以康有为、梁启超为代表的资产阶级维新派领导了戊戌变法运动，在社会上起了思想启蒙的作用；清政府实行"新政"；以孙中山为代表的资产阶级革命派发动了辛亥革命，推翻了封建君主专制制度，建立了资产阶级共和国，颁布了《中华民国临时约法》，使民主共和观念深入人心。

辛亥革命后，列强支持袁世凯称帝，加紧侵略中国，中国先进分子为改变这种局面寻找新的出路。1915年，陈独秀创办《新青年》，高举"民主"与"科学"两面大旗，对封建专制和封建道德思想进行了最猛烈的抨击，拉开了新文化运动的序幕。运动中"民主"与"科学"旗帜的树立，使中国社会许多方面发生了巨大的变化，还造成了新思想、新理论广泛传播的大好机遇。马克思主义正是在这种情况下，乘着俄国革命胜利之风，在中国广泛传播。

五四运动后，新文化运动发展到系统传播马克思主义的新阶段。1920年中国共产党的早期组织成立以后，在共产国际的帮助下，以马克思主义理论为指导的中国共产党成立。中国共产党成立以后，把马克思主义与中国革命的实际相结合，在1922年中共二大上提出了党的民主革命纲领。1927年大革命失败以后，以毛泽东为代表的共产党人，探索出了一条以农村包围城市、最后夺取城市的"工农武装割据"道路。在1935年的遵义会议上，确立了以毛泽东为核心的新的党中央的正确领导。1945年的中共"七大"将毛泽东思想作为党的指导思想写入党章。中国革命在中国共产党的领导和毛泽东思想的指导下，不断从胜利走向胜利，最终推翻了压在中国人民头上的三座大山，建立了新中国。

从洋务派的"师夷长技以制夷"，到维新派的"戊戌变法"，再到中国共产党推翻三座大山，建立新中国。可以说这一阶段的社会责任管理，无论是政府还是民间组织，都是基于纯粹的政治目的而展开的。

二、基于社会经济发展要求的社会责任管理阶段

基于社会经济发展要求的社会责任管理阶段，这一阶段为新中国成立后至改革开放前这段时期。这一时期的经济模式是计划经济，目的很单一，就是大力发展经济。在1956年的中共"八大"上，提出了"鼓足干劲，力争上游，多快好省地建设社会主义"的社会主义建设总路线，说明这一时期的主要任务就是发展社会经济。

随着公有制计划经济体系的确立，在基础十分薄弱，资源极为有限的情况下，为集中力量干大事，发展必要的基础工业和重工业、科教、文化、卫生等事业，提供了制度的保证，使我国能够在全社会范围内迅速集中必要的人力、物力、财力进行重点建设，迅速增强了综合国力。同时，新中国对人民的动员和民族凝聚力的空前提高，则为经济、社会各项事业的发展，提供了强大的社会基础和动力。这其中，国有大中型企业

在国民经济的关键和重要部门中处于支配地位,对整个国民经济发展起着决定性的作用,即国有大中型企业控制着国家的经济命脉。

在当时的体制下,企业是政府的附属,几乎所有计划经济体制都依赖政府的指令性计划,企业对国民经济的恢复和发展起到了重要的意义,企业依赖政府指令,同时政府也依赖企业的效益。这些企业拥有雄厚的资金,一流的技术和先进的管理经验,它们的存在和发展,对于巩固公有制经济的主体地位,巩固社会主义制度,推动经济发展和社会进步有着重要的意义。企业社会责任是社会经济发展到一定阶段的产物,企业对社会的影响越来越深刻。虽然计划经济已为今天所放弃,但自1949年之后在经济、科技文教、国防等领域的巨大发展成就,是无法否定的。

三、基于社会风险防范的社会责任管理阶段

近二十多年来,中国现代化快速发展,社会转型不断推进,融入经济全球化程度不断加深。在此过程中出现的严重利益失衡,可以说是当前中国社会风险不断累积的主要原因,是由多方面的原因造成的,具有一定的必然性。

针对这些问题,政府、企业等社会组织承担社会责任的中心自然而然地偏向于对社会风险的防范。而实际上,它们也是这么做的。无论是对下岗人员实行税收优惠、小额贷款助推下岗失业人员创业,还是拓宽就业渠道、帮扶困难高校毕业生就业,抑或鼓励企业开展社区服务,都是针对社会风险而作出的社会责任管理措施。

四、基于财务价值和综合价值创造的企业社会责任管理阶段

企业财务价值创造作为企业的中枢神经,对促使企业承担

社会责任起着不可或缺的作用。这不仅是因为企业承担社会责任需要付出财务成本，离不开财务支持，更因为企业财务是企业各种利益关系的焦点，企业的财务决策与行为，都会直接地影响到各利益相关者的利益。

然而，长期以来，企业财务价值所关注的是企业经济责任，即遵循"股东至上"逻辑，把企业财务目标定位在"股东财富最大化"上，企业的所有财务活动都要服从这一目标。但是，这在实现中，由于缺乏相应的前提条件，即完善的市场和制度环境，从而导致股东与其他利益相关者之间发生利益冲突，损害了其他利益相关者的利益。所以，随着全球化企业社会责任运动的发展，这种基于"股东至上"的企业财务理论，企业的财务目标、财务治理、财务政策和财务评价等内容，都将发生"革命性"的变化。

现阶段，我国的企业社会责任管理正从基于财务价值创造的模式向基于综合价值创造的模式转变。2010年，中国已有700多家企业通过发布企业社会责任报告来向利益相关方系统阐释其社会责任理念，在这些企业社会责任报告中，从财务管理的角度而言，利润最大化也已经不是企业追求的唯一目标，企业综合价值最大化、社会贡献值最大化等全面社会责任管理理念正逐渐融入其中。

基于综合价值创造的社会责任管理是企业管理发展的崭新阶段，是对现有企业管理模式的创新与扬弃，是正在不断发展的社会资源优化配置机制。基于综合价值创造的社会责任管理要求企业管理模式进行全面转型和升级。管理目标从追求利润最大化转向追求经济、社会和环境的综合价值最大化；管理对象从企业内部的人、财、物拓展到内外部利益相关方的资源、潜力和优势；管理价值从财务价值延伸到经济价值、环境价值和社会价值，从股东价值延伸到利益相关方价值，从关注自身价值延伸到创造社会福利；管理机制从注重企业内部资源的优化配置发展到促进社会资源的更优配置。这要求企业进行价值观、发展战略、日常运营、管理体系、管理流程和企业文化的全面优化。

中国经济发展方式要求从资源消耗转变为绿色低碳，从生态破坏转变为环境友好，从工厂制造转变为自主创新，面对转变经济发展方式的战略要求，企业作为市场经济的动力和源泉，无疑承担着责无旁贷的社会责任。加快经济发展方式转变，有效履行社会责任，企业应更加注重科技进步和自主创新，不断提升企业内涵和竞争力，更加注重职工权益和劳动保障，营造团结、和谐的企业文化，更加注重环境保护和资源节约，树立可持续发展的企业理念，更加注重诚信经营和商业道德，确立信任之上的企业组织，更加注重公益事业和慈善捐助，大力传播良好的企业形象，为促进社会和谐发展发挥重要的作用。

企业社会责任还需要政府的监督，公众要客观来看待企业，企业需要靠透明和责任来赢得公众的信任。在政府相关部门的要求下，中国企业也逐步建立起社会责任的机构制度，发布企业社会责任报告，这必将加强企业的透明程度，加强企业与利益相关者的沟通与联系起到积极的作用。在政府和企业的共同努力下，我国社会责任的发展必将迅速发展。

五、汉阳铁厂——华夏钢源凝结中华民族百年自强梦

汉阳铁厂是中国近代最早的官办钢铁企业。1890年诞生的汉阳铁厂，是当时中国第一家钢铁联合企业，从此，中国钢铁工业蹒跚起步，被西方视为中国觉醒的标志。汉阳铁厂是张之洞在湖北兴办的实业建设中最重要的一项。早在抚晋期间，张之洞就认识到进口洋铁非强国之道，萌生建立铁厂的意念。督

粤之后，提出在广州城外兴建铁厂的计划，并电告出使英国大臣刘瑞芬及后任薛福成，向英订购铁炉二座。该年底，张调任湖广总督，随即将拟建之铁厂移至湖北。1890年初，在武昌成立湖北铁政局，委派蔡锡勇为总办，厂址选定汉阳，1890年11月动工兴建，1893年9月，炼铁厂、熟铁厂、贝色麻炉钢厂、马丁炉钢厂、钢轨厂、钢材厂等十个分厂建成，次年6月投产。此为中国乃至亚洲第一家集冶铁、炼钢、轧钢于一厂的现代化钢铁联合企业，比日本1901年投产的八幡制铁所早七年。

汉阳铁厂的建成，耸动中外视听。然而，由于专制官办体制的腐败无能，铁厂从投产之始便财经亏损，张之洞为此心力交困，只得于1896年"招商承办"，委"亦官亦商"的盛宣怀督办铁厂，走上"官督商办"道路，由译员出身的李维格任总稽查。为解决材料和设备问题，1898年开发江西萍乡煤矿，用马丁炉改造全厂冶炼设备，以制造钢轨。由于此项改造耗资巨大，1898年向德国资本求贷，1899年与日本签订"煤焦铁矿石互售合同"。之后汉阳铁厂又与大冶铁矿、萍乡煤矿形成系列，一度颇有生机，1901年西洋报刊评论道："汉阳铁厂之崛起于中国，大有振衣千仞，一览众山之势。"1908年，盛宣怀奏准将汉阳铁厂、大冶铁矿、萍乡煤矿合并，改为商办汉冶萍煤铁厂矿股份有限公司，至辛亥革命前，约年产生铁8万吨、钢近4万吨、钢轨2万吨。然而，公司除第一次世界大战间始见盈余外，财政常陷困境，外债沉重，终为日本势力侵入。

1904年又以大冶矿山作抵，不断向日本借贷资本。至辛亥革命前，有炼铁炉3座，炼钢炉6座，约年产生铁8万吨，钢近4万吨，钢轨2万余吨。抗日战争时期，汉阳铁厂部分冶炼设备内迁重庆，其余被日军侵占。抗战胜利后，国民党政府接收，作为敌伪产业清理结束。

　　一个日本人写的报道，描述了炼铁厂的宏伟：烟囱凸起，矗立云霄；屋脊纵横，密如鳞甲；化铁炉之雄杰，碾轨床之森列，汽声隆隆，锤声丁丁，触于眼帘、轰于耳鼓者，是为20世纪中国之雄厂耶！美国驻汉口领事查尔德称，"这企业是迄今日为止，中国以制造武器、钢轨、机器为目的的最进步的运动，因为这个工厂是完善无疵的，而且规模宏大，所以就是走马看花地参观一下，也要几个钟头。"

汉阳铁厂

　　《东方杂志》也刊载了西方人士的惊呼：汉阳铁厂之崛起于中国，大有振衣千仞，一览众山之势，证诸领事之报告，吾人预知其不可量矣。中华铁市，将不胫而走各洋面，必与英美两邦，角胜于世界之商场，其关系非同毫发，英美当道，幸勿以么么视之。……呜呼！中国醒矣，此种种费祸，较之强兵劲旅，蹂躏老赢之军队尤可虑也。

　　张之洞主持兴建的汉阳铁厂，是清政府维护其风雨飘摇的政治统治的产物，也是政府早期进行社会责任管理的标志。它的创业艰辛、卓异成就和悲凉结局，昭示了中国早期现代化的坎坷历程。毛泽东上世纪60年代初说，讲到重工业，不能忘记张之洞。就是指的不能忘记张之洞创办汉阳铁厂、汉阳兵工厂的历史功勋及其经验教训。汲取了前辈功德和遗教的新中国人，就在同一片土地上创造出新的辉煌：武钢接过了汉阳铁厂的火炬，将其燃烧得更旺。中国也以钢铁产量世界第一的雄姿屹立东方。诚可谓"其始也简，其成也剧"。

第三节　社会责任的发展趋势

纵观社会责任运动在全世界范围内的发展过程,结合当前国际形势下社会责任的发展状况,社会责任发展趋势主要有以下五点:

一、环境保护和节能减排成为不可逃避的责任

随着全球经济发展,环境日益恶化,特别是大气、水、海洋的污染日益严重。野生动植物的生存面临危机,森林与矿产过度开采,给人类的生存和发展带来了很大威胁,环境问题成了经济发展的瓶颈。为了人类的生存和经济持续发展,各社会组织一定要担当起保护环境维护自然和谐的重任。

承担社会责任,应努力使社会不遭受自己的运营活动、产品及服务的消极影响。加速产业技术升级和产业结构的优化,大力发展绿色企业,增大企业吸纳就业的能力,为环境保护和社会安定尽职尽责,应该使社会因为自己收益,而不是因为自己的发展收到危害,也只有这样才能使社会、企业得以可持续发展。

"节能减排"一直是我国政府工作的重点,现阶段节能减排目标是实现国内生产总值能耗降低、主要污染物排放总量减少。以电力行业为例,未来国内电力行业节能的主要途径为是加强现有电厂设备改造,提高能源使用效率;大力发展特高压电网;积极鼓励新能源开发利用。电力设备行业中新能源设备、电力节能设备等都将在"节能减排"中受益。

我国火力发电比例过高,对于煤炭资源形成过度依赖,电

源结构调整迫在眉睫，诸如太阳能、地热能、水电、沼气、风能、生物质能等可再生能源都面临较好发展机遇。水电作为较为成熟的发电方式，大规模建设正在进行中；风电建设成本逐步下降，市场发展空间巨大。

二、政府的社会责任角色将被重新定位

新世纪以来,世界各国政府逐步确立了可持续发展的科学价值观，注重经济效益、社会效益和生态效益的统一，促进人与自然的协调发展，促进整个社会的和谐进步。全球企业社会责任运动包含着深刻的人文精神，与我国的科学发展观有着高度的一致性。经济全球化背景下，企业社会责任已经成为企业竞争优势的重要组成部分，各国政府都在重新考虑自己的角色，我国也不例外。

我国从建国初到改革开放之前,政府是决定企业承担社会责任的唯一因素，企业在承担社会责任方面的作用力非常少。企业的生产运营不是根据经济规律、市场规律，而是根据政府指令，它是政府对社会实行管理和控制的单位。这种状况导致了政府在承担社会责任过程中角色的错位。改革开放以后，企业在市场经济条件下感受到了竞争的甜头与残酷，企业把利润装入腰包，包袱甩给政府，责任由社会承担。政府当时没有及时制定一些法律法规对企业道德行为予以规范，导致了企业经营重视对自身的贡献，忽视对社会、对环境的影响。这个阶段政府这个角色在企业承担社会责任中发生了缺失。

20世纪90年代以来，政府认识到了企业社会责任的重要性，开始大力提倡企业道德并加强立法工作，对企业承担社会责任起到了引导、支持和规范作用。政府部门中确定一个专门负责企业社会责任的机构，整合、协调各部门的政策措施，可以使推动企业社会责任的工作更加正规化、效率更高；政府进

行投资及采购行为时，优先考虑注重劳工生产环境改善、环境保护的企业，会使企业认识到承担社会责任会让他们有更多机会获益；尝试建立一套包含经济、社会、环境等多方面指标的评价系统，定期公布企业在各方面的业绩报告，引导社会公众重视企业责任，当人们都主动去选择有社会责任的产品时，企业就会更加注重自己的形象，重视社会责任；与非营利组织、工会、企业建立伙伴关系，通过非正式的力量推动企业社会责任；政府出面组织召开全国及国际性会议、论坛，建立国家企业社会责任咨询网站，倾听来自各方面的声音，引发广泛的讨论，让负责任的观念更加深入人心。

推动中国的企业社会责任建设，需要政府、企业、非营利组织和公民等社会各方面的力量共同努力，争取更深层次地促进整个社会的责任意识，构建可持续发展的和谐社会。

三、创建和谐劳动关系成为社会责任的基础

劳动关系是一种最基本的经济社会关系。构建和谐劳动关系，是构建和谐社会的重要组成部分和重要基础，也是经济健康稳定发展的前提。构建和谐劳动关系，更多的体现为构建和谐的企业劳动关系。近年来，企业员工合法权益保障的总体情况有了很大改善，但随着经济社会转型加快，劳动用工方面出现的新情况、新问题也不容忽视。一些企业在劳动管理上的违法违规现象仍然十分严重，表现在劳动合同、工资、劳动时间和职业安全等各个方面。当前，劳动关系问题已经成为影响经济发展和社会和谐的主要因素。由此引发的劳动争议案件居高不下，且群体性、突发性、恶性暴力事件时有发生，影响了一些企业和地区的和谐稳定。据有关资料显示，绝大部分劳动争议案件由劳工提起诉讼，而且企业的败诉比例高达85%以上。

近几年来，国家出台了一系列劳动领域的法规，要求企业

认真贯彻落实现有劳动法律法规，切实做到有法必依、执法必严、违法必究。全面提高员工的工作条件，综合改善员工的各方面福利，已经成为当前经济社会的普遍共识。员工工资的增长机制的问题将成为当前和未来关注和社会讨论的一个热点议题。因此，不断改善劳动关系，全面提升就业条件，推动体面就业，将是企业社会责任需要不断加强的领域。

四、诚信问题将得到更加广泛的关注

当前世界经济处于金融危机的大背景下，诚信问题成为亟待解决并迫在眉睫的重要问题。近年来，由政府、企业失信引发的重大事件呈现多发趋势，引发的社会危机已经成为社会关注的焦点、经济工作的重点、市场监管的难点。企业诚信危机侵害了企业等各方权益，破坏了经济和社会环境，成为一大公害。企业作为经济活动的主体，在履行社会责任过程中，诚信经营始终尤为关键和必要，是社会责任的基本前提。企业信用的缺失，严重影响社会稳定，干扰了统一、有序、公平竞争的市场秩序，制约了经济的健康发展。

因此，企业加强以诚信为本是企业的应有之道，要把企业诚信看作是企业的社会责任。依靠诚信文化建设，促进诚信经营，树立企业良好的社会形象，提升企业竞争力已成为企业发展的当务之急。而政府和非营利组织的诚信问题也不可忽视。

五、建立全面有效的社会责任沟通机制

社会责任战略的有效实施必须依赖有效的社会责任沟通机制，以确保组织内部的每一个员工和供应链中的每一个环节都认识到承担社会责任的重要性和社会责任战略目标、框架要点和实施步骤。

企业要持续地与企业内外的利益群体沟通，以强化社会责任在企业战略制定和执行中的重要地位，并就社会责任政策和

实践沟通，保持并修正企业的社会责任实践行为。有效的社会责任沟通机制的关键部分是信息、评价、报告和传播系统，以确保整个社会责任系统能够得到有效控制。同时，企业应该增强对企业社会责任内涵的理解和把握能力，充分认识到社会责任在企业内部经营和外部利益相关方沟通中的重要价值，加强企业社会责任综合管理水平，综合利用社会责任等多种工具，与利益相关方的参与和沟通，增强国际化水平，实现企业的可持续发展。

六、华能集团——践行企业社会责任

中国华能集团公司（以下简称华能集团）是经国务院批准成立的国有重要骨干企业，华能集团公司从1985年创立至今，致力于坚持"综合实力行业领先"的发展方向，努力打造结构优势、体制机制优势、技术优势、管理优势和队伍优势，实现三大三强（即资产规模大、市场份额大、社会贡献大和盈利能力强、竞争能力强、可持续发展能力强）的有机统一，致力于建设一个以电为核心、煤为基础、金融支持、科技引领、产业协同的具有国际竞争力的综合能源集团，在我国社会发展进程中积极承担经济责任。

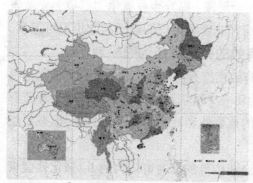

中国华能集团电源分布图

1. 电力产业

电力产业是华能集团的核心产业。截至2010年12月底，华能集团在全国30个省、市、自治区及海外拥有全资及控股装机容量11343万千瓦，为电力主业发展服务的煤炭、金融、科技研发、交通运输等产业初具规模，华能集团在中国发电企业中率先进入世界企业500强，2010年排名由2009年的第425位上升至第313位。

2. 煤炭产业

煤炭是电力产业的上游产业，华能集团不断夯实煤炭基础，发挥其重要的基础作用。到2010年10月底，华能集团控制的煤炭资源储量

华能煤炭基地

约400亿吨，煤炭生产能力达到4772万吨/年。规划的蒙东、陇东、新疆、"三西"（蒙西、陕西、山西）、滇东五大煤炭基地建设深入推进。

3. 金融产业

金融产业作为华能集团发展战略定位的主要构成产业之一，担负着为华能集团发展和业绩提供全面支持的重要职责。自2003年底组建专业化的金融资产投资与管理平台——华能资本服务有限公司以来，华能金融产业紧紧依托集团主业，立足金融市场，经营业绩快速增长，业务领域不断扩展，资产规模稳步扩大，行业地位与影响逐步提高，对华能集团发展的支持作用日益显现，走在了国内产业集团办金融的前列。

华能金融产业以华能资本服务有限公司为控股管理母公司，旗下控股和受托管理8家金融企业，拥有9家金融平台，金融控股体系初步建立。在金融业务门类、经营业绩、综合管理、服务和创新能力等方面，均居国内产业集团办金融的领先地位。

4. 科技产业

华能集团是国家级创新型企业试点,旗下科研机构包括技术创新中心、西安热工研究院及清洁能源技术研究院等,在北京、上海、天津、西安成立了4个实验室等技术力量,积极开展前沿电力技术的研究。华能集团首倡并组织实施"绿色煤电"计划,率先在国内建设燃煤电站二氧化碳捕集示范项目、IGCC电站示范项目和高温气冷堆核电站示范项目,积极推进700℃超临界燃煤发电技术、温室气体减排技术、太阳能热发电等技术的研究。在国内第一个引进60万千瓦超临界燃煤机组,第一个建设运营国产60万千瓦超临界燃煤机组,第一个建设国产百万千瓦超超临界燃煤机组;率先引进国外先进的大型火电厂烟气脱硫装置和烟塔合一技术;建成世界首座300米级双曲拱坝;建成我国第一个商业运行的风光互补发电系统。

华能集团积极承担国家重大科技项目,"超超临界燃煤发电技术的研发和应用"获得国家科技进步一等奖,"循环流化床锅炉关键技术的自主研发及应用"等4个项目获得二等奖;"燃煤电厂3000吨/年二氧化碳捕集装置自主研发及工程示范"等项目获得中国电力科技进步一等奖。

5. 物流运输产业

铁路、港口和航运等能源交通产业也是电力产业的上游产业,华能集团不断做实能源交通产业,发挥其对电力产业的功能支撑和对公司的业绩支撑作用。

投资建设有关铁路,增加煤炭运力。华能集团积极参与投资建设大秦铁路、两伊铁路、集通铁路、蓟港铁路、乌准铁路、蒙冀铁路和石太客运等铁路项目的建设,推动北煤南运"第三通道"的前期工作。

积极参与港口建设,增加煤炭储存能力。合作开发天津

港、京唐港、营口港
等项目，与秦皇岛港
开展长期合作。同时
大力加强营口、太仓
和海门等煤炭中转
基地建设。

华能港口建设

组建航运船队，
提高煤炭水运能力。
加强与中海、中远等
大型航运企业的合作，组建时代航运公司和瑞宁航运公司，不
断增加煤炭航运能力。

6. 经营发展战略管理

华能集团提出以科学发展观统领公司工作全局，努力实施
"七项战略性举措"，提高"七种能力"，实现"七个确保"。

实施一体化战略，提高能源供给能力，确保安全稳定发
电。根据国家规划纲要的指导意见，抓紧电煤路港运协调发展。
加快产业结构调整，继续积极有序开发水电，优化发展燃煤发
电，积极开发核电，适度发展燃气发电，加快开发风电和可再
生能源。继续执行"巩固东部、增强南部、提升中部、进入西
部，环绕首都，择机走出去"的区域策略。加强项目前期工作，
增加项目储备。

实施节约战略，提高建设节约环保型企业能力，确保实现
节能环保规划目标。优化电源结构，提高单机容量，切实运用
先进成熟技术对老机组的主辅机设备及系统进行节能、节水的
技术改造，努力提高机组发电效率，降低二氧化硫、氮氧化物
和烟尘的排放水平。大力发展循环经济，提高综合利用率。

实施创新战略，提高自主创新能力，确保公司可持续发

展。抓好我国第一个百万千瓦级超临界燃煤机组的建设，做好开发、建设IGCC电站项目的前期工作，加快推进高温气冷堆核电示范电站和"绿色煤电"项目的研发和建设，构建以企业为主体、市场为导向，产学研相结合的技术创新体系。

实施500强战略，提高做强做大能力，确保国有资产保值增值。坚持"开发与收购并重"的方针，通过基本建设和收购兼并，加快扩大公司规模，增加发电装机容量，进一步提升公司规模效益和核心竞争力。

实施"走出去"战略，提高利用境内外两个市场、两种资源的能力，确保把公司建成以国内为主的跨国公司。加强境外能源开发与合作，创新合作开发境外能源资源的模式，大力推进海外煤炭项目的收购兼并工作，在利用国际资源方面取得突破性进展。继续在发达国家成熟电力市场中寻求电力资产的收购机会，为公司进一步拓宽国际市场创造条件。

实施人才强企战略，提高队伍建设能力，确保公司事业发展的人力资源。坚持人才资源是第一资源，紧紧抓住培养、吸引和用好人才三个环节，以优化人才资源结构为主线，加强高级管理人才、高级技术人才、高级技能人才三支队伍建设，打造符合公司事业发展需要、具有国内一流水平的人才队伍新格局。完善和规范公司薪酬、福利政策，形成多元化、多层面的激励约束机制。营造和谐稳定的人才成长环境，全面提高员工队伍素质，为实现公司战略目标提供强有力的人才保证。

实施管理革命，提高公司健康发展能力，确保建成有国际竞争力的能源集团。通过更新观念，优化结构，改进流程，健全内控，全面提高公司的决策力、执行力和控制力，促进公司又快又好地发展。

——摘自《华能集团2010年社会责任报告》

华能集团公司在 20 多年的发展历程中致力于承担经济责任，以促进国民经济发展、社会进步和人民生活水平提高为历史使命，逐步形成了"为中国特色社会主义服务的红色公司，注重科技、保护环境的绿色公司，坚持与时俱进、学习创新、面向世界的蓝色公司的"三色"公司理念和"坚持诚信、注重合作、不断创新、积极进取、创造业绩、服务国家"的核心价值观。为国民经济建设和电力工业的改革与发展作出了积极贡献。逐步成为实力雄厚、管理一流、服务国家、走向世界，具有国际竞争力的大型企业集团。

参考文献：

① 王丹，聂元军：《论政府在强化企业社会责任中的作用》，载《理论探索》，2008 年第 6 期

② 杨家栋：《当代儒商社会责任的经济学解读》，载《扬州大学学报》，2008 年第 4 期

③ 吴知峰：《企业社会责任的起源、发展与动因分析》，载《企业经济》，2008 年第 11 期

④ 李伟阳：《世界企业社会责任管理五个阶段的演变和启示》，载《WTO 经济导刊》，2010 年第 7 期

⑤ 崔开华：《组织的社会责任》，山东人民出版社，2008 年6 月第 1 版

第三章　社会责任的组成

　　当前，随着经济的发展与社会的进步，全球已经成为政治、经济、社会、生态环境等领域相互作用、不可分割的一个系统，社会责任越来越受到国内外的广泛关注与重视。

　　社会责任的组成部分包括经济、法律、道德、可持续发展和慈善责任，他们之间并不是相互独立、相互并列的，而是逐层递进的关系，采用金字塔的方式表达社会责任的组成是非常形象的。社会责任的主体包括政府、企业、非营利组织和公民，他们之间也不是完全独立的，而是互有紧密的联系。本章对社会责任的五个组成部分展开全面论述，为读者呈现一个完整的社会责任体系。

第一节　经济责任

一、经济责任的内涵

经济责任是指在经济发展过程中,各社会组织和公民在其能力所及的范围内应该承担的责任。一个国家在社会生活过程中需要各种组织共同协作,各自承担起自己应该承担的经济责任,从而促进经济发展,构建和谐社会。经济的发展不仅意味着国民经济"量"的扩大,更意味着社会生活"质"的提高。所以,经济发展涉及的内容超越了单纯的经济增长,比经济增长更为广泛。一般来说,经济发展包括下述三层含义:

1. 经济总量的增长

所谓经济总量的增长,即一个国家或地区产品和劳务的增加,它构成了经济发展的物质基础。经济总量包括社会总需求和社会总供给两方面,社会总需求即社会总的购买力;社会总供给即社会商品和服务的总供应量。如果社会总需求大于社会总供给,就会引发通货膨胀;如果社会总需求小于社会总供给,就会引发通货紧缩。

2. 经济质量的改善和提高

所谓经济质量的改善和提高,即一个国家或地区经济效益的提高、经济稳定程度、卫生健康状况的改善、自然环境和生态平衡以及政治、文化和人的现代化进程。

3. 经济结构的改进和优化

所谓经济结构的改进和优化,即一个国家或地区的技术结构、产业结构、收入分配结构、消费结构以及人口结构等经济结构的变化。经济结构是一个由许多系统构成的多层次、多因素的复合体。

影响经济结构形成的因素很多，最主要的是社会对最终产品的需求，而科学技术进步对经济结构的变化也有重要影响。一个国家的经济结构是否合理，主要看它是否建立在合理的经济可能性之上。结构合理就能充分发挥经济优势，有利于国民经济各部门的协调发展。经济结构状况是衡量国家和地区经济发展水平的重要尺度。不同经济体制，不同经济发展趋向的国家和地区，经济结构状况差异甚大。

与经济发展相对应，各类社会组织也应该从经济总量的增长、经济质量的改善和提高、经济结构的改进和优化三方面承担各自的经济责任。

二、经济责任纳入社会责任的合理性分析

对于经济责任是否应该纳入社会责任的范畴，人们的观点纷争主要集中在社会责任与经济责任、法律责任之间的关系上，大致可分为两种学说：一是"独立说"，认为经济责任、法律责任和社会责任是相互独立的，三者之间是一种并列关系，是在社会组织责任总体框架下不同类别的责任；二是"包含说"，它将社会责任视为社会组织对社会的综合责任。"包含说"的代表人物是美国佐治亚大学教授阿基·卡罗，他认为社会责任是社会在一定时期对各种社会组织提出的经济、法律、道德和慈善的期望，从而将经济、法律等责任置于社会责任的总体框架之下。

长期以来，两种观点互相攻击，"独立说"认为"包含说"是对社会责任反对者的妥协，试图在社会责任中加入经济责任的内容，以此博得社会责任反对者的支持或接受；"包含说"指责"独立说"不能完整地理解社会对社会组织的期望，将社会

责任和经济责任对立起来。下面，探讨将经济责任纳入社会责任体系的合理性。

1. 企业社会责任与经济责任

不同的学者对于经济责任有着不同的描述，但基本都认为经济责任是企业经营者实现企业利润最大化的责任。在20世纪以前，经济责任被推崇为企业唯一的责任。古典时期，商人的社会和法律地位十分卑微，其角色被定位为为社会提供服务。强大的社会压力迫使商人开展社会公益性活动，商人存在的目的就是要服务于公共利益。重商主义时期，自由主义和市场伦理使人们敢于追求正当利益，商人的盈利最大化目标以及自我利益的追求受到了鼓励，但同时也要求商人承担对社区、慈善事业的社会义务。

随着工业革命的产生和发展，资本主义市场经济制度逐步建立起来，企业在社会经济生活中逐渐占据主导地位。这一时期经济意义上的财富增长被看得高于一切，因此认为，企业存在的目的就是实现利润最大化。企业作为社会分工中的生产单位和贸易中介，只要能高效率地使用资源以生产社会需要的产品和服务，并以消费者愿意支付的价格销售，就尽到了自己的社会责任，企业被看成了单一的纯经济组织，企业的唯一责任被确定为经济责任，企业的唯一目标被确定为谋求利润最大化。①

在古典经济学家的眼里，"在现实社会中，一切从事经济活动的人，都是为了满足自己私利的'经济人'，而且追求私利的'经济人'，往往表现为追逐利润的资产者。"同时这些"经济人"追求利润最大化，或更直接地追求货币收入最大化。古典经济学只是从总成本与总收入的简单比较角度来看待最大化的，只是把产量最大化看成是利润最大化。

新古典经济学认为，个人一方面是消费者，另一方面是生产要素的所有者，企业则是生产单位。个人效用最大化是其作为生产要素的经济收入，并在此基础上进行消费选择，最大化其消费效用。企业则选择生产技术，以最大化其利润为唯一目标。"企业利润最大化的一般条件是边际收益等于边际成本"，这时的产量可使利润最大化。

不管是古典经济学还是新古典经济学，以利润最大化分析人类的经济行为，其目的不仅是揭示经济个体的趋利性，更重要的是通过这种分析，为构建其理想的社会提供依据和指导。在它们的理论中，资本所有者是典型的"经济人"，资本所有者的企业具有利润最大化的典型特征。并在此基础上进一步认为，只要保证资本所有者及其出资设立的企业在内的所有"经济人"以利润最大化为其唯一目标，即可达到全社会利益的普遍增进，企业经营者的唯一责任就是实现利润最大化，可以说这时的企业社会责任局限于经济责任。

无论是古典经济学还是新古典经济学，对于企业社会责任的认识都是片面的。它们对企业社会责任的认识仅仅停留在企业所拥有的最基本的职能上，没有认识到随着社会的发展而引起的企业社会责任的新变化。就像人的自由权利有一个发展过程一样，企业的社会责任也有一个发展过程，因而企业的社会责任在不同的背景下也体现了不同的内容，那就是企业社会责任的层次性。不同时代、不同社会、不同体制下，企业所拥有的权利是不同的，从而使企业社会责任问题的焦点、范围也有所不同。

进入20世纪以来，全球经济飞速发展，企业的规模不断扩张，对社会的影响逐渐增大，引发的问题也越来越多。随着人们对唯利是图的企业忽视法律、公益、伦理等行径的不满情绪日益高涨，人们开始怀疑企业只把经济利益作为唯一目标的合理性。这时，一些企业实务界的开明人士和激进的理论工作者提出，实现经济利益固然重要，但企业对经济责任的承担不能建立在践踏法律法规、无视社会公平正义的基本价值目标基础之上。所以，不能再将企业的责任仅归结为股东利润最大化，除了对股东负责之外，还应对股东以外的其他利益相关者负责。此种责任便是更加广泛的企业的社会责任，将企业的社会责任在原有的经济责任的基础上扩展到更大的范围。[②]

由此可以得出，社会责任的内容是十分广泛的，按不同的标准可进行不同的划分。既有经济意义上的社会责任，又有法律的、道德的社会责任；既有针对企业利益相关者的责任，也有对非利益相关者的责任；既有实质性的社会责任，又有程序意义上的社会责任等等。需要说明的是企业社会责任包含经济责任，但却并不仅仅是经济责任。把企业社会责任等同于经济责任的看法是不全面的，企业的社会责任包含经济责任。

2. 政府社会责任与经济责任

广义的政府是指国家的立法机关、行政机关和司法机关等公共机关的总和，代表着社会公共权力。政府的基本职能包括：

（1）政治职能。

政治职能是指政府为维护国家统治阶级的利益，对外保护国家安全，对内维持社会秩序的职能。在我国，政府主要有四大政治职能：军事保卫职能、外交职能、民主政治建设职能和治安职能。

（2）经济职能。

经济职能是指政府为促进国家经济的发展，而对社会经济生活进行管理的职能。在我国，政府主要有四大经济职能：经济调节、公共服务、市场监管和社会管理。

（3）文化职能。

文化职能是指政府为满足人民日益增长的文化生活的需要，依法对文化事业进行管理的职能。它是加强社会主义精神文明，促进经济与社会协调发展的重要保证。在我国，政府主要有四大文化职能：发展科学技术、发展教育、发展文化事业和发展卫生体育。

（4）社会公共服务职能。

社会公共服务职能，即国家提供公共服务，完善社会管理的职能。这类事务一般具有社会公共性，无法完全由市场解决，应当由政府从全社会的角度加以引导、调节和管理。在我国，政府的社会职能主要有：调节社会分配和组织社会保障、保护生态环境和自然资源、促进建立社会化服务体系和提高人口质量，实行计划生育。

政府的经济责任是指政府在履行自身职能过程中所涉及的和经济运行、发展相关联的职责，主要与政府的经济职能相对应。政府的经济责任是其社会责任的基石。在社会发展过程中，经济发展是基础，如果将社会比作一栋高楼，则经济是筑起高楼的基石，是社会发展的基础部分。社会发展是建立在空中楼阁之上，它需要以经济发展为基础，有必要的物质条件。没有良好的经济发展为基础，社会发展只能是一句空话。经济发展的最终目的就是要不断提高人类的生活水平，而稳定的社会发展为经济发展提供良好的环境。在政府履行社会责任过程中，履行经济责任是基础。

3. 非营利组织社会责任与经济责任

非营利组织作为政府、企业以外的社会组织，就其自身属性而言，不仅要从事利他主义的社会公益活动，而且还要在能力范围内承担起促进经济发展的作用，否则，便丧失其存在和发展的积极社会意义。这些组织具备公益性和非盈利性，但并不排除其可以在一定范围内从事经营活动。它们在教育、文化、国防、科学技术、医疗卫生、环境保护、权益保护、社区服务、扶贫及慈善救济等领域为社会提供服务。

从权利与义务的关系出发，这些社会组织享受了政府和公众赋予它们的权利，那么它们就应该承担相应的义务。具体而言，政府对它们进行人力、物力、财力等方面的支持，通过法律的形式给予它们税收的减免；同时法律也规定了这些组织有义务从事社会公益事务，有义务在其能力范围之内为社会的稳定和发展作出贡献。还有一些组织是通过接受社会捐赠、志愿者无偿服务来完成其基本的社会活动，尽管这些组织与捐赠者、志愿者之间的权利与义务没有严格地以契约形式呈现出来，但两者之间却拥有被社会公众普遍默认的契约关系。社会赋予了它们权利，那么它就有义务满足捐赠者、志愿者的心愿。也就是说，非营利组织应当承担经济责任、法律责任等责任的定论不仅具有合法性，而且也具备合理性。

在纷繁复杂的社会事务面前，政府自身的能力经受着巨大的考验和质疑，而非营利组织的兴起则在一定程度上缓解了这一难题，分担了政府部门的公共性事务。这些组织本着为社会奉献的宗旨，给急需帮助的群体带来了福音；另外这些组织在等价交换的市场经济背景中面临着巨大的挑战，帮助需求的快速增长，带来了满足这种需求的社会资源供给的快速增长的要求。非营利组织只有以自己强烈的社会责任感感化他们，以自身的实际行动让人们体验其存在的积极作用和社会价值，动员一切积极的社会力量，鼓励他们为社会公益事业出钱出力，争取更多的社会资源，说服公众并获得他们信任，赢得公众对公益事业更多的支持。

　　从经济学理论来说，"政府失灵"和"市场失灵"为政府、企业以外的这些非营利组织提供了发展空间，并为缓解和解决社会、经济问题提出了新的思路。近年来，由于市场驱动的作用，这些组织介入营利领域，以商业收入来支持公益事业的做法日益普遍。这是因为在市场竞争日益激烈的今天，单靠传统的资助模式已不足以维持它们的生存和发展，它们必须自谋生路，全力寻求资金来源上的多样性。在我国，政府投资能力十分有限，慈善捐赠尚不盛行，那么这些组织介入营利领域的经济活动将是发展的必然趋势。未来，发展公益事业所需的资金将更多地依赖服务收费和商业运作的收入。

　　综上所述，将经济责任纳入社会责任体系是合理的，经济责任是社会责任最基本的组成部分。

三、中兴通讯——走在企业社会责任前列

　　2010年12月，第七届"中国最佳企业公民"评选活动在北京举行了颁奖典礼。本届活动主题为"共享增长和未来——构建全新的员工伙伴关系"，吸引了来自通信、金融、能源、保险等十余个行业的国内外著名企业参选。最终，中兴通讯股份有限公司（以下简称"中兴通讯"）从500多家候选企业中脱颖而出，荣获第七届"中国最

中兴通讯股份有限公司

佳企业公民"的称号。

中兴通讯是全球综合性通信制造业上市公司和全球通信解决方案提供商之一。经过27年的快速发展，中兴通讯已发展成为全球第五大电信设备商，并且成为全球前五、中国最大的手机终端厂商，中兴通讯在中国3G市场占有率持续保持第一。中兴通讯在经营规模不断壮大的同时，认真落实科学发展观、积极履行企业社会责任，自觉地把企业社会责任融入公司的战略、企业文化和生产经营活动中，努力构建和谐企业。

1. 积极履行企业经济责任

中兴通讯拥有通信业界最完整的、端到端的产品线和融合解决方案，通过全系列的无线、有线、业务、终端产品和专业通信服务，灵活满足全球不同运营商的差异化需求以及快速创新的追求。2010年中兴通讯营业收入达人民币702.64亿元，国际市场实现营业收入380.66亿元人民币，同比增长27.45%，占整体营业收入的比重达54.18%。其中欧美地区收入同比增长50%，占整体营业收入的比重提升至21%，首次成为中兴通讯海外收入比重最大区域，系统与终端产品均已全面服务于欧美日高端市场的顶级运营商。

2. 致力于科研创新，推动社会可持续发展

中兴通讯为联合国全球契约组织成员，坚持在全球范围内贯彻可持续发展理念，实现社会、环境及利益相关者的和谐共生，以创新的技术、产品与服务为客户创造可持续的价值，推动整个社会的可持续发展。多年来，中兴通讯始终坚持将年销售收入的10%投入科研，专利申请总量达33000多件，已经授权的国内外专利超过8000项。2010年以1863件国际专利申请量位居全球第二，自2008年起，中兴通讯连续3年位居中国专利申请年度公开排名第一。

同时,中兴通讯在专利技术的创新高度和申请质量方面已累计荣获多项国家级权威大奖,包括3项中国专利金奖、10项中国专利优秀奖、4项信息产业重大发明奖等。中兴通讯以持续改善人们的通信体验为使命和责任,不断开发更先进、更环保的通讯产品。低碳、绿色、环保成为公司产品和技术创新的核心驱动因素,全面深入到研发、生产、物流、工程等所有公司经营活动。中兴通讯从网络架构,设备,单板,芯片不同层面进行低能耗的方案设计,广泛使用太阳能、风能等清洁能源,推出了新一代无线接入网络解决方案C-RAN,SDR平台化设计等绿色解决方案。

3. 秉承顾客至上理念,提供优质产品和服务

中兴通讯公司对产品和服务提出过这样的口号:精诚服务,凝聚顾客身上。公司持续以客户为关注焦点,执行通讯行业TL9000质量管理标准,运用六西格玛等方法进行质量改进。为此公司建立了基于客户满意、产品现场运行以及内部流程全方位的质量管理和改进模式。从而构建了公司"产品领先、质量可靠、服务优质"的综合优势,持续为客户提供有竞争力的产品和服务。

为了提高客户的满意度,中兴通讯每个年度在全球范围内,针对客户所期待的产品和服务质量实行全球客户满意度的调查,并对内部管理进行定量评估制度。针对客户的问题反馈,中兴通讯建立了专门的问题反馈系统,GCSC(全球客户支持系统)收集客户在使用中兴通讯产品的时候的问题。并设置了专门的800电话接收客户的投诉。

4. 尊重员工、善待员工

中兴通讯作为近年全年快速增长的通信解决方案提供商,深知人才是中兴通讯得以基业长青的关键保障,他们以成为各

国市场的模范企业，以成为不同国籍、不同种族信赖的模范雇主为中兴通讯的主要战略目标。

中兴通讯实行"以人为本"的人才战略，始终坚持以人为本的原则，尊重和关心员工，维护员工的合法权益，促进员工的价值实现和能力提升，实现企业和员工的共同成长，建立了一套引进、培训、使用、激励全球人才的机制。中兴通讯严格遵守《劳动法》、《劳动合同法》、《劳动合同法实施条例》在内的劳动法律法规，在公平就业，员工福利和工会等方面持续提升，关注并重视员工权益；通过提供培训与清晰的职业发展通道帮助员工个人成长；提升员工能力，关注客户评价；提升人力资源效率，致力于实现客户、股东、员工与社会的共赢。

5. 致力于保护环境，争做优秀企业公民

保护环境、应对气候变化是当今人类面临的最为迫切的挑战。中兴通讯所属的通讯设备制造行业并不属于高污染、高能耗的企业，但作为负责任的企业，公司深知保护环境和创建可持续发展社会的重要意义，将环境保护融入公司的每个运营环节以及整个产品的生命周期之中。中兴通讯以科学严谨的态度不断推出具有更高商业价值和环保效能的新产品、新服务，并将绿色战略贯穿到产品开发、生产制造、供应链、物流、工程等领域，探索一条绿色、环保之路。中兴通讯将以可持续增长为根本，持续创新为依托，绿色环保为责任，积极迎接挑战，全力以赴与运营商构建可持续发展的绿色网络，实现环境友好型信息社会。

在参与社会经济运行过程中，中兴通讯积极推行绿色生产、绿色文化、绿色管理、绿色价值链。"创新、融合、绿色"，是中兴通讯的三大发展战略，绿色是创新与融合的根本目标所

在。绿色战略已经全面深入到标准、研发、生产、物流、工程等所有公司经营活动之中。节能减排成为公司产品和技术创新的驱动因素之一，并贯彻到规划、设计、研发和制造中；在行业积极推行绿色技术标准，与合作伙伴一起，推动产业上下游一起建设绿色网络；在企业内部贯彻高效环保的生产流程，推行诸如E化办公，5S策略等绿色管理机制的建立执行。中兴通讯还大力推广使用绿色能源产品，如太阳能、风能等，并跟合作伙伴一起推动节能减排工作，共同研究开发新能源。

6. 致力于社会公益

伴随着中兴通讯快速成长的步伐，中兴通讯及员工一直致力于回报所在的城市及国家、回报社会。以"不离不弃、持续关注、中兴有爱"为原则，中兴通讯以专业的运营手法、透明的运营方式来从事社会公益事业。

自2000年以来，中兴通讯针对贫困地区的学生设立了中兴通讯捐资助学基金。依托这一基金，中兴通讯致力于提升贫困地区学校软、硬件建设；同时针对贫困学生展开结对援助，以使援助能够深入细化。

2005年是抗战胜利60周年。为让那些为民族与国家命运而浴血奋战的老兵得以有一个幸福安康的晚年生活，中兴通讯发起支持抗战老兵的活动，获得了公司上下的一致支持。2005年至2010年公司多次为抗战老兵送款，截止到2010年5月，中兴通讯共计为抗战老兵送出善款131.49万元。

——摘自《中兴通讯2010社会责任报告》

"为所服务的国家和地区的发展作出贡献"，是中兴通讯在全球发展中贯彻的宗旨。经过25年的发展历程，中兴通讯在经营规模不断壮大的同时，认真落实科学发展观、积极履行企业社会责任，自觉地把企业社会责任融入公司的战略、企业文化和生产经营活动中，努力构建和谐企业，推进经济、环境与社会的和谐发展，成为全球优秀企业公民的典范。

第二节　法律责任

一、什么是法律

要探讨法律责任，首先必须明确什么是法律。法律是国家制定或认可的，由国家强制力保证实施的，以规定当事人权利和义务为内容的具有普遍约束力的社会规范。法律主要有四个特征：

1. 法律是一种概括、普遍、严谨的行为规范

法律首先是指一种行为规范，所以规范性就是它的首要特性。规范性是指法律为人们的行为提供模式、标准、样式和方向。法律规范不同于其他规范的另一个重要特征是它的严谨性。它有特殊的逻辑构成。构成一个法律的要素有法律原则、法律概念和法律规范。每一个法律规范都由行为模式和法律后果两个部分构成。

2. 法律是国家制定和认可的行为规范

法律是国家制定和认可的行为规范，这是法律来源上的一个重要特征。所谓国家制定和认可是指法律产生的两种方式。国家制定形成的是成文法，国家认可形成的通常是习惯法。

3. 法律是国家确认权利和义务的行为规范

法律所规定的权利和义务，不同于其他社会规范的权利和义务，它是由国家确认或认可和保障的一种关系，这是法律的一个重要特征。

4. 法律是以国家强制行为和为保障实施的行为规范

由于法律是一种国家意志，它的实施就由国家来保障。所

谓国家强制力，主要指军队、警察、法院、监狱等。习惯和道德是靠人们的观念、信念和社会公众舆论来维护的。这是法律与习惯、道德等其他行为规则最主要的区别。法律之所以必须依靠国家强制力来保障实施，是由法律需要发挥的作用决定的。

二、法律责任的内涵

这里所讨论的法律责任特指包含在社会责任范畴之内的法律责任。就法律责任能否纳入社会责任的范畴而言，20世纪70年代，日本法学界对此进行过激烈的讨论，最终形成了三种对立的观点：第一种观点认为社会责任与法律责任无关，社会责任只是道义上的义务或自律性的责任；第二种观点认为社会责任包含法律责任，法律责任是社会责任范畴内的一个基本责任；第三种观点否认社会责任是一个独立的法学概念，它只是一种手段或者调节机能，是市场自由的补充制度。

法律责任是社会责任范畴内的一个责任，可以将其定义为社会组织在进行各种社会活动过程中所负有的维护和增进社会利益的强制性义务，是社会组织所应当承担的基本的社会责任。

法律通过规定法律主体的权利、义务，来调整其行为和相互间的社会关系，是一种社会行为规范，遵守法律实际上就是遵守法律所规定的行为规范。法律行为规范的实现形式是法律关系，人们按照法律规范的要求行使权利、履行义务由此发生特定的法律上的联系，即形成法律关系，法律因此而得到践行。因此，法律总是与特定的权利、义务联系在一起，政府负责立法、执法的同时要守法，企业和其他社会组织则要做到遵守法律，就应在具体的法律关系中行使应有的权利、履行应尽的义务。

在社会责任范畴内，政府、企业、非营利组织以及公民在承担法律责任过程中不尽相同。政府所承担的法律责任包含五个方面：立法、司法、执法、守法和法律监督；企业、非营利组织和公民所承担的法律责任主要是守法的责任，同时也附带的承担提出法律建议等责任。

三、法律责任与道德责任的关系

社会责任包括经济责任、法律责任、道德责任、可持续发展责任和慈善责任，要对法律责任做出一个清晰地界定，那么就要不可避免的提及法律责任与其他责任的关系，这其中，法律责任与道德责任的关系最值得关注。

谈论法律责任与道德责任的关系，首先要回答的就是法律与道德的关系，二者都是法哲学和法理学中一个重要的课题。德国著名法学家耶林曾把二者的关系形象地比喻为法哲学的好望角，既不能回避又非常棘手③。下面从两方面进行分析：

1. 法律与道德的区别

法律与道德是两种不同行为规范，它们在产生原因、调整对象、调整范围、调整机制、表现形式、评价标准等方面各有不同。

（1）法律与道德产生、消亡的条件各不相同。

根据马克思主义关于国家与法的学说，国家是阶级矛盾不可调和的产物。因此，法律的产生是以国家的形成为前提条件，法律是国家制定或认可的、以国家强制力保障实施的行为规范。而道德则不以国家的产生为前提，早在原始社会就已经有了道德的存在。在一种社会形态之内通常只可能存在一种同一性质的法律，却可能存在几种不同性质的道德。法律既然随着国家的产生而产生，随着国家的消亡而消亡。在法律消亡之后，道德依然存在。

（2）法律与道德调整的对象、范围有所不同。

在现代国家,法律调整的对象仅限于人们的外在行为,单纯的思想或动机不是法律所调整的对象,在古代社会曾经存在过"腹诽"、"莫须有"等以思想定罪的荒谬案件,这种情形与现代国家的法治原则是格格不入的。而道德所调整的不仅仅是人们的外在行为,它还规范人们的心理动机。即使在调整人们外在行为的问题上,道德所调整的范围也比法律要广泛。例如,婚姻关系是法律与道德所共同调整的对象,但是爱情关系、友谊关系通常只受道德的调整而不受法律的调整。

（3）法律与道德的表现形式与调整机制各不相同。

许多道德规范表现为一种抽象的原则与信念,违反道德规范的后果是行为人要受到社会舆论的谴责,以及行为人自身的自责、内疚、忏悔。而法律是以国家强制力为后盾的行为规范。在现代国家,法律规范则必须规定明确具体的行为模式与行为后果。违反法律规范的后果,是由相应的国家机关追究行为人的法律责任。

（4）法律与道德的评价标准各不相同。

道德评价具有"扬善惩恶"的特点,其评价对象包括了"善行"与"恶行",而法律评价所针对的主要是违法犯罪行为。在通常情况下,违反法律的行为必定违反道德,而违反道德的行为未必都违反法律,道德评价的标准比法律的评价标准更高。

2. 法律与道德的联系

法律与道德都属于上层建筑,都是为一定的经济基础服务。它们是两种重要的社会调控手段,自人类进入文明社会以来,任何社会在建立与维持秩序时都必须同时借助于这两种手段,只不过各自的侧重点不同罢了。二者之间是相辅相成、相互促进、相互推动的,其关系具体表现在:

（1）法律是传播道德的有效手段。

道德可分为两类：第一类是社会有序化要求的道德，即社会要维系下去所必不可少的"最低限度的道德"，如不得以暴力伤害他人、不得用欺诈手段谋取利益、不得危害公共安全等；第二类包括那些有助于提高生活质量、增进人与人之间紧密关系的原则，如博爱、无私等。其中，第一类道德通常上升为法律，通过制裁或奖励的方法得以推行。而第二类道德是较高要求的道德，一般不宜转化为法律，否则就会混淆法律与道德，结果是"法将不法，德将不德"。法律实施本身就是一个惩恶扬善的过程，不但有助于人们法律意识的形成，还有助于人们道德的培养。法律的实施对社会道德的形成和普及起了重大作用。

（2）道德是法律的评价标准和推动力量，是法律的有益补充。

法律应包含最低限度的道德。没有道德基础的法律，是一种"恶法"，是无法获得人们的尊重和自觉遵守的；道德对法的实施有保障作用。执法者的职业道德的提高，守法者的法律意识、道德观念的加强，都对法的实施起着积极的作用。道德对法有补充作用，有些不宜由法律调整的，或本应由法律调整但因立法的滞后而尚"无法可依"的，道德调整就起了补充作用。

（3）道德和法律在某些情况下会相互转化。

一些道德，随社会的发展，逐渐凸现出来，被认为对社会是非常重要的并有被经常违反的危险，立法者就有可能将之纳入法律的范畴。反之，某些过去曾被视为不道德的因而需用法律加以禁止的行为，则有可能退出法律领域而调整为道德。

3. 法律责任与道德责任的关系

根据法律与道德的关系可以看出，法律责任为社会责任主体承担社会责任设定了最低标准,同时社会责任的意义更在于道德责任。法律责任的存在,并不意味着它可以取代道德责任,因为法律责任与社会道德责任的地位、作用及其所调整的范围是各不相同的。"法律是道德的底线"已经成为不可辩驳的真理。即法律责任是各种社会组织必须承担的,没有商量余地的,如果法律责任得不到履行,势必会使道德责任承担的基础丧失,使以自觉性为后盾的道德责任落空,抹杀了社会责任的社会性。

法律责任与道德责任是相互转换的。道德责任不断上升为法律责任,这是道德对立法者的最显著的影响。例如在企业社会责任的范畴里,从商人的社会责任—企业社会责任—企业法律责任的演变,正是体现了这一过程。从最早的对社区的自愿救济等自愿行为逐渐上升为法律,成为一种对企业的刚性要求,这种企业出于社会利益的考虑而自愿实行的行为得到强化和实施,这一过程总结为企业社会责任的法律化,即道德义务转化为法律义务,而且这一过程也正在演进之中。因为每个时代总是将社会最为重要的道德准则法律化,故而思想家们在论及法律时常以道德加以定义,这也恰好揭示了为什么社会责任是道德责任和法律责任的统一。英国政治家、思想家、哲学家托马斯·霍布斯宣称:"法律是我们生活的见证和外部沉淀。"

四、三鹿集团——法律权威的挑战者

石家庄三鹿集团股份有限公司曾是中国食品工业百强、中国企业500强、农业产业化国家重点龙头企业,也是河北省、石家庄市重点支持的企业集团。企业先后荣获全国"五一"劳动奖状、全国先进基层党组织、全国轻工业十佳企业、全国质量管理先进企业、科技创新型星火龙头企业、中国食品工业优秀企业等省以上荣誉称号二百余项。

　　三鹿集团前身是1956年2月16日成立的"幸福乳业生产合作社"，经过几代人半个世纪的奋斗，在同行业创造了多项奇迹和"五个率先"：1983年，率先研制、生产母乳化奶粉（婴儿配方奶粉）；1986年，率先创造并推广"奶牛下乡、牛奶进城"城乡联合模式；1993年，率先实施品牌运营及集团化战略运作；1995年，率先在中央电视台一频道黄金时段播放广告；1996年，率先在同行业导入CI系统。

　　三鹿奶粉产销量连续14年实现全国第一，酸牛奶进入全国第二名，液体奶进入全国前四名。三鹿奶粉、液态奶被确定为国家免检产品，并双双再次荣获"中国名牌产品"荣誉称号。2005年8月，"三鹿"品牌被世界品牌实验室评为中国500个最具价值品牌之一，2007年被商务部评为最具市场竞争力品牌。"三鹿"商标被认定为"中国驰名商标"；产品畅销全国31个省、市、自治区。2006年位居国际知名杂志《福布斯》评选的"中国顶尖企业百强"乳品行业第一位。经中国品牌资产评价中心评定，三鹿品牌价值达149.07亿元。

　　2007年以来，三鹿集团的奶源中被加入大量的化工产品三聚氰胺，并被生产成奶粉等奶制品销售到市场中，导致全国众多婴幼儿因食用含有三聚氰胺的婴幼儿奶粉引发泌尿系统疾病，多人死亡。

　　2008年8月1日，河北出入境检验检疫局检验检疫技术中心出具检测报告，确认三鹿集团送检的奶粉样品中含有三聚氰胺。但三鹿集团领导班子却未果断采取积极正确的应对措施，隐瞒真相，并继续销售部分含有三聚氰胺的产品。

　　2008年9月，经媒体曝光后，"三鹿事件"成为重大丑闻。随后三鹿集团宣告破产。

　　三鹿集团作为全国知名企业，不严格依照法律办事，最终受到了法律的制裁,其奶粉事件的危害性已远远超出了对婴儿健康的威胁,它已涉及人们对整个食品行业安全性的担忧,甚至会引起民众对政府的信任危机。三鹿事件所彰显出的法律问题主要有两方面:

1. 法律观念淡薄,知法犯法

三鹿事件所触犯的法律主要有以下几部:

(1)《中华人民共和国食品卫生法》。

《中华人民共和国食品卫生法》第六条规定:"食品应当无毒、无害、符合应当有的营养要求,具有相应的色、香、味等感官性状。"

第七条规定,"专供婴幼儿的主、辅食品,必须符合国务院卫生行政部门制定的营养、卫生标准。食品不得接触有毒物、不洁物。"

第九条规定:"禁止生产经营下列食品:(二)含有毒、有害物质或者被有毒、有害物质污染、可能对人体健康有害的;(八)用非食品原料加工的,加入非食品用化学物质的或者将非食品当作食品的。"

三鹿公司部分批次婴幼儿奶粉受三聚氰胺污染,是生产工艺流程上不符合卫生部制定的卫生标准,使奶粉受到有毒物质污染。三聚氰胺其分子中含有大量氮元素,添加在食品中,可以提高检测时食品中蛋白质检测数值。三聚氰胺作为一种化工原料,根本就不能加入食品中,如果加入就严重违反了食品卫生法,应当受到卫生行政管理部门的严厉行政处罚。

(2)《中华人民共和国产品质量法》。

《中华人民共和国产品质量法》第二十六条规定:"生产者应当对其生产的产品质量负责。产品质量应当符合下列要求:不存在危及人身、财产安全的不合理的危险,有保障人体健康和人身、财产安全的国家标准、行业标准的,应当符合该标准。"

第四十九条规定:"生产、销售不符合保障人体健康和人身、财产安全的国家标准、行业标准的产品的,责令停止生产、销售,没收违法生产、销售的产品,并处违法生产、销售产品(包括已售出和未售出的产品)货值金额等值以上三倍以下的罚款;有违法所得的,并处没收违法所得;情节严重的,吊销营业执照;构成犯罪的,依法追究刑事责任。"

三鹿公司的奶粉产品显然不符合保障人体健康的国家行业标准,存在严重危及人身健康的不合理的危险。根据法律规定,三鹿公司应受到质量监督行政管理部门的行政处罚。

(3)《中华人民共和国刑法》。

《中华人民共和国刑法》第一百四十三条规定:"生产、销售不符合卫生标准的食品,足以造成严重食物中毒事故或者其他严重食源性疾患的,处三年以下有期徒刑或者拘役,并处或者单处销售金额百分之五十以上二倍以下罚金;对人体健康造成严重危害的,处三年以上七年以下有期徒刑,并处销售金额百分之五十以上二倍以下罚金;后果特别严重的,处七年以上有期徒刑或者无期徒刑,并处销售金额百分之五十以上二倍以下罚金或者没收财产。"

第一百四十四条规定:"在生产、销售的食品中掺入有毒、有害的非食品原料的,或者销售明知掺有有毒、有害的非食品原料的食品的,处五年以下有期徒刑或者拘役,并处或者单处销售金额百分之五十以上二倍以下罚金;造成严重食物中毒事故或者其他严重食源性疾患,对人体健康造成严重危害的,处五年以上十年以下有期徒刑,并处销售金额百分之五十以上二倍以下罚金;致人死亡或者对人体健康造成特别严重危害的,处十年以上有期徒刑、无期徒刑或者死刑,并处销售金额百分之五十以上二倍以下罚金或者没收财产。"

第一百五十条规定："单位犯本节第一百四十条至第一百四十八条规定之罪的，对单位判处罚金，并对其直接负责的主管人员和其他直接责任人员，依照各该条的规定处罚。"

根据三鹿公司的声明，受三聚氰胺污染三鹿婴幼儿奶粉在市场上大约有700吨。根据相关媒体报道，甘肃省婴儿患泌尿系统结石病例为59例，其中死亡1例，江苏、陕西、湖北等地医疗机构也陆续收治了多例婴儿泌尿系统结石患者。可以说，涉案奶粉的数量是惊人的，影响的范围是全国性的，造成的后果是非常严重的。如果调查证明三鹿公司故意在奶粉中添加有毒的三聚氰胺，则根据刑法的规定，三鹿公司的直接负责的主管人员和其他相关责任人员应承担刑事责任，最高可被判处死刑，而三鹿公司也将被处以巨额罚金。

2. 我国法律法规不完善、不齐备

目前，我国虽然已经建立了一套由法律、行政法规和部门规章组成的食品安全法律法规体系，但与西方发达国家相比，与市场经济的要求相比，法律法规和标准体系仍然严重滞后，而且，现有食品法律法规条文过于笼统，难以操作。法律法规体系不健全，无法可依的现状一直困扰着食品安全监管工作的深入有效开展。此外，有些法律法规在制定时，并没有充分考虑到食品安全问题，如我国现行的标准化法，在总体上偏重于工业产品标准和强制性标准，而食品的质量标准均为推荐性标准，要解决食品安全问题，没有强制性标准无疑是不行的。

第三节 道德责任

道德既是永恒的，又是变动的，即使是公平正义、诚实守信等亘古不变的优良道德，在不同的时空背景下也会有特定的理解。因此，道德与一个社会或民族所处的现实和历史条件息息相关。20世纪，由于企业、政府等组织把追求利润、追求经济高速增长作为唯一目标，致使公共利益、环境保护、产品质量安全等受到严重损害，公众的不满情绪日益高涨，于是一种要求对公共利益负责的道德责任便成为社会的共识。道德责任并非源于20世纪，然而却因为企业、政府的不合理行为使得道德责任的覆盖范围扩展到各社会责任主体。

一、什么是道德

谈到社会责任中的道德责任，首先要明确"道德"一词的定义和功能。道德作为一种社会意识形态，是在实际生活中根据人们的需求而逐步形成的一种具有普遍约束力的规范和准则。它具有良好的群众基础，往往流传较为广泛，形成共识。它具有认识、调节、评价以及平衡四大功能。

1. 认识功能

道德是引导人们追求至善的良师。它教导人们认识自己，认识对家庭、对他人、对社会、对国家应负的责任和应尽的义务，教导人们正确地认识社会道德生活的规律和原则，从而正确地选择自己的行为和生活道路。它往往借助于道德观念、道德准则和道德理想等形式，帮助人们认识道德生活的规律和原则，通过增强义务感与责任感，正确选择道德行为，塑造道德人格。

2. 调节功能

道德是社会矛盾的调节器。人生活在社会中总要和自己的同类发生这样或那样的关系，也不可避免地要发生各种矛盾。这就需要通过社会舆论、传统习惯、内心信念等特有形式，以自己的善恶标准去调节、指导和纠正人们的行为，使人与人之间、个人与社会之间的关系臻于完善与和谐。

3. 评价功能

道德是公正的法官。道德评价是一种巨大的社会力量和人们内在的意志力量。道德是人以评价来把握现实的一种方式，它是通过把周围社会现象判断为"善"与"恶"而实现。在社会生活中，人们依照一定社会或阶级的道德标准对自己和他人的行为进行善恶判断和评论，表明褒贬态度。它可以揭示一个人行为的善恶价值，判明这些行为是否符合一定的道德原则和规范，是否符合道德理想，从而通过社会舆论和内心信念，形成一种巨大的精神力量，弃恶扬善，以调整人与人之间以及个人与社会之间的关系。

4. 平衡功能

道德不仅调节人与人之间的关系，而且平衡人与自然之间的关系。它要求人们端正对自然的态度，调节自身的行为。环境道德是当代社会公德之一，它教育人们应当从造福子孙后代的高度责任感出发，从社会的全局利益和长远利益出发，开发自然资源，发展社会生产，维持生态平衡，积极治理和防止对自然环境的人为性破坏，平衡人与自然之间的正常关系。

道德存在的目的是让人们了解并掌握基本的为人之道，并在此基础上，形成正常完善的人格，树立高尚的道德情操和理想。道德往往代表着社会的正面价值取向，起到判断行为正当与否的作用，正是因为有了道德的力量，我们的社会才变得温馨和谐。一个道德沦丧的社会是没有希望可言的，也不会走得长久。作为强制性的惩罚手段，法治是对道德约束的补充，但最终目的还是要实现道德约束的作用。道德能使人们主动去遵守行为规范，法律永远只能是使人们被动地接受。然而，不同时代与不同阶级，其道德观念都会有所变化。从目前所承认的人性来说，道德是对事物负责，不伤害他人的一种准则。

二、道德责任的内涵

在西方的社会伦理学中，对道德责任的研究由来已久，对道德责任的界定主要有三种模式。一是自然本性论的界定模式。在这种模式看来，道德责任即人的自然本性，人之为人的存在天然地赋有道德责任，这种责任是"一种与自然的安排相一致的行动"。也就是说，人应当以人的存在状态存在着，完善这种自然本性就是人的道德责任；二是行为结果的界定模式，这种模式从行为的结果上来分析道德责任，认为道德责任是对行为结果的肯定或否定的评价和追究。这种模式在西方得到广泛的认同，功利主义就是这种模式的典型代表；三是绝对命令的界定模式，即认为人的道德责任是绝对无条件的，道德责任是超越社会的绝对命令。这种模式比较典型地体现在德国著名哲学家伊曼努尔·康德的思想中，他认为"一个出于责任的行为，其道德价值不取决于它所要实现的意图，而取决于它所规定的准则"。道德责任就是"由于尊重规律而产生的行为必要性"，这里的规律指的是一种"道德必然性"，他认为道德责任是善良意志的产物，它自身说明自身，不需要外在的目的和动力。

道德责任的一种"个人主义"观点认为，道德责任应该只存在于自然人之中，将道德责任归咎于团体是不合理的。这种观点认为，对于团体而言，道德责任完全没有必要存在，团体的道德责任完全可以转化为那些组成团体的个人的道德责任，尤其是领导者的道德责任。这种观点是片面的，判断团体是否应该像自然人一样承担道德责任，其核心是该团体能否向自然人那样行动，这种行动要具有三性：自愿性、目的性和故意性。如果一个团体的行为符合这三性，它就应该和自然人一样承担道德责任。[④]

在我国，《中国伦理学百科全书》指出："道德责任是从道德上意识到的对他人、对社会的道德义务、道德使命。道德责任本质上是对外在的道德义务的内心认同。道德责任是人们主动意识到的义务，具有良心的成分。道德义务与道德责任是同一种道德'命令'在人之外和在人之内的两种表现形式。"《马克思主义哲学大辞典》指出："道德责任是指人们对自己行为的过失及其不良后果在道义上所承担的责任。"

中西方学术界对于道德责任界定的几种模式各有优缺点，它们在一定程度上反映了道德责任的本质内涵，但又都存在着一定的片面性。我们结合中西方理论界的定义，将道德责任定义为：团体和个人在一定的社会关系中所应该选择的道德行为和对国家、社会及他人所承担的道德义务。

三、道德责任与社会责任

关于道德责任和社会责任的关系，学术界有着三种不同的观点。第一种观点认为，道德责任等同于社会责任，西方的社会伦理研究一般持这种观点。从西方道德责任和社会责任问题的提出，可以看到二者如出一辙，都源于对消费者权益的侵害、环境污染等问题的反思。我国内地的部分学者也持相同的观点，认为狭义的社会责任就是道德责任。也有人持不同的观点，把社会责任和道德责任作了区分。第二种观点认为，社会责任和道德责任是包含与被包含的关系，社会责任包含道德责任。第三种观点认为，社会责任和道德责任是并列的关系。社会责任和经济责任、法律责任、道德责任一样，是企业责任的一种。

我们认为，道德责任被包含于社会责任中，道德责任是社会责任中不可或缺的重要内容。各种社会组织应该承担各自的社会责任。一方面，从社会组织的产生来看它们是会承担道德责任的。各种社会组织并不是伴随人类社会的产生就出现了的，它是一种历史现象，是从社会管理体系中逐渐演化而来的，其出现和发展都是社会进步的作用，是为了满足社会需求，包括社会对管理的需求、社会对产品和服务的需求、社会对公益事业的需求。另一方面，从社会组织存在的条件来看，社会组织应该承担道德责任。各种社会组织存在的最关键的因素就是社会的拥护和支持。得不到社会拥护和支持以及其他组织的信任，它们的发展将寸步难行。而承担道德责任，就是社会组织获得社会拥护和支持的最好方式。社会组织只有担当起道德责任，才能果断地抛弃片面追求单纯的经济增长和自身发展壮大的模式，建立追求生态平衡、经济增长、自身获益和人的素质提高相统一的合理的发展模式。

四、外白渡桥——100年后的提醒

上海外白渡桥是我国第一座全钢结构的桥梁，是上海外滩的标志性建筑之一。2007年岁末，一封寄自英国一家名叫华恩设计公司的信函送到了上海市政工程管理局领导的案头。信中说，外白渡桥当初设计使用期限是100年，于1907年交付使用，现在已到期，请注意对该桥进行维修。这家设计公司还为上海市政工程管理局提供了当初大桥设计的全套图纸。这些图纸经历了百年沧桑，依然保存得完好如初。图纸是用手工绘制而成的，但线条工整，每一个数据、每一个符号，都不差分毫；设

外白渡桥

计师、审核人、校对员、绘图人的姓名都一目了然，清清楚楚。

正是有了英国这家大桥设计公司的郑重提醒，上海市的有关部门这才如梦初醒，原来大桥已是"百岁高龄"的垂垂老者，需要给它来一次全面"体检"和维修。英国设计公司保存完好的设计资料，也为外白渡桥的维修提供了完善、充分的科学依据，否则后果不堪设想。

穿越了百年时光隧道，当初这座大桥的设计施工者早已作古，这家公司也不知经历了多少风雨变迁，机构几经变化，人事几经更迭，对于他们售出百年的"产品"，完全不再需要承担任何责任。然而，只要公司存在，诚信就在。他们始终关注着自己的产品，没有忘记在遥远的中国，为他们前辈设计的桥梁作最后的提醒。一座桥，一座100年的全钢结构的桥，在它还变化甚微、筋骨硬朗的情况下，没有人会想到它应该修缮了。即使它现在坍塌了、不能用了，也没有人会追究谁的责任，只会当做很正常的事情。但是作为设计者，他们讲究信誉，视质量为生命，始终如一地为顾客提供着良好的售后服务。即使经过百年沧桑巨变，办公场所换了一处又一处，人员换了一茬又一茬，当初的设计者也早已作古，但他们没有遗忘提醒客户使用期限，并提供了全部原始资料。

这封沉甸甸的来函，不禁令人沉思。我们是一个有着五千年文明史的国度，曾经信奉"民无信不立"，但是，在工业化

113

浪潮席卷而来的今天，诚信危机已成为备受关注的社会问题。我们的身边不乏这样经营者，为了最大程度地让顾客钱包里的钞票转入自己的钱柜里，往往在"售前服务"上施展浑身解数，密集轰炸的广告，眼花缭乱的赠品，光怪陆离的优惠，不容置疑的承诺……然而，一旦钞票到手，就算大功告成，承诺也被视为儿戏；甚至有的不惜铤而走险，坑蒙拐骗，做"一锤子"买卖……

——摘自《中国信用报》

英国华恩设计公司的行为值得我们尊敬。这里没有经济责任，没有法律责任，有的是更高层次的道德责任。百年大计，质量第一，有时说起来容易，可具体操作起来却又是另一回事。岁月嬗变，日月更迭，大自然每天都在发生着巨大变化，不变的是始终如一地关注着工程建设的安全、质量、服务和信誉，它是维系人们生命安全的一根主线，任何时间、任何情况下都不能丢弃。诚信是一种道德，诚信是一种智慧，诚信是企业基业长青的基石。但愿我们的企业都能像英国华恩设计公司那样，将诚信的火把坚定地传下去，流传百年，流传万年。

第四节　可持续发展责任

一、可持续发展责任的产生和发展

可持续发展的概念最先是 1972 年在瑞典斯德哥尔摩举行的联合国人类环境研讨会上正式讨论。这次研讨会云集了全球的工业化和发展中国家的代表，共同界定人类在缔造一个健康和富有生机的环境上所享有的权利。自此以后，各国致力界定"可持续发展"的含意，现时已拟出的定义已有几百个之多，涵盖范围包括国际、区域、地方及特定界别的层面。

1980 年国际自然保护同盟的《世界自然资源保护大纲》上提出："必须研究自然的、社会的、生态的、经济的以及利用自然资源过程中的基本关系，以确保全球的可持续发展。"1981 年，著名环境运动的宗师、美国学者莱斯特·布朗出版了《建设一个可持续发展的社会》，提出以控制人口增长、保护资源基础和开发再生能源来实现可持续发展。1987 年，世界环境与发展委员会出版《我们共同的未来》报告，将可持续发展定义为："既能满足当代人的需要，又不对后代人满足其需要的能力构成危害的发展。"作者是格罗·哈莱姆·布伦特兰夫人，挪威首位女性首相，她对于可持续发展的定义被广泛接受并引用，这个定义系统阐述了可持续发展的思想。

1992 年 6 月，联合国在里约热内卢召开的"环境与发展大会"，通过了以可持续发展为核心的《里约环境与发展宣言》、《21 世纪议程》等文件。随后，中国政府编制了《中国 21 世纪人口、资源、环境与发展白皮书》，首次把可持续发展战略纳入我国经济和社会发展的长远规划。1997年，中共十五大把可持续发展战略确定为我国"现代化建设中必须实施"的战略。可持续发展主要包括社会可持续发展、生态可持续发展、经济可持续发展。我国前国家主席江泽民同志对可持续发展的定义为："所谓可持续发展，就是既要考虑当前发展的需要，又要考虑未来发展的需要，不要以牺牲后代人的利益为代价来满足当代人的利益。"

虽然社会各界对可持续发展的概念存在着不同的见解，但普遍接受可持续发展的内涵是：可持续发展是既满足当代人的需求，又不对后代人满足其需求的能力构成危害。"责任"和"可持续发展"之间紧密联系的连接点在于对伦理道德的一种自觉。当认识到追求经济效益最大化同时可能对自然环境造成损害并会危及子孙后代时，人们通过责任的约束来避免这种悲剧发生，应该归结为伦理道德的力量。对于这种伦理道德的升华，值得提倡并发扬光大，于是便有了可持续发展责任这一概念。

在实现可持续发展的过程中，如果说责任对于可持续发展来说是一种主观性的自觉，那么创新对于可持续发展就是一种客观性的动力，责任和组织共同构成可持续发展的双核。各种社会组织在履行社会责任过程中，要实现社会的可持续发展，需从两方面着手：一是环境保护责任，二是创新责任。

二、环境保护责任

"持续性"一词首先是由生态学家提出来的，即所谓"生态持续性"，旨在说明自然资源及其开发利用程序间的平衡。1991年11月，国际生态学联合会（INTECOL）和国际生物科学联合会（IUBS）联合举行了关于可持续发展问题的专题研讨会，该研讨会的成果发展并深化了可持续发展概念的自然属

环保地球

性，将可持续发展定义为："保护和加强环境系统的生产和更新能力"，其含义为可持续发展是不超越环境，系统更新能力的发展。

可持续发展中的可持续性原则是指生态系统受到某种干扰时能保持其生产率的能力。资源的持续利用和生态系统可持续性的保持是人类社会可持续发展的首要条件。可持续发展要求人们根据可持续性的条件调整自己的生活方式，在生态可能的范围内确定自己的消耗标准。因此，人类应做到合理开发和利用自然资源，保持适度的人口规模，处理好发展经济和保护环境的关系。

可持续发展的基本内涵之一是人与自然的协调共生，人类必须建立新的道德观念和价值标准，学会尊重自然、师法自然、保护自然，与之和谐相处。中国共产党提出的科学发展观把社会的全面协调发展和可持续发展结合起来，以经济社会全面协调可持续发展为基本要求，指出要促进人与自然的和谐，实现经济发展和人口、资源、环境相协调，坚持走生产发展、生活富裕、生态良好的文明发展道路，保证一代接一代地永续发展。从忽略环境保护受到自然界惩罚，到最终选择可持续发展，是人类文明进步的一次历史性重大转折。

环境保护就是通过采取行政的、法律的、经济的、科学技术等多方面的措施，保护人类生存的环境不受污染和破坏；还要依据人类的意愿，保护和改善环境，使它更好地适合于人类劳动和生活以及自然界中生物的生存，消除那些破坏环境并危及人类生活和生存的不利因素。环境保护所要解决的问题大致包括两个方面的内容，一是保护和改善环境质量，保护人类身心的健康，防止机体在环境的影响下变异和退化；二是合理利用自然资源，减少或消除有害物质进入环境，以及保护自然资源的恢复和扩大再生产，以利于人类生命活动。

三、创新责任

可持续发展是人们对传统发展模式和工业文明进行深刻反思的基础上形成的新发展观和新发展模式，是关于人与自然和谐发展的一种主张，是人类走出生态危机的一种理性选择。创新能力作为可持续发展的智力支持系统，是可持续发展能力的核心因素。在知识经济时代，创新是经济增长的发动机。在人类面临生存危机的今天，创新生态化是国家、企业、非营利组织创新自身可持续发展及人类社会全面可持续发展的有力保障。

创新无限地球

责任、创新、可持续发展三个概念中，责任

与可持续发展之间的紧密的逻辑关系是无可争议的。责任是可持续发展的必然要求，可持续发展必然需要责任的支撑。但创新与可持续发展之间的关系仍需要进一步探讨和研究，我们认为创新更多的是从技术及手段上来实现可持续发展。如果说责任对于可持续发展来说是一种主观性的自觉，那么创新对于可持续发展就是一种客观性的动力。两者的合力对于推动可持续发展将会起到难以估量的作用，如果发挥一些极致的想象，当创新的手段完全可以避免经济发展对环境的损害，我们就没有必要再强调责任问题，因此创新和责任是可持续发展的两个强大动力。

科学技术发展日新月异，科技进步和创新愈益成为增强国家综合实力的主要途径和方式，依靠科学技术实现资源的可持续利用、促进人与自然的和谐发展愈益成为各国共同的战略选择，科学技术作为核心竞争力愈益成为国家间竞争的焦点。我国已进入必须更多依靠科技进步和创新推动经济社会可持续发展的历史阶段。在中共十七大所作的报告中，胡锦涛主席提出把"自主创新能力显著提高，科技进步对经济增长的贡献率大幅上升，进入创新型国家行列"作为实现全面建设小康社会奋斗目标的要求；把"提高自主创新能力，建设创新型国家"作为国家发展战略的核心和提高综合国力的关键，摆在"促进国民经济又好又快发展"部分的首要位置。"提高自主创新能力"已成为我国建设"创新型国家"，实现"可持续发展"的必然选择。

创新型国家建设目标的实现，需要全面实行创造力教育，提升全民创新素质，营造良好的创新环境建立创新保护和鼓励机制，这些都是国家可持续发展的必要条件。创新型国家可持续发展是指在依靠科学技术进步、技术创新、经济全球化和商品化、劳动者素质的提高以及管理现代化的基础之上来考虑其长远发展。在追求持续发展过程中，不仅要考虑近期的利润增加和市场份额的扩大，考虑持续的、长远的利润增长，而且还要考虑与自然、资源、生态环境、社会、技术、人力的协调发展。一方面，创新能力成为核心竞争力和经济增长的主要动力，创新型国家可持续发展要求不断增强研究与开发能力，提高产品质量、优化资源配置、降低能源消耗和成本、考虑用尽可能少的投入获得尽可能多的收益。另一方面，在满足人们日益增长的物质和文化需要的同时也要考虑保护和改善生态环境，保证将来的持续发展。

四、坚守滇池32年——忠诚的环保者张正祥

一个人，孤寂地守护着一座山。有时，他就是一座山……

一个人，执拗地守卫着一片湖。那时，他就是一片海……

他就是张正祥，昆明市西山区富善村村民。在滇池边巡查的张正祥左手拿了鸥粮，右手上抛给飞舞的海鸥。海鸥成群结队飞来，顺着他右手上抛的方向，在他头顶密集起来，白色的翅膀展开，一片祥和。

"西山是我爹，滇池是我妈。"他喜欢用这句话开头。一边喂海鸥，他一边喃喃自语，"山清水绿后，海鸥才会更多地来咱们昆明呢。"

2011年，张正祥入选了由国务院新闻办发起拍摄的国家形象宣传片。现实生活中，张正祥依旧在滇池边"巡查"并举报制止破坏滇池西山生态环境的行为。这项没有收入，因"断人

张正祥

财路"数百次遭受打击报复的"专职工作",他一干就是32年
——他用牺牲整个家庭的惨重代价,换来了滇池自然保护区内
数十个大、中型矿、采石场和所有采砂、取土点的封停。

1. 滇池和西山养活了孤儿张正祥

张正祥出生在滇池边一个叫富善村的寨子里。这是个白族
聚居的村寨。作为中国第15大少数民族,白族人爱山,爱水,
爱自然界的一切生态。这种原始而淳朴的自然生态观,在张正
祥身上似乎展现到了极致。于是,当他失去双亲,走投无路时,
会选择这座山这片水,作为自己的情感寄托。

张正祥生于1948年,5岁时父亲去世,7岁时母亲走了。
10岁时,在村子无人照顾,备受歧视的他,选择离开家,走向
离家8公里外的西山。

"那时候西山的生态很好啊,两人合抱的大树遍山都是,
山上一年四季长满了松子、锥栗。"而小洞里的石蹦、金线鱼
为张正祥提供了丰富的食物。

山上原始森林枝叶长得茂密,甚至很多枝干在空中都彼此
交错在一起,有些树人还能在上面走。于是,10多岁的张正祥,
学着乌鸦,在大树上给自己做了个窝。

春秋住树上的小窝,夏冬住崖上的山洞,他就这样悠然自
得地在山上度过了3年。是这片山水养活了这苦难的孤儿。于
是,小小的他暗下决心,一旦有能力,会好好地守望并回报这
片山水。

"亲生父母虽然给予我生命,但是滇池西山对我有养育之
恩。谁伤害它们,我就跟谁过不去……"这种观念,影响了张
正祥一生。他那种在外人看来执著甚至有些偏激的环保行
为,源于一个孤儿幼小时那种单纯而朴素的思想。

14岁那年,他下山回到富善村,以在滇池打鱼为生。靠着

好心人的帮助，他学会了写字、读书，19岁时还当上了生产队长。他给村民们立了一条规矩：不许在滇池里洗衣服、倒污物，不许砍伐西山上的树木。张正祥深爱着他的滇池西山，他不允许任何人以任何方式玷污他心中的圣地。

2. 滇池之恋

上个世纪70年代，一场规模浩大的围海造田工程让滇池失去了数万亩的水面。而就在围垦滇池的同时代，1970年4月22日，丹尼斯·海斯在美国发起第一个地球日活动，当天美国各地约2000万人参加游行，人类已意识到对地球资源的不科学滥用，已危及人类的生存。当时的张正祥虽然并不知道大洋彼岸有这样一个行动，但是对滇池西山质朴的"亲情"，让他第一个跳出来带头反对"围海造田"。

张正祥真正走上环保斗争之路，是从1980年开始的。

滇池四面环山，西部和南面的群山紧靠水面，恰在这里蕴藏着丰富的磷矿和石灰石，而且埋藏浅、品位高。随着包产到户，一些人为了谋取私利瞄上了西山上丰富的物产，盗伐树木的现象十分严重。1982年开始，西山出现很多采石场和矿场。

"每天都有很多树木被砍伐。看着一棵棵熟悉的大树消失，我心疼啊……"张正祥把自家的养猪场卖了，再次住到西山上，当上了护林志愿者。

在张正祥携带的褐色公文包中，便携望远镜、照相机是必备的装备。跟随他的过程中，他时不时会拿出望远镜远远地瞭望，见到河道污染，他就拿出那个小相机，"咔嚓咔嚓"拍摄下来。

但凡有人问，他总是淳朴地说，自己守卫滇池西山是在"报恩"。

这种报恩心态，在看到滇池西山的生态被侵犯被破坏的时候，逐渐有了现实的载体——举报！谁打滇池西山的主意，他就举报谁——张正祥选择了拍照取证并写材料向政府"告状"。

3. 用生命捍卫滇池西山

坐在湿地旁边的草地上，张正祥从公文包中拿出自己多年来拍摄到的滇池西山周边污染源的照片给记者看。

他右眼失明了，左眼视力也很差。他几乎把材料贴到鼻尖并偏左的地方。距离左眼球不足5厘米，是他能够看清楚的可视范围。

右眼失明，右手残疾，是他全身百十处伤疤中，最为严重的两处。而这次事故，源于他"断人财路"的一次上山拍照取证。

2002年1月9日，为阻止矿主在滇池边的西山上采矿、破坏植被，他只身前往拍照取证。

矿主一辆没挂牌的重型卡车径直朝他撞来，结果，他七窍流血，右手粉碎性骨折，右眼近乎失明。几天后，他又因逃避另一起追杀，躲入毒蛇盘踞的山洞，并转而躲藏进矿山滑崩的裂缝中……

黑恶势力打压没能动摇他保护滇池西山的决心，由此激发出的仇恨，让他发誓要用捡回来的半条老命，与矿主们来场你死我活的战役。

"然而这是不公平的，他想。不过我要让他知道人有多少能耐，人能忍受多少磨难。我和你奉陪到死。"海明威笔下的老人桑提亚哥面对大海曾轻轻地哼出声来。

现实中，《老人与海》在张正祥这里出现另一个版本。与桑提亚哥不同，他为了"海"，与戕害滇池和西山的人抗争着。

在过去的32年间，张正祥花光了所有积蓄，卖了家里的养猪场，妻子孩子受他"连累"先后离他而去。他用牺牲整个家庭的惨重代价告倒160多家向滇池排污的企业，"赶走"了63家大型采石场、好几家准备在滇池边做房地产项目的地产商。

不理解的人称他为"张疯子"。张正祥说："不是我疯了，是那些人疯了。是那些人不知天高地厚了，疯得只知道钱了。"

4. 三十载绕滇池跑了2000多圈

观音山，距离昆明35公里，仅仅是环绕滇池不到四分之一的位置。

每周，张正祥都要包辆车，绕着滇池跑一圈，沿途检查滇池的污染情况。据他说，绕滇池一圈是160多公里。从1980年至今，他围绕滇池跑了2000多圈。这32万多公里的行走，只有一个目的——阻止对滇池的污染和破坏。

观音山是一座清幽雅静的山，远远看去，似一尊观音仰面躺着。车子开到村子里后，仄仄的小路没法进入。张正祥他最近几年连固定住处都没有，饿了就上农民家里吃，累了就找个地方睡。

这是观音山上一个为数不多的破败四合院。这是个有着300多年历史的木房子，由于年久失修，曾经镂花的窗已然暗淡。沿着"咯吱咯吱"作响的木楼梯爬上二层的木阁楼，一间不到10平方米的小黑屋子里，借助着屋顶和墙壁投出的光线，我们看到房间里撑着两个床，其中一个是他睡觉的地方，另一个床上放满书籍。

"我这里的书有上万册呢。滇池的地图我都有上百个版本，看这些地图就可以看出滇池的变迁呢。"张正祥念叨起他的书，一下子来了兴致。"这些书，是我今生最值钱的东西了。"

下楼后，在破陋的屋檐下，记者问："如果有一天，你死了，怎么办？谁来继承你的守卫滇池的职责？"

张正祥平静地说，一直以来，我有一个梦想，如果有一天我死了，我想把自己的生命变成森林，种植在滇池附近的山体上。这样生态的生命还照样活着，照样守卫着滇池西山。

如果还有下辈子，他说希望自己变成在滇池上空翱翔的一只鹰。"鹰看得远、飞得高，对天敌毫不留情。"

他说自己有个愿望："希望能感动那些正在无意识破坏生态环境的人。"他说，自己告状的行为并不是与政府作对。"这些年，政府对于滇池和西山保护的成效，我都看到眼睛里，我希望成为政府的有益补充，通过我的鹰眼去发现问题，帮助政府解决问题。"

5. 身后依然空空荡荡

他一直在"战斗"，也一直在"一个人战斗"。如今的张正祥每每回头，身后依然空空荡荡，"没人跟上来，没人愿意像我这样战斗，更没人愿意过我这样的生活！""滇池保卫战"艰辛无比，张正祥既不向利益集团妥协，也不惮于与政府的不当行为叫板。他不怕别人骂他"拎不清"、神经病，不怕威胁和收买，真正让他痛心的，是孤独。

英雄值得崇敬，但"孤胆英雄"现象发人深省。张正祥还缺少足够的社会力量作为他强大的后盾。他本人已做好生命不止、战斗不息的准备，但当他停下脚步，滇池的环保又将面临什么样的困境和威胁？

像英雄一般登上媒体是轻松的，然而生活总得"落地"。这些年，人们的环保意识明显提高，但各种利益集团的博弈也在升级，滇池乃至全国各地的环保依然不容乐观、刻不容缓。

"希望有人接替我。或者，我不用战斗，人们就能自觉保护滇池了。那么，我就算死了，也会笑醒的。"他说。离开时，春天已经悄悄却早早地来到滇池、西山，葳蕤的兰花盛放，开出或黄或红鲜艳的花朵。

6. 他的行为足以感动中国

张正祥守护滇池和西山三十多年的行为受到了网民的赞许和支持。有的人这样评价张正祥:"一个人做一件好事容易,难的是一辈子做好事。张正祥只是一个普通村民,却不畏艰辛,几十年来始终如一关爱保护母亲滇池,这不仅与他童年的苦难经历有关,更是一种感恩的社会责任感。张正祥的行为足以感动中国。""环保事业不仅仅是政府和个别人的事情,更是公民责任和道德品质的必然作为;不仅仅属于口头阶段,更要给予货真价实的实践兑现;不仅仅属于社会属性,更是自我精神良性发展的必然归宿。公民两个字,强调的是一种社会责任、道德义务和公共知识分子的作为。从这个意义上认识'草根环保者'——滇池卫士张正祥,其积极意义就在于:他在众人皆醉中保持了一份冷静和清醒,在混沌的环保文化中,成为一道亮丽清晰的环保色彩。"

很多人在钦佩和赞扬张正祥的同时,更在思考其对中国环保事业的启示意义。有人认为,"滇池卫士"是沉重的国家形象。为保护滇池,张正祥多年来倾家荡产,欠外债20多万,右手残疾、右眼失明,两任妻子离开,儿子被吓成精神病,自己也被人撞成残疾……靠一个牺牲家庭幸福,牺牲个人利益的"滇池卫士"来保卫滇池环境,这本身就是令人深感沉重的悖论,所映射出的是一种不堪的现状。

7. 滇池卫士是一面镜子

一个普通农民,30年如一日,为了保护滇池不惜倾家荡产,可算是不折不扣的"环保疯子"。张正祥的"疯"缘于他内心那份深情而执著的爱,爱生养自己的土地,爱家乡的山山水水,爱让他引以为豪的伟大祖国。他入选国家形象片,成为国家形象代表,当属实至名归。

环保卫士张正祥无疑是一面旗帜。从他的身上我们看到了一个朴实农民的公民责任，爱国、爱家乡、爱生存环境，不分职业、贵贱，每个人都有义务和责任；也看到了一种无私无畏的平民情怀，尽管有人觉得他很傻、很不务正业、很折腾自己，但在他的眼里和心里都觉得值；同时也看到了一种朴素的感恩精神，哪怕是对于大自然，都要做到滴水之恩，涌泉相报。

张正祥更是一面镜子。照出了少数人、个别企业社会公德和责任的严重缺失，唯利是图，不惜以破坏环境为代价牟取非法利益，面对环保卫士的"较劲"，有的非但不予反省、悔改，反而对他百般刁难、围攻、打骂，甚至制造车祸致其残疾；也照出了相关职能部门失职、渎职。作为一个没念过书的平民百姓，无薪水、无福利，都如此忘我地投入环保工作，长年累月在一线调查勘测，掌握了大量丰富详尽的第一手资料，对滇池环境污染情况了如指掌，对相关法规烂熟于心，甚至连滇池地图都比权威机关的更齐全，对那些破坏环境的违法行为，更是旗帜鲜明地作坚决的斗争。此时此刻，有关部门的同志们又在哪里？他们难道不该感到汗颜吗？

——摘自《北京日报》

五、环境保护——瑞典政府与企业同行

欧洲作为世界上经济最发达的地区之一，其环保产业发展位居世界前列。而欧洲各国的做法又各有不同。其中瑞典作为世界上开展环境保护最早的国家之一，有其鲜明的特色。瑞典政府总是思考在世界的前端，现今瑞典政府将装备制造业的重点放在全球焦点的环保领域，希望企业能够充分体现自己的社会责任，而责任之一就是全世界的可持续发展。

1. 与环保融合的国家

环保是一种理念，更是一种责任。作为瑞典的国际知名企业，沃尔沃、宜家、利乐等在为自己创造财富的同时，也积极充当着环保宣传员的角色。

在瑞典的一些居民小区，还有专门的垃圾箱回收利乐包装，很多居民会把用过的包装清洗干净，然后再扔到指定的垃圾箱。在宜家，许多产品包装上都有一些"小标签"，有的是在告诉消费者，节能灯泡一年能省多少电；有的则是说明原料木材的来源地。

瑞典风光

1969年，瑞典议会颁布《环境保护法》，对环境治理提出了明确的目标，要求对大气、污水和土壤污染进行综合治理，规定对有害的工业活动实行严格的许可证制度，规定相关企业必须使用"现有最好的技术"。从20世纪70年代初期到中期，瑞典政府仅通过国家环保局就给予地方政府及其环保工程补贴了20亿瑞典克朗，占同期政府公共投资的20％以上，许多环保企业也应运而生。

2. 环保装备成为装备工业主旋律

瑞典最引以为荣的是其环保装备和科技领域。瑞典的环保产业是本国装备制造业重要一环，在全世界也是最先进的。瑞典政府从政策、资金到技术等诸方面的大力支持，是环保产业发展壮大的根本保证。

成立于1966年的瑞典环境科学院经费一半来自政府，一半来自企业，企业需要什么，它们就研究开发什么。Alfa Laval、PURAC、斯维科等环保领域的高新技术产业之所以有较快发展，正是因为这些企业有强大的研发部门做后盾。

瑞典国内的装备制造业领域中，重工业逐渐淡出，环保装备发展迅速。据瑞典统计局统计，瑞典环保产业年产值已达2400亿瑞典克朗（1人民币元=1.0141瑞典克朗），其中垃圾处理和再生循环产值占环保产业总产值的41%。

瑞典有一大批拥有专有技术的环保企业，企业数量超过4000家。Alfa Laval创立于1883年，现拥有1万余名雇员，是世界知名的环保设备生产商。PURAC公司在全世界 55个国家建成 3000 多个污染处理厂的"交钥匙承包商"，经过多年的发展，公司逐步将热交换器和流体处理设备等归入了其主要产品线。

近年来，瑞典的环保企业获得了极佳的发展机遇。它们在本国发展壮大后，又迅速进入临近的西欧国家抢占市场。进入1980年代后，许多发展中国家开始重视环境保护。针对发展中国家资金缺乏这一特点，瑞典政府采取提供软贷款的方式来促进环保企业的出口，即瑞方企业的外方合作伙伴可向瑞典国际外援开发署申请贷款，用以购买瑞典的设备、产品或技术。这为瑞典环保企业提升国际竞争力提供了坚固的"靠山"。目前，瑞典环保公司在固体垃圾处理、水处理和空气污染治理等方面的先进技术，包括其成熟的运作方式，都对各国客户有很大的吸引力。

瑞典环保产业出口强劲，约占环保产业总产值的38%，并以年均8%的速度递增。瑞典出口的主要市场是欧盟和波罗的海国家。工业化正高速进行的中国要解决环境污染必须大量购买环保设备。现在中国已成为瑞典在亚洲最大的环保产品出口市场。

3. 清洁能源技术成熟

瑞典清洁能源技术比较成熟,使用量在整个能源结构中的比例越来越大,是其优势产业。目前,瑞典电力生产基本实现无油、无煤,电力来源基本是水电和核电各占一半。

目前,瑞典风力发电已达到1Twh的发电能力;太阳能发电进入商业运作阶段,产能达50Gwh,乌普萨拉市产的太阳能板在发电效能方面创下国际同类产品的最高纪录;垃圾发电供热普及速度快,年垃圾总量的一半约170万吨用来发电供热。

生物燃料技术的应用还体现在动力车用燃料上,目前混合燃料轿车已占轿车市场份额的10%,SAAB公司推出了世界上第一辆百分百乙醇动力车;瑞典是第一个使用沼气为动力火车的国家,瑞典生物气体公司开发的沼气动力火车2005年首航,时速达到130公里。

4. 小国工业的大境界

瑞典国土面积只有44.9万平方公里,人口约833万。这个面积小、人口少的国家却是世界上最有"个性"的国家。虽然瑞典几乎是全球税收最高的国家,但其个人年收入平均为1.9万美元,为世界上高个人收入的国家之一,人均工业产值位列世界第三位。在瑞典830多万人口中,有70万条私人使用的船只,平均每12个人就有一只船。

瑞典工业发达,采矿技术先进,轴承、特种钢、凿岩设备、矿山设备等在国际市场上享有盛誉。农业也比较发达,粮食和畜产品自给有余,蔬菜、水果部分靠进口。

瑞典从二战后开始工业化进程。瑞典国土面积50%以上都是森林,加之19世纪后期铁路和电力的应用,使得其木材、钢铁以及其他矿藏的应用得到了发展。

在两次世界大战中,瑞典均保持中立,其外交也实行中立政策。在二战后,这个没有参与战争的国家却得到了一笔赔款,正是这笔钱奠定了瑞典的工业基础,使瑞典从一个农业国家迅速发展到工业国家。

最初瑞典为其他国家输出原材料,二战后交战国对于原材料的大量需求让瑞典工业得到了初步发展。这时,纸浆和钢铁成为本国的经济支柱,直到现在,这个行业还在瑞典经济中处于重要地位,占全国出口的1/6。

蓬勃的材料输出让瑞典赚了大钱,但是瑞典人并没有就此满足。作为一个小国,瑞典明白无法与地大物博的国家就材料方面竞争,要持续发展必须找到自身的长处。另外,随着工业化的加深,环境污染日益严重。而喜欢亲近自然的瑞典人意识到,不能以环境为代价来发展工业。于是,瑞典开始思考如何在发展本国经济的同时,最大化地减少环境污染。

一个小国要参与世界竞争,凭资源和劳动力是不可能取胜的。因此瑞典人把自己定位到走在世界科技的前端的国家。争取利用本国的科技在国际竞争中占据一席之地。要在科技上领先,创新是必须的,而瑞典恰恰是一个善于创新的国家。世界最重要的科学奖项——诺贝尔奖就是源自瑞典。瑞典的创新能力一直位列全球前三位,在2007年排名第一。

1847年,瑞典最初与中国建立贸易往来时,就是往中国出口木材,从中国进口茶叶、丝绸和瓷器等。现在瑞典每年出口中国200亿美元,进口400亿美元。瑞典的大型公司都在中国开设了分公司或者工厂。瑞典还在中国设立了环保科技中心,足见其立足中国环保领域的决心。

5. 垃圾不再是垃圾

瑞典首都斯德哥尔摩有一个当地最著名的生态示范小区。居民小区随处可见海鸥、大雁甚至天鹅。2004年瑞典参与竞选奥运会主办权，这个小区还作为奥运村进行申报。可惜的是他们落选了，但小区先进的环保理念和做法却一直保留下来。在这里，垃圾分类被划分出11个等级，不但报纸、纸壳要分开投掷，玻璃瓶也要分有色和无色。尽管繁复，可85%的居民都能自觉分类投掷。收集来的垃圾会进入小区的垃圾处理中心，经过科学分解，最终变成生物燃气，再通过管道回到居民家，帮主人烧水做饭。正因为如此，示范小区的能耗比普通小区降低了一半。

6. 在消费中学会环保

在瑞典，人们在消费的过程当中学会了如何节能减排。所有的木材原料，都必须通过"森林认证"，也就是来自管理良好、可持续发展的森林。它表明，这个家具的木材绝对不是乱砍滥伐来的，可以放心选购。

在瑞典的街道上，几乎看不到环卫工人，马路依然整洁干净；在社区和马路边，随处都可看到一排排的自行车，骑车上下班是很多瑞典人的习惯；这里的湖水很多都是可以直接饮用的。

瑞典这个只有900万人口的北欧国家，让我们看到了人们对绿色的敬畏和崇尚。正像瑞典的一位社区工作人员所说："环保技术固然重要，但人的意识才是最关键的。"这也是用实际行动传递给观众的。

——摘自《钱江晚报》

瑞典是国际社会中较早实行以政府推动企业社会责任并取得显著成效的国家之一。积极推进企业社会责任，支撑和保障经济社会可持续发展，已然成为瑞典的国家战略。瑞典政府一直关注企业社会责任问题，鼓励并倡导企业承担更多社会责任，近年来环境保护和可持续发展方面，在推动企业社会责任方面进行了多方面的探索和实践。

第五节　慈善责任

慈善文化的核心是利他主义价值观，是平等互助的理念。深厚的慈善文化对社会的良性运行、缩小贫富差距、缓解社会矛盾有着重要作用。在卡罗尔的社会责任金字塔模型中，慈善责任是自愿执行的责任。

一、慈善责任的特征

社会通常对政府、企业等社会组织寄予了一些没有或无法明确表达的期望，是否承担或应承担什么样的责任完全由组织自行判断和选择，这是一类完全自愿的行为，例如慈善捐赠、为吸毒者提供住房等。慈善责任的特征主要有三个：

1. 慈善责任是主观性责任

慈善责任是社会组织主观意识到的责任，属于主观责任的范畴。慈善责任之所以是主观的，不是客观的，原因就在于慈善责任不是必须要履行的义务，其不具有外在的约束与强制性，更不会因为不履行而受到法律的制裁。

慈善责任的承担主要是来自于社会组织自身对这种责任的主观认识和意愿表达，没有这种主观意识和意愿表达就不会有承担这种责任的愿望、动机和行为。

2. 慈善责任是自愿性责任

社会组织承担慈善责任几乎完全是建立在组织道德自觉的基础上的，是自愿性的承诺行为，是负责任的表现。我国民政部发布的《中国慈善事业发展指导纲要（2011—2015年）》中明确指出：平等自愿原则是加快发展慈善事业的基本原则之一；慈善捐助者自主实施捐赠行为，自行决定捐赠的规模、方式和用途；禁止强捐、索捐、变相摊派等行为。

慈善责任不同于法律责任，它不具有强制性；慈善责任源自道德责任又高于道德责任。参与者对慈善的目的和意义应有充分认识，要意识到施爱于人对社会、对自身的价值；慈善是出于自愿，应是发自内心的爱的表达，是真情的流露，它不为外界环境所迫使，不为功利而作秀；再次是不计回报，它不与权利相对称，付出的是汗水，惠及的是他人。

3. 慈善责任是社会倡导性责任

慈善责任是社会所倡导、公众期望社会组织承担的责任。以企业为例，随着市场经济的进一步发展，企业之间的竞争也越来越激烈，面临的压力也越来越高，社会与民众对企业的要求与期望也越来越高。社会之所以对企业发出这样的倡导和公众之所以会对企业充满这样的期望，是与企业所具有的能力和所掌握的资源有很大的关系。企业作为一个法人实体和"社会公民"，其与普通民众相比，是更有能力和资源把这件具有很大社会意义的事情做好的，企业所掌握的丰富社会资源和拥有的巨大社会财富(主要指中大型企业)，也使得企业承担这一社会责任更具有物质基础。因此，社会与公众倡导和期望有能力的企业能更多地承担起社会的责任，特别是对一些知名企业和实力雄厚的企业寄予这样的倡导与期望，有其必然性，同时也把这种倡导与期望寄托在富人身上。

二、慈善责任的内涵

慈善责任是爱的理性升华，是爱心的延展和深化。出于责任，使善举不仅是对贫困者尽人道之情，也是对社会和谐的向往；出于责任，使公民不再把促进公平仅视为政府之责，而是全体公民的共同责任；出于责任，使每个公民把爱的表达同情、怜悯升华为道德义务,从而让善举从感性行为升华为理性行为,从个别走向普遍,从偶然转化为日常的生活方式。

将慈善责任纳入社会责任管理的体系之中,使慈善具有平等内涵。有了责任,慈善就超越了施舍恩赐的传统含义,受助者有权利接受救助,不再需要以直接方式对救助者感恩戴德,从而实现了人格平等基础上的互助互爱和共同发展。现代慈善事业分离了捐赠者与受助者的直接联系,更多地维护了受助者的尊严和体面,展示了浓厚的人格平等的正义色彩。

慈善责任的内涵是丰富的,承担慈善责任的形式也是多样的,如何更好地探索和创新慈善公益事业的形式,积极在全社会营造人人关注慈善事业的浓厚氛围,树立起爱心互助、尊老爱幼、扶贫济困、帮老助残的现代慈善精神,净化人们心灵,促使人们的慈善意识得到提升,提升全社会的道德水平,丰富慈善文化的内涵,显得尤为重要。

三、大连慈善义工——新时代的雷锋队伍

2002年3月5日,在毛主席发表"向雷锋同志学习"题词39周年的日子,大连市慈善总会率先在全国建立了第一支慈善义工队伍。10年来,这支慈善义工队伍由当年的810人,以每年翻番的发展速度递增,目前各级慈善组织已发展注册义工52.47万人,建立义工站1247个,开展义工服务项目330个,开展义务活动约13万次,共约212万人次参与活动,奉献时间约840万小时,为200多万人提供帮助,义务献血已达到133万毫升。

2012年3月4日,大连市慈善总会在市广电中心隆重召开"庆祝大连市慈善义工组织成立十周年暨义工晋星表彰大会"。会上,夏元萍、王晶、佟伟、赵子义获得"义工终身成就金星奖",12名五星级义工获得"义工杰出贡献银星奖",5049名义

工获得晋星表彰。这是市慈善总会历年来义工晋星规模最大的一次。

广大慈善义工是新时代的活雷锋。他们以雷锋为榜样,始终以"自愿无偿"为原则,以"我心有你、助人悦己"为格言,以"追求有价值的人生"为目标,在做好本职工作的同时,默默无闻地为社会奉献着时间、精力和技能,帮助那些需要帮助的人,使雷锋精神不断得到发扬光大。

获得大连市义工终身成就金星奖获得者的夏元萍,是大连柴油机厂退休职工。作为爱心助学驿站、亲情关爱项目组负责人,她为慈善公益事业不但付出了大量的时间和精力,并先后捐款12万元资助贫困学生。为义务工作,她忘我奉献,从不计较个人得失。曾获得大连市雷锋奖章和大连市慈善家等称号。

曾被评为大连慈善十佳义工、2009年度大连"文明的感动"人物等荣誉,也是此次大连义工终身成就金星奖获得者的佟伟。从2003年开始,先后帮助过210名流浪儿童,并亲自送50余名流浪儿童回家,足迹踏遍东北三省、内蒙古、河北、新疆等地。正是广大慈善义工通过自觉、自愿地参与社会公益活动,升华了人与社会、人与自然、人与人之间的和谐关系,突破了血缘、亲缘关系,弘扬了社会"大爱"精神,为慈善事业和精神文明建设作出了积极的贡献。

大连慈善义工组织发展的10年,是光辉的10年,是令人瞩目的10年,是硕果累累的10年。"有困难找义工,有时间做义工",已经成为大连的一种时尚,慈善义工已经成为滨城大连一张亮丽的名片,是这座城市的骄傲!

——摘自大连天健网

50年来,雷锋精神不仅没有过时,反而随着时代的发展,被注入了新的内涵，那就是自愿无偿的义务服务精神。慈善义工"我心有你、助人悦己"的慈行善举，既是学雷锋实践活动不断深化的具体体现，又是雷锋精神与时代进步潮流相对接的产物。广大慈善义工用他们的实际行动，播撒着雷锋精神，积聚着向善的道德力量。

参考文献：

① 谢福秀：《企业责任——从经济责任向社会责任的转向》，载《南京师范大学》，2006 年

② 黎友焕：《企业社会责任理论》，华南理工大学出版社，2010 年 5 月第 1 版

③ 肖强：《企业社会法律责任初论》，载《河南省政法管理干部学院学报》，2010 年第 3 期

④ 章建敏：《道德责任的界定及其实现条件》，载《当代世界与社会主义》，2010 年第 2 期

第四章　政府的社会责任

　　政府是政治社会中最大的组织，它既要处理公共事务，又要做出关于社会成员利益的公共决定，对于每位社会成员而言，政府都具有十分重要的意义。建立一个责任政府，保护公民的合法权益，始终是人类的美好愿望与理想。然而责任政府的具体标准是什么呢？本章从政府应承担的社会责任的角度分析何谓责任政府。

第一节 政府的经济责任

一、政府的经济责任

经济责任

政府的经济责任，是指政府主要通过运用经济、法律和行政手段，干预经济活动，从促进经济增长角度来增强自己的物质实力，保证国家富裕和促进国民生活水平提高的责任。政府承担经济责任的实质是要维护社会经济秩序，维护市场公平竞争的环境，促进企业效率的提高，实现社会进步。

20世纪30年代，在全球范围内经济危机的剧烈动荡中，主张政府对经济积极干预的思想在经济学界和经济生活中占了主要地位，一只"看得见的手"与"看不见的手"针锋相对。到了70年代初，伴随着石油危机出现的"滞胀"现象，却又使繁荣了半个世纪的"看得见的手"失去了其神奇的光环。世界上完美无瑕的事物是不存在的，一只"看不见的手"曾何等神奇，然而以"外部性"为核心的天然缺陷却使市场失灵在所难免。政府作为公共利益的集中代表，以其独具的强制力介入经济，可是政府行为的"内部性"却使政府实施的是私人或集团的目标。

复杂的现代社会中，经济不再是纯粹的市场与政府的选择，而常常是两者不同组合的选择。在历史的发展进程中，人类选择了市场，但市场经济的建立和发展却必然以高效的政府管理为依托，加强政府作用成为了现代经济的显著特征。竞争有序的市场建立，大量基础设施的提供，科技发展的推动，政策、计划的制定，还有市场经济的可持续发展，这一切都必须有赖于政府积极有效的调节和干预。在稳定的社会中，政府干预的事情极少，但是在迅速转变的社会中，政府对任何事情都不能掉以轻心。政府主要通过以下几种手段促进经济的发展，承担自己的经济责任：

1. 经济调节

经济调节的主要内容包括调节经济总量、调节经济结构、调节地区经济、调节收入分配、调节对外经济关系等方面。主要是为经济发展提供良好的宏观经济环境，对社会总需求和总供给进行总量调控，并促进经济结构调整和优化，保持经济持续快速协调健康发展。经济调节主要运用经济手段和法律手段，同时通过制定规划和政策指导、发布信息以及规范市场准入，引导和调控经济运行。

政府作为市场上的一种经济力量，运用宏观政策上的经济手段，有意识的影响、调控经济手段，形成市场经济运行的良好宏观环境，消除经济运行的周期性波动。实现充分就业、物价稳定和国际收支平衡，保持经济的持续、稳定、协调发展。

2. 市场监管

依法对市场主体及其行为进行监督和管理，维护公平竞争的市场秩序，形成统一、开放、竞争、有序的现代市场体系。制止垄断行为，维护市场竞争秩序。在市场经济条件下，维护市场公平竞争秩序，弥补市场竞争自身运行并不具有维护竞争、防止垄断自动机制的缺陷，运用反垄断政策和产业组织政策保护竞争，促进全国统一市场的形成，扩大市场对内对外开放，逐步消除行政性垄断，加强对自然垄断行业的规范，以形成有效的竞争市场；界定和保护各类产权，形成各个经济主体明确的产权界定；创造良好的信用环境，对产品定价和产品质量信息披露行为进行严格监管等。

3. 公共服务

提供公共产品和服务，包括加强城乡公共设施建设，发展社会就业、社会保障服务、发布公共信息等，维护宏观经济稳定、市场秩序和社会秩序，为社会公众生活和参与社会经济活动提供保障和创造条件。

政府提供的公共服务包括五个方面：

第一，政府通过有效的宏观经济调控和管理，为全社会提供良好的金融环境和经济发展环境。在市场经济中，商品和服务的供应及需求是受价格规律及自由市场机制所影响。市场经济带来经济增长，但会引发通货膨胀，而高潮后所跟随的衰退却使经济停滞甚至倒退，这种周期波动对社会资源及生产力都构成严重影响。所以宏观调控是着重以整体社会的经济运作，通过人为调节供应与需求，来达到经济计划的目标。

第二，提出科学的中长期规划，为企业和社会提供经济社会发展预测。国民经济和社会发展中长期规划是指国家对国民经济和社会发展所做出的预测及政策目标，以及为实现这些政策目标需采取的相互协调的政策措施，是重要的国家宏观调控手段之一。在我国，一般规划期为五年，因此也称为五年规划。中长期规划是政府履行宏观调控、经济调节、社会管理和公共服务职责的重要依据，是就国民经济和社会发展在时间和空间上的安排与部署。中长期规划除了具有目的性、前瞻性、动态性，还具有综合性、战略性、指导性、政策性、协调性。

第三，政府通过严格规范的市场监管，形成良好的市场环境，保持公平的市场竞争秩序。在市场竞争条件下，政府的职能主要是在遵守市场规律的前提下，通过创建一系列制度安排来规范市场、稳定市场和引导市场发展，并通过提供必要公共产品的形式来弥补市场供应的不足。

第四，经济信息是最重要的经济性公共服务，政府要及时、公开地向全社会提供经济信息和市场信息。市场信息是现代社会经济文化发展的重要战略资源之一。为了提高国内市场资源配置的效率，增强企业的国际竞争力，当代西方发达国家纷纷赋予各自政府一项新的社会经济职能——提供信息产品，发展信息服务，并已形成国际趋势。政府作为国家机关，在信息市场中处于强势地位，拥有信息资源，掌控信息权力，自然应承当相应的信息公布的义务。

第五，提供各种公共产品。这些公共产品不可能运用市场原则在市场上买卖，而只能由政府来提供，如国防、国内安全和警察、消防、大规模的水利设施建设、提供各种形式的咨询和服务等。

二、我国政府承担的经济责任

自改革开放以来，我国政府在推动经济增长、扩大经济总量中发挥了重大作用，取得了国民经济和社会发展的巨大成就。经济保持平稳较快增长，综合国力明显增强，基础设施明显改善，人民生活水平显著提高，对外经济日趋活跃，教育、科技、文化、体育、卫生等各项社会事业全面发展。目前，中国政府承担经济责任的内容主要包括以下六项：

第一项，制定市场交易规则，完善市场体系，发展市场中介组织，规范市场主体行为，维护市场经济秩序；组织和管理

人民大会堂

国家重点建设、对外经济技术交流和合作的重大项目，保证国家重点建设、对外经济技术交流和合作顺利进行。

第二项，制定国民经济和社会发展战略目标、方针和政策，并据此制定和实施资源开发、智力开发、科技进步、控制人口、保护环境等全局性方案，制定宏观经济调控政策、产业政策以及其他必须由国家统一决策的重大事项。

第三项，汇集和传播经济信息，掌握和运用经济、法律和行政调节手段，引导市场并通过市场调节，协调地区、部门、企业的发展计划和经济关系，以保证国家重要经济决策及发展计划的实现和社会经济的持续稳定协调发展。

第四项，对垄断产业加以必要的管制，使市场价格体系能够有效发挥配置资源与收入分配的功能；制定收入分配政策，建立健全社会保障制度，维护收入分配公平公正。

第五项，对有成本溢出或具有外部负效应的经济行为如环境污染加以必要的管制，对有效益溢出或具有外部正效应的经济活动如教育、科学研究等予以必要的资助，以减少妨碍市场正常运转的外部性问题。

第六项，向社会提供必要的公共产品，避免因公共产品短缺而引起市场运转失灵；管理和监督国有资产运营，确保国有资产保值和增值。

我国政府在经济责任方面取得了巨大的成绩，但也需要迫切解决诸多问题，如政府主导型的经济增长方式迫切需要改变，公共产品短缺，投资重复、盲目，产能过剩、造成社会资源浪费等。

三、美国政府的责任缺失——次贷危机

美国次贷危机是指一场发生在美国，因次级抵押贷款机构破产、投资基金被迫关闭、股市剧烈震荡引起的金融风暴。它致使全球主要金融市场出现流动性不足危机。美国"次贷危机"是从 2006 年春季开始逐步显现的。自 2007 年 2 月美国抵押贷款风险浮出水面，次贷危机愈演愈烈。危机造成了美国次级抵押贷款机构破产、投资基金被迫关闭、银行被政府接管、股市剧烈震荡，致使美国、欧盟和日本等世界主要金融市场大动荡。

更可叹的是，当初华尔街的金融家们发明创新的"次贷"，本想借此解决美国穷人的住房问题，"让穷人也能圆上美国梦"，其初衷不但没能实现，反而使一些美国百姓债台高筑，苦不堪言。是什么原因让华尔街的良好初衷事与愿违了呢？虽然有原因种种，但其中美国政府缺乏对金融业的监管是一个非常重要的因素。

对于美国次贷危机的发生，一般看法都认为，这场危机主要是金融监管制度的缺失造成的。美国政府缺乏监管，近三十年来加速推行新自由主义的经济政策。致使那些贪婪无度的华尔街投机者钻制度的空子，弄虚作假，欺骗大众。

所谓新自由主义，是一套以复兴传统自由主义理想，以减少政府对经济社会的干预为主要经济政策目标的思潮。美国新

自由主义经济政策开始于上世纪80年代初期，其背景是70年代的经济滞胀危机，内容主要包括：减少政府对金融、劳动力等市场的干预，打击工会，推行促进消费、以高消费带动高增长的经济政策等。新自由主义的一个重要内容是解除管制，其中包括金融管制。自80年代初里根政府执政以后，美国一直通过制定和修改法律，放宽对金融业的限制，推进金融自由化和所谓的金融创新。例如，1982年，美国国会通过《加恩—圣杰曼储蓄机构法》，给予储蓄机构与银行相似的业务范围，但却不受美联储的管制。根据该法，储蓄机构可以购买商业票据和公司债券，发放商业抵押贷款和消费贷款，甚至购买垃圾债券。

另外，美国国会还先后通过了《1987年公平竞争银行法》、《1989年金融机构改革、复兴和实施方案》，以及1999年《金融服务现代化法》等众多立法，彻底废除了1933年《美国银行法》（即格拉斯—斯蒂格尔法）的基本原则，将银行业与证券、保险等投资行业之间的壁垒消除，从而为金融市场的所谓金融创新、金融投机等打开方便之门。

在上述法律改革背景之下，美国华尔街的投机气氛日益浓厚。特别是自90年代末以来，随着利率不断走低，资产证券化和金融衍生产品创新速度不断加快，加上弥漫全社会的奢侈消费文化和对未来繁荣的盲目乐观，为普通民众的借贷超前消费提供了可能。特别是，通过房地产市场只涨不跌的神话，诱使大量不具备还款能力的消费者纷纷通过按揭手段，借钱涌入住房市场。

引起美国次级抵押贷款市场风暴的表面直接原因是美国的利率上升和住房市场持续降温。利息上升，导致还款压力增大，很多本来信用不好的用户感觉还款压力大，出现违约的可能，对银行贷款的收回造成影响的危机，对全世界很多国家包括中国也造成严重影响。有学者指出："技术层面上早该破产的美国，由于欠下世界其他国家过多的债务，而债权国因不愿看到美国破产，不仅不能抛弃美国国债等，甚至必须继续认购更多的美国债务，以确保美国不破产。"

——摘自《价值中国》

第二节 政府的法律责任

一、政府的立法责任

1. 政府立法责任概况

责任立法是政府规制的内在要求和本质属性。政府对企业社会责任的规制具体包括《消费者权益保护法》、《产品质量法》、《劳动法》、《环境保护法》等，其中大部分规制属于经济法和社会法。美国是较早颁布法令对企业进行规制的国家。1984年4月，美国法律研究所发表一份题为《公司治理原则：分析与劝告》的建议书，其中关于"公司的目的与行动"的规定，扩大了公司的目的，建议公司不仅要具有追逐利润和股东利益的经济目的，还要对社会负担一定的责任，在追求营利目标的同时，必须要受到社会责任或社会需要的制约。该条例要求公司的经营者不仅要对股东负责，也必须对公司的利益相关者负责。1989年，美国宾夕法尼亚州率先修正其公司法，将美国法律研究所的建议赋予了法律效力。该修改要求公司的经营者既要对公司的"利益相关者"负责，也要对股东一方利益负责。如今，美国已有近30个州相继在公司法中加入了公司社会责任的内容，要求公司经理不仅要为股东服务，而且要为公司的"利益相关者"服务。①

我国在社会责任相关立法方面也已经取得了一定进展。我国《公司法》于2005年10月做出了重大修订，第五条明确规定：公司从事经营活动，必须诚实守信，接受政府和社会公众的监督，承担社会责任。新《公司法》在追求股东利益最大化的同时，强化了公司的社会责任。规定了公司理应对利益相关者承担一定责任。此外，在各类立法主体颁布的法律文件中，都有涉及企业社会责任内容的相关法律规范。其中，消费者权益保护、安全生产、环境保护等方面的法律条文最为完善。

2. 政府立法责任的承担

（1）引导企业承担社会责任。

政府承担立法责任，首先要对企业予以规制，引导企业承担社会责任。强化企业的社会责任，不仅是企业可持续发展的要求，也是经济社会可持续发展的要求。政府要按照以人为本、和谐发展的要求，进一步搞好政府规制，强化企业的社会责任。政府的责任，包括政府的监管、法律的制定及执行、舆论的监督，让社会责任纳入企业的成本清单，成为企业的内在动力。

（2）规制政府滥用权力。

要通过立法控制政府自身的行为，尤其是要加强对行政部门的权力控制，防止政府权力滥用，引导政府承担自身的社会责任。

在所有的法律部门中，行政法的延伸力与溯及力最强，而在行政实践中，行政权力和执法经常交织在一起，如不对权力加以规范，不对执法者加以约束，行政权极易突破法律的界限，造成权力的滥用，以至于使公民的权利受到侵害，公平正义的原则遭到破坏，民主法制被践踏，这样的后果是灾难性的。

行政权力天然就富有侵略性，自它出生以来就在不断的扩大自己的势力范围，20世纪二次世界大战以后，"市场失灵"使得人们相信政府的行政权，认为政府是万能的，能够医治"市场失灵"和解决人们生活中的种种社会问题。于是行政职能大大扩张，行政的疆域大大超出传统行政法的边界。

如今行政法已经渗透到社会的每一个角落，对人们的生活产生了全方位的影响。行政权、立法权和司法权之间的传统界限已经被打破，还逐渐形成前所未有的行政立法权和行政司法权，其权力行使的手段和方式更是复杂多样，并最终导致了行政国家的出现。因此，在进行责任立法过程中，要加强对政府权力的控制，尤其是对行政权力的控制，防止其侵犯其他社会组织和个人的合法权益，引导其承担社会责任。

二、政府的守法责任

作为权力主体和管理者，政府部门极易主观行事。政府拥有权力，意味着权力主体运用国家强制力对权力客体指挥、命令和支配，命令和服从是权力运行的规则。在行政关系中，权力的设定和行使可以直接或间接地限制或剥夺权利，而违法行政或不当行政必然导致权利的损害。同时，在权力的运行中存在侵犯性、扩张性和腐蚀性。

政府能做什么，不能做什么，只能由法律进行规定。政府只能行使法律赋予的权力，所有行政行为都要于法有据、程序正当。各项法律法规一旦公布实施，就必须得到有效贯彻执行，做到令行禁止，提高制度的执行力和公信力。

政府要依法履行各项职能，没有法律、法规、规章的规定，行政机关不得作出影响公民、企业、其他社会组织权益和增加他们义务的决定。政府不仅要按照法定权限办事，还要按照法定程序办事。没有程序的民主，就没有实质的民主；没有程序的公正，就很难保证实体公正和结果公正。当前重权限、轻程序的问题比较突出，许多损害、侵犯公共利益的突出问题，往往是不按程序办事或程序不规范造成的。要把建立和完善行政程序作为推进依法行政的一项重要任务。

行政执法是政府大量的、日常性行政活动，与企业、人民的切身利益密切相关，要进一步加以规范。在我国，近些年来，行政执法总体上有了很大改善，但乱执法、粗暴执法、执法谋私等问题依然突出，人民群众反映强烈。2010年，国务院总理温家宝在全国依法行政工作会议上的讲话中作了重要指示："要按照规范执法、公正执法、文明执法的要求，进一步加强和改善行政执法；要规范执法主体，界定执法权限，减少执法层级，整合执法资源，推进综合执法；要进一步完善行政执法程序，规范工作流程，依法细化、量化自由裁量权；要改进执法方式，不得粗暴对待当事人，不得侵害执法对象的人身权利和人格尊严；要进一步完善执法经费保障机制，行政执法经费由财政保障，不与罚没收入挂钩；要严格执行执法人员资格制度，狠抓执法纪律和职业道德教育，全面提高执法人员素质；严格落实执法责任制，对违法者要严肃追究责任。"

三、政府监督法律实施的责任

政府作为社会管理的公共权力主体，应对其他社会主体的社会责任履行情况进行监督，制定强有力的法律规范，运用有效的行政手段对企业等社会其他主体履行法律责任实行监督管理。美国的食品安全监管体系非常全面系统，很少有人为吃提心吊胆，基本上是"放心买，大胆吃"。美国有三级监管机构，其中的许多部门都聘用专家人员对原料采集、生产、流通、销售和售后等各个环节进行全方位监管，而且有与之配套的涵盖食品产业各环节的食品安全法律及其产业标准，既有类似《联邦食品、药品和化妆品法》这样的综合性法律，也有《食品添加剂修正案》这样的具体法规。在这方面，我国政府要加紧制定出与时俱进的法律和法规。②

在对其他社会主体履行社会责任情况进行监督的同时，政府应积极履行职责，对自身执法行为进行有效监督，从而保障法律得以实施。从法律监督的宗旨与目的来看，应当将国家机关及其公职人员作为重点监督对象。因为历史的经验表明，对宪政、民主和法治最大的威胁和最大的破坏因素主要地不是来自社会团体和公民个人，而是来自公权力的拥有者即国家机关及其公职人员。法律监督是针对公权利的拥有者和运用者而设计的一种防范机制。

四、引导跨国公司履行社会责任

2008年，商务部在厦门举行第12届中国国际投洽会期间，发布《外商投资企业履行企业社会责任指引》(下称《指引》)。《指引》为跨国公司在中国履行社会责任设立了底线标准，包括但不限于26项中国法律法规和19项国际公约。

1. 推动跨国公司履行社会责任：大势所趋的"攻坚战"

《指引》旨在鼓励在华跨国公司做得更好，倡导有缺失的跨国公司改善自己的行为，增强其竞争力，实现可持续发展。《指引》指出，跨国公司在中国履行社会责任可分三个层面：一是遵守法律法规和商业道德，满足企业经营要求，是企业必尽责任；二是平衡利益相关者的需求，是企业应尽责任，包括为股东创造价值，为员工创造更好的劳动、生活和发展条件，缴纳税收，为社区创造良好的自然环境等；三是自愿实践社会公益事业，是愿尽责任。《指引》还称，第三层面是道德表现，无论捐赠多少，都应得到肯定和鼓励。但如果企业不能做到遵纪守法，即便做再多慈善公益事业，也不能被视为好企业。

2. 人民的意愿在立法中得到体现

"在欧盟国家、地区，通常由非政府组织发起各种运动，增强企业意识，从而激励它们实施CSR计划；在中国则不同，只有人民的意愿在政府立法中得到体现，CSR才更有可能产生效果。例如中国商务部规定，自2008年6月1日起，如果零售商向顾客提供免费塑料袋，将会处以892欧元（1400美元）的罚款。"9月9日，在中国欧盟商会年度白皮书《欧盟企业在中国建议书2008/2009》的发布会上，中国欧盟商会人士如是说。

该人士表示，中国欧盟商会坚决鼓励中国政府实施明确的法规，协助国际性、全国性组织及非政府组织在中国注册。同样，在法律法规方面，中国欧盟商会大力支持有关部门在制定新法律时能够广泛征询主要利益相关者和公众的意见。

中国欧盟商会于2005年在北京创办了CSR论坛，并于两年后在上海成立。CSR论坛为欧盟企业在中国的运营提供了一个平台。欧盟企业可在这个平台上交流经验，提供实用信息，以支持他们在中国进行富有责任感的商业实践。

3. 适用法律的透明度至关重要

"为确保企业在遵守劳动法、保护环境或建立公私伙伴关系方面所做的努力能够获得回报，政府必须愿意与企业携手共进，这点至关重要，在中国尤其如此。"中国欧盟商会认为，在中国适用法律的透明度也同样至关重要，因为其不断增长的贸易正成为CSR实践的坚强驱动。CSR战略使日益全球化的中国企业在国外进行投资时留下很正面的印象，并使它们在海外股票交易所的登场更受关注。一些中国企业已将CSR报告作为必不可少的内容，将其纳入准备在纳斯达克上市的材料之中。

"在当今竞争激烈的全球经济中，各个企业都应根据企业社会责任的要求，重新审视自己在社会中所起的作用。传统的企业仅用盈利率和增长率等财务尺度定义企业价值。这种传统的定义正迅速地让位于另一种理念，即企业不仅仅创造经济福利，同时还创造文化、环境以及社会福利。在中国，CSR以中国版本的创建和谐社会的形式出现，可持续发展已经成为政府政策目标的主要关注点, 而且, 企业责任行为守则正融入所用新政策中。"中国欧盟商会认为, CSR在近几年得到了很大的发展, 这得益于与社会的交流以及来自外部利益相关方面的认可, 然而, 为促进CSR的长足发展, 政府还可以采取更多的行动, 更积极地奖励企业责任行为。

4.赞赏政府对于环保所持的积极态度

中国欧盟商会认为近几年来,中国政府已在劳工标准和环境保护这两个领域取得了很大的进步,非常赞赏中国政府对于环保所持的积极态度,认为中国制订的环境法框架是亚洲最具活力的环境法框架之一,虽然中国目前仍面临这些法规实施力度不足的主要挑战,但还是出现了令人鼓舞的迹象:即对被认为存在污染隐患或环境问题尚待解决的项目,中国政府正试图停止或延期发放许可证。

对于中国政府在环境方面还需要做哪些努力,《欧盟企业在中国建议书2008/2009》给出了如下建议:

(1)创建一个更为有效的制度框架。通过适当的手段和资源,确保地方环保局直接向环保部汇报情况以增强其效能,从而赋予地方环保局实施地方法律法规的实权;

(2)公正透明地、实施现有的环境法律法规;

(3)发布明确的指导原则,并加大力度鼓励采用环境友好系统或技术。

5.完善制度有助于推进在华跨国公司履行社会责任

"中国的引资渴望使在华跨国公司履行社会责任的动力不足,解决的方法有两个:一是通过制定全球性的国际公约来慢慢把底线提高,但是这种方式中国不大用,因为这个方式提高了成本;另一个是通过国家自己形成的道德约束来实现,但目前看来也不具备条件。"近日, 在上海社会科学院世界经济研究所举办的"跨国公司与企业社会责任学术研讨会"上，上海社会科学院研究人员说。

南开大学跨国公司研究中心人员则撰文指出，在华跨国公司的社会责任行为受到我国文化、社会、经济、政治以及法律与规制环境的影响。为了推动跨国公司在华的社会责任行为，从政府层面，应该采取以下几方面的措施：

（1）加强社会责任宣传工作，形成良好的社会责任舆论环境，提升全社会责任意识，使政府、公司、社会团体、公众重视社会责任工作。

（2）指导制定公司社会责任标准。与跨国公司及利益相关者团体协商，在遵循我国现有各项法规、标准基础上，参考主要国际社会责任内容，制定跨国公司在华社会责任标准和行为准则。

（3）完善社会责任实施机制。公司社会责任行为虽多属自愿性行为，但政府的积极引导对于促进跨国公司履行社会责任行为发挥重要作用，世界各国政府对于公司的社会责任行为都不是旁观者，政府在强化社会责任实施机制方面可开展许多工作，如要求跨国公司出版年度社会责任报告等。

（4）建立激励机制。建立跨国公司在华履行社会责任的激励机制：包括荣誉激励、政策激励、政府采购优先等，鼓励跨国公司在华采取积极措施承担社会责任。

（5）鼓励民间机构、中介组织对跨国公司社会责任行为落实的监督。鼓励成立民间劳工、环境、消费者组织和社会责任评价机构，作为独立力量对跨国公司的社会责任行为加以监督。

（6）积极参与国际组织所推行的CSR各项议程，争取在国际舞台上的发言权和主动权。

（7）加强理论研究。无论是跨国公司社会责任标准制定、机制设计、社会监督、部门协调、行为评价、行业特征与分类指导等，都要研究先行，因此应该加强对跨国公司社会责任的理论研究和技术培训。

——摘自《WTO 经济导刊》

第三节 政府的道德责任

一、政府承担道德责任的必要性

1. 从政府权力的来源看，政府应该承担道德责任

政府是运用所掌握的权力而进行社会管理的，所以政府的道德责任是其行使权力行为过程中的道德责任。政府权力的产生是公民与政府之间缔结契约的结果，其目的是维护全体公民的公共利益，因此，政府行使权力的行为必须服从这个目的，为公民之公共利益负责。另外，公民与政府之间订立契约意味着双方当事人之间权利义务的对称，政府掌握管理社会的公共权力，同时必须负担起维护公共利益的责任。公民有服从政府公共权力管理义务的同时，也有被保护公共利益的权利，有监督和制约公共权力的权利。显然，政府的道德责任是从它产生之日起就是注定必须担当的。

2. 从政府存在的条件看，政府应该承担道德责任

政府的存在是受到多种因素的制约的，其中最重要、最关键的因素就是民众的拥护和支持，得不到民众拥护和支持的政府是难以存在的，骗取民众信任的政府是短命的。要得到民众的拥护和支持，政府就必须不与民众为敌，为民众着想，实现民众的利益，为民众提供更广阔的生存空间和营造良好的社会环境。

3. 从政府掌握的资源来看，政府应该承担道德责任

政府掌握着大量的社会资源，这是建立良好社会秩序、促进社会进步的前提条件。当代社会是经济结构、利益主体、人

们的需要和价值观念愈益多样化和复杂化的社会，在此社会中存在着两类矛盾：一类是自发地形成的矛盾，如经济生活中自然地出现的垄断所引起的生产者之间的矛盾和生产者与消费者之间的矛盾，由人们在能力、财产、家庭等方面的差异所引起的穷人与富人之间的矛盾；另一类则是自觉地形成的矛盾，如由人们的价值观念、认识水平等的不同所引起的矛盾，这些矛盾的解决需要一个公正的旁观者的存在和一种公正的处理方式，而具有强制性的政府正好能够扮演这一角色。因为政府能够缓解人们之间的矛盾，把具有差异、差别的主体团结在政治共同体之中，以便推进人们的共同事业，实现人们的公共利益。

二、政府承担道德责任的范围

关于现代政府承担道德责任的范围问题，学术界主要有三种代表性的观点：一是政府不应或只应承担最小的责任，不干预的政府就是最好的政府，这和我国古代的"无为而治"不谋而合；二是政府可以在分配领域承担有限的责任，政府的手不能伸得太长；三是政府可以在生产和分配领域承担全部责任。

我们认为，在社会管理和运行过程中，政府不是万能的，不能也不可能承担全部的道德责任。当然，政府也不能完全逃避自己的责任，而是应该适度的承担道德责任。现代政府承担的道德责任主要有以下四个方面：

1. 实现个人权利

个人权利是通过财产的获取、转移的正当化程序而享有的权利，而是由客观的社会历史条件所决定的，随着社会发展而不断地扩大其内容的权利，是由国家法律所保障的权利。

（1）政府应该大力发展生产力，把社会生产力最大发展的满足转化为合理满足众多个人的需要，而且要关注在个人之间分配社会财富的总量。合乎道德的政府在分配社会财富总量时应该坚持合乎最广大人民群众利益的人民性原则,尽可能照顾到每一个人的利益;一旦出现分配结构关系的不平衡,需要借助补偿或再分配的原则来消除由于出发点的不平等等原因造成的分配结果的实际不平等,满足弱势群体对包括自由、机会、收入、财富以及自尊的基本权利的追求。

（2）政府要保障生活领域的机会平等。这包括两个方面:一是指具有同等天赋、能力的人应该平等对待;另一种深层意义是指作为社会公民,不论其出身、地位等如何,自然资源和社会资源都应该对这些人进行平等地开放,而不应使弱势群体由于外部条件的限制,而失去其应有的机会。

（3）要尊重差异。平等不是无差别的简单同一,而是应当尊重个体人各自的禀赋、能力以及具体贡献等方面的差异,尊重个体人的发展与选择,并根据每个人对社会贡献的不同而给予有所差别的对待。这种体现合理奖惩的差别在于抑制非公正的差别,并保障人们以同样的机会、在同样的规则与过程中形成合理的差别。

2. 提供公共物品

人类的生活领域基本可以分为公共领域和私人领域。公共领域是每个人都离不开的不同于市场的场所,是人们追求积极生活的空间。给人们提供这种条件和公共物品的不是市场,而是政府。政府正是在市场失灵之处得到了自己存在的空间,也使其对社会生活的干预具有了合理性。由于政府是公共物品的唯一提供者,因而它有责任来维护国家的安全,处理国家与国家之间的关系,制定和执行各种各样的法律、政策和规章,建立和维护良好的社会秩序,调节市场供求关系,建设公共设施,建立社会保障体系,提供优良的教育、医疗等公共服务。

政府提供公共物品须坚持三个原则：第一是必须坚持平等原则，这包括个体平等和地域平等两个方面，保证全体公民平等获得公共服务。第二是必须坚持效能原则，提供公共物品的服务是一个调节社会资源配置，满足社会公共需要的过程，以税收或收费作为服务提供的成本，因此，相应地需要遵循合理、高效使用社会资源的原则。第三是必须坚持适应性原则，这主要指公共物品的提供者要根据人们需求的变化及时调整服务的组织形式和运行方式，使人们的需要能得到更好满足。

3. 维护社会秩序

一个稳定和谐的社会秩序是社会存在与发展的必要条件，也是每个社会成员生存与生活的必要前提。随着经济的发展，现代社会关系和生活发生了深刻变化。社会经济成分、组织形式、就业方式、利益关系和分配方式日益多样化，社会矛盾也呈现出复杂化的特点。社会系统中各个成员之间，成员与群体之间、群体与群体之间的利益竞争、利益摩擦和利益冲突日益突出，这必然会破坏社会共同体应有的稳定性，造成某种程度的混乱、失序甚至是社会结构或组织的瓦解，这给政府职能提出了新的挑战。

政府作为公共利益的代表，有必要维护各种利益的平衡，政府不应成为社会利益冲突的一方，而应该是所有利益冲突的调节者。如果政府不是作为社会公共利益的代表，而是把自己作为一个独立的利益实体，或变成了少数利益集团的利益代表，它就会像私人领域中的一切利益追求者一样，把追逐利益的最大化作为自己的目标，就会把某一部分成员的狭隘利益凌驾于整个社会之上，这必将导致对维护社会秩序的公共职责的忽视和放弃。所以政府必须坚持公正原则，代表社会总体利益，协调和消除社会出现的各种矛盾，维护社会秩序。③

4. 推动社会发展

致力于社会发展所以是政府重大的道德责任，是因为"未来世界是我们行动的对象。我们所做的每一件事的目的都是为了改善我们未来的状况"。对社会的未来进行整体设计并努力实现它，除了政府以外，任何个人和集团都无力做到。政府在社会发展方面的道德责任，表现在它提倡并奉行合理的社会发展模式，将追求生态平衡、经济增长和人的素质提高密切结合起来，适度地开发和利用自然资源，制定正确的经济政策、大力发展社会生产力、建设先进的文化、培养各种专门人才，努力促进社会的健康、和谐发展。

三、太原——用文化之魂引领城市发展

当城市奔跑的速度越来越快，以致几乎忘记了为什么而出发；当物质需求在城市里不断地得到满足，城市魂魄却几近无处栖息……走

太原

出困惑，找回本真，铸就兴市之魂。

经过一年多的审视、梳理和提炼，龙年伊始，太原市确立了城市核心价值观——包容、尚德、崇法、诚信、卓越，此举为全国省会城市首创。

党的十七届六中全会提出，社会主义核心价值体系是兴国之魂。太原城市核心价值观的提出，不仅为铸就兴国之魂赋予

了地域特色，而且为锤炼以坚韧不拔、锐意进取、务实守信、敢于超越为核心内涵的"山西精神"提供了实践载体，成为引领太原率先转型跨越发展的旗帜。

1. 什么是一座城市最重要的东西

2010年10月，履新不久的省委常委、太原市委书记陈川平向全市各级领导干部提出了一个问题：对于一座城市而言，最重要的东西是什么？

这一发问激起层层涟漪，答案越思越明：提炼市民广泛认同的城市核心价值观，树立引领率先转型跨越发展的旗帜，为建设一流的省会城市提供强大精神动力。

5000年文明史、2500多年建城史的国家历史文化名城……灿烂的文化底蕴注入太原魂魄，但放在社会主义核心价值体系这一层面来思考，怎样才能做出最恰当的表述？面对率先转型跨越、加快推进"五区"建设的繁重任务，太原应秉持什么样的文化自觉和价值担当，塑造"最重要"的兴市之魂？

很快，由市委宣传部牵头的城市核心价值观课题组成立，太原城市核心价值观征集讨论活动面向全社会开展。在近3个月的时间里，引发了全国25个省（市、自治区）的60多个市县的各方人士热心参与。北京市民刘某建议："崇尚光荣、革故鼎新、包容开放、卓尔不群"；尖草坪区市民高某建议："崇礼尚义、兼容并蓄、诚信为本、敢为人先"……

在汇聚民间智慧的同时，课题组求助于商界、学界、政界。"包容"和"诚信"成为高频词。

2010年10月25日，课题组走进太钢，从太钢倡导和践行"以人为本、用户至上、质量兴企、全面开放、不断创新"企业核心价值观的成功做法中获取了启示和灵感。

城市核心价值观究竟为何？复旦大学吴教授向专程求教的

课题组人员介绍说："城市核心价值观是生活在城市里的人们最看重的标准和理念，具有引导和纠偏的作用。"

与此同时，市委召开座谈会，向民主党派、工商联和无党派代表人士征集意见；在全市副科级以上领导干部理论考试中加入相关题目，向政界人士征求建议……

2012年1月17日，中共太原市委十届二次全会审议通过《深化文化体制改革加快建设文化强市的实施意见》。意见中提出，要在太原倡导和弘扬"包容、尚德、崇法、诚信、卓越"城市核心价值观。这是立足太原特色，为未来发展寻求支点和后劲的探索，更是团结民众、凝神聚力的有效引导。

2. 找到了"最重要的东西"，就找到了主心骨

当今时代，城市发展已形成从"功能城市"走向"文化城市"。价值观是文化的灵魂，找到了这一"最重要的东西"，就找到了主心骨。

"建设一流省会城市是我们的共同追求，'包容、尚德、崇法、诚信、卓越'是我们的群体意识，我们要以此对内凝聚力量、对外树立形象，提振城市精气神。"1月17日，在太原市委十届二次全会上讲话时，陈川平如是强调。

集纳各界智慧的这10个字，传承历史、反映现实、激励人心、引领发展，其内涵十分丰富：

"包容"——展示了海纳百川、多元和谐的开放胸襟。

太原自古地处中原汉民族与草原游牧民族的交汇之地，是农耕文明与游牧文明的融合之地，自古就是一座具有包容品格的城市。包容既是优秀传统的彰显和历史文化的积淀，更是创造未来的思维理念和精神需求。

"尚德"——突出了向善厚德、重礼守节的城市品格。

太原地处华夏文化的中心，中华民族民风淳朴、勤俭务

实、为人忠厚的品德深深凝练在太原人的精神品格之中。面对发展的压力和困难,用道德的力量唤起干部群众的事业心和责任感,鼓起不甘落后、争创一流的勇气,朝着一流的目标迅跑。培育和引领城市文明道德风尚,积聚向上、向善的道德力量。

"崇法"——表现了公平正义、敬仰法律的文明风范。

追至远古,周成王封弟叔虞为唐侯,对治理当时太原提出要"启以夏政,疆以戎索",夏政、戎索即为法式制度。溯及明清,太原之晋商更凭奉行公平竞争、机会均等、遵守契约、规范操作的经营理念而纵横天下,享誉海内。崇法,不仅应成为执政者的应有特质,也应成为全社会的共识共行。

"诚信"——体现了诚实重义、守信践诺的人文情怀。

重塑诚信是建设一流省会城市最重要的精神动力和价值基石。以诚信的价值追求形成良好的文化生态,才能汇聚各路英才,集合八方之力;以诚信的价值取向创造一流的发展环境,才能吸引资本、技术,塑造新太原形象。

"卓越"——彰显了敢为人先、争创一流的奋斗精神。

卓越蕴含着不断超越现实的城市精神和追求,展示了敢为人先、敢为天下先的超人勇气,以及瞄准目标后的奋不顾身、奋勇前行的激情和坚毅不渝的坚持。追求卓越是担当发展使命的坚定信心和内生动力。

以城市核心价值观引领,提振城市精气神,这是文化引领城市发展实践的一种自觉和担当,是太原城市文化建设的新突破。

3.城市核心价值观为发展聚力,更为发展铸魂

"'包容、尚德、崇法、诚信、卓越'的城市核心价值观是太原魂之所系、神之所在。值此太原改革发展的关键时期,相比以往任何时候,尤为需要文化的提振、支撑和引领。"太原

市委常委、宣传部部长在接受记者采访时坦言。

2011年，太原市"十二五"开局良好，固定资产投资增长25.1%，高出"十一五"时期年平均增速9.2个百分点，其中以装备制造、新材料为代表的新兴产业投资增长28.6%，高出"十一五"时期年平均增速20.3个百分点。但太原在全国和中部省会城市中的位次下降、在全省首位度下降，发展不足为其最主要的问题和矛盾。

2012年是太原迈向一流省会城市的转折之年，发展主攻方向已经明确——GDP增长10%、固定资产投资增长30%、工业投资增长30%以上、民营经济增加值占GDP的比重提高1.5个百分点……太原市委副书记、市长廉毅敏说："没有一股子只争朝夕、奋勇追赶的劲头，困难只会越来越多，差距只会越来越大。实现太原率先转型跨越发展，城市核心价值观不仅为发展聚力，更为发展铸魂。"

在此基础上，太原市提出了"忠诚、为民、务实、卓越、廉洁"的公务员队伍核心价值观和"公、廉、严、能、信"的领导干部核心价值观。这"三个核心价值观"互为联系，一脉相承。

太原市委宣传部制定出了学习和践行"三个核心价值观"的工作方案，重点将开展进机关、进乡村、进社区、进学校、进企业、进单位等"六进"宣讲活动，把开展"三个核心价值观"学习实践活动与精神文明创建工作结合起来，与学习型党组织建设结合起来，与开展创先争优活动结合起来，与廉政文化建设结合起来，使其成为全市广大干部群众共同的思想基础、价值取向和实际行动。

古希腊哲学家亚里士多德说："价值观是通过人们日常的习惯、技能和行为反映出来的人类的品行和美德。"倡导和弘扬城市核心价值观，绝非一朝一夕，重在实践，贵在坚持。

当一座城市"最重要的东西"能够不断地被人们呵护、珍视，内化于心、外化于行，城市的眼神就不再空洞，表情就不再茫然，重振太原雄风就有了精气神，太原迈向一流省会城市的步伐就会更加坚实有力。

——摘自《山西日报》

第四节　政府的可持续发展责任

可持续发展包括政治、经济、文化、社会多个方面，这里谈到的政府的可持续发展责任是指在政府在社会责任方面的可持续发展责任，主要包括环境保护和创新责任。

一、政府的环保责任

1. 政府承担环保责任的必要性与可能性

（1）现代政府责任模式向责任政府转变的必然要求。

随着社会的不断进步，现代政府责任模式逐渐向"责任政府"转变，政府必须对公众负责，必须维护公众的根本和长远利益。"责任政府"作为一种新的政治概念，是指在政府和人民之间委托与被委托关系中，使具有责任能力的政府基于一定的政治原则向人民负责的政治制度安排。

环境资源利用及影响是一个长期过程，不确定性和短期计划会使人们在依赖市场机制配置资源的活动中，过分追求眼前利益和当代人利益，忽视长远利益，从而导致环境和资源利用可能带来的不可逆后果。人们的行为选择在短

环保地球

167

期内是理性的，但从长远看来，这又是短视和不理性的，人们仅仅是为了眼前的局部利益而放弃了长远的根本利益。而政府承担环境保护责任是政府维护公众长远利益和根本利益的必然举措，是责任政府的必然要求。

（2）政府环保职能的必然要求。

政府承担环保责任，是政府环保职能的必然要求。主要体现在两方面：一是政府环境保护职能在全社会生态文明建设中仍然居于主导地位和发挥主要作用。环境作为比较典型的公共物品，明显体现出社会的公共利益、整体利益和长远利益，而作为其他组织与个人都无法比拟的公共代表性的政府必须承担起保护责任；二是环境问题本身具有一定的跨区域性、跨国界性，政府具有其他组织与个人都无法比拟的强制性和合法性，具有较强的宏观调控能力的政府理应大有作为；三是企业环保产业的生存成长、非政府环保组织的发育发展、公民的生态治理参与意识、教育熏陶还需要现代政府发挥特有的培育、倡导和组织作用。

（3）弥补"市场失灵"、保护环境的必然要求。

一个市场，无论它有多么的完善，其功能总是有限的，绝不可能指望仅靠市场去解决环境问题。当市场不能发挥或不能有效地发挥作用时，政府便需伸出其"有形之手"与市场之"无形之手"形成合力，促进社会整体福利的最大化。正如世界银行在《1992年世界发展报告》中指出的："在过去20年中，各国人民已经懂得了在促进经济发展方面，应该更多地依靠市，而较少地依赖政府。但是，在环境保护领域恰恰是政府必须发挥中心作用的领域，私人市场几乎不能为制止污染提供什么鼓励性措施。"美国著名学者勃布·罗滨逊也指出："市场经济并不能成功地保护环境，政府的干预是必要的。"同时，许多公共资源如大气、臭氧层等不可能做到明晰产权,需要政府进行管理。而且由于环境风险性的持久性,可能对后代人造成损失,因而应由政府代表后代人来维护后代人的权益。

（4）政府具有的环保的权力和能力。

政府有征税权,政府可对污染企业和绿色企业实行差别税,也可对绿色产品和非绿色产品征收差别税来引导生产和消费,并对环保产业给予必要的补贴;政府有禁止权,通过法律法规制度禁止各种破坏生态环境的行为,如我国在森林资源保护中实行的禁伐,在野生动植物的保护中实行禁猎、禁捕和禁采;政府有处罚权,政府通过立法对破坏环境者进行处罚,如对企业违规偷排污水处以罚款和停业,甚至可以追究刑事责任;节省交易费用,政府通过要求参与来对付环保中的搭便车者,对于那些可从公共物品中获利的人,则要求他们支付相应的成本,特别是在政府建立完善的社会环保体系后,可在一定程度上解决信息不充分、逆向选择和搭便车所提高的交易费用,减少不必要的摩擦费用。④

2. 政府环保责任的内容

（1）推动环境立法的发展,加强环境行政立法。

环境保护始终是贯穿可持续发展的一条主线,要真正做到可持续发展就离不开对环境保护的立法。毋庸置疑,有了环境立法保障的可持续发展才可以说是行之有效的。实际上,可持续发展的实现就是进一步加强生态环境法律保障作用发挥的过程。可持续发展的实现对整个国家环境立法建设,乃至整个环境保护意义重大而深远。

从环境保护的目的出发,环境保护从产生的一开始就具有公益性。环保事业的这一特性决定了必须依靠政府和法律的支持。在环保事业的产生、发展的框架构建中,环境法律制度起着基础性作用，规范、引导和保障环保产业的发展。以我国为例，从我国环保产业20年的发展来看，存在着诸多方面的问题。其中，环境立法的科学性、环保产业立法的完备性以及与环境立法和环保产业发展立法相配套的法规、规章是否完善，直接关系着环保产业的发展。

1972年在斯德哥尔摩召开了第一次人类环境会议，通过了《人类环境宣言》，环境保护工作提上了世界各国的议事日程。斯德哥尔摩会议之后，我国就提出了"保护环境，造福人民"等环境保护32字方针。我国环境保护法的基本原则是：经济建设与环境保护协调发展；预防为主、防治结合；污染者付费；政府对环境质量负责；依靠群众保护环境。2002年10月，《中华人民共和国环境影响评价法》颁布，为项目的决策、项目的选址、产品方向、建设计划和规模以及建成后的环境监测和管理提供了科学依据。

1979年，我国通过了第一部环境保护法律——《中华人民共和国环境保护法（试行）》，使我国环境保护工作走上了法制化的轨道，奠定了我国环境立法工作的基础。改革开放以来，我国逐步形成了环境保护法律体系。三十多年来，我国先后制定了《环境保护法》、《水污染防治法》、《大气污染防治法》、《固体废物污染环境防治法》、《环境噪声污染防治法》、《环境影响评价法》等一系列环境保护法律，国务院制定了《自然保护区管理条例》、《排污费征收使用管理条例》、《建设项目环境保护管理条例》、《危险废物经营许可证管理办法》等一批环境保护行政法规。此外，国家环境保护行政主管部门和国家有关部门发布有关环境保护的行政规章100多个，环境标准400多个，地方发布的环境法规和规章有900多个。

（2）加强监督管理，严格环境行政执法。

环境保护是现今世界大多数国家政府的一项基本国策,自20世纪中期以来,环境保护法律法规相继颁布,世界范围内的环保事业有了长足的发展,国家及地方法律、法规不断完善。而环境行政执法这把剑是否锋利,不仅关系到环境保护战略能否得到落实,而且关系到一个地区环境质量能否得到改善和环境保护目标能否实现,关系到人民群众的生活质量能否提高。

随着社会的不断进步,环境行政执法队伍不断壮大,环境行政执法水平日益提高,环境行政执法程序更加规范化。但是环保事业是一个长期而艰巨的社会事业,需要有国家的引导和支持。政府要加强对环境法律、法规与规章实施的监督管理,逐步建立起环保产品、环保工程、环保设施应用、环保咨询服务等监督管理制度体系。通过监督管理使环境法律所制定的各项制度得以实施,确保污染企业对环保的必要投资。在环境行政执法过程中,应严格遵循"预防为主、防治结合"的原则,在预防为主的"源头控制"战略指导下,推进环保技术、环保产品和环保服务的广泛应用。通过对违反环境保护制度行为实行惩罚的行政管理措施,而使企业逐步发展到自觉地使用环保产品和设施。通过监督与管理使法律对环保产业发展的推动变为现实力量。

（3）制定环保产业发展政策,引导环保产业的发展。

除通过环境立法、加强环境执法,促进环保产业发展之外,还应制定加速环保产业发展的相关政策,控制、解决价格扭曲、信息失真和决策错误等引起的"政府失灵"问题。

环保产业有四方面的特征:一是环保产业是一个正外部性的产业。表现为环保产业的发展给产业外的行为主体带来了有利的影响,即环保产业在创造经济价值的同时,也带来了广泛的社会效益,保护了人类赖以生存的生态环境,为人类的可持续发展奠定了坚实的基础；二是环保产业是关联性很强的产业。它通过与其他产业的投入产出关系，可以利用自己的发展带动相关产业的发展，如机电、钢铁、有色金属、化工产品、仪表仪器等行业的发展；三是环保产业是一个具有公益性的产业，尤其在提供环境基础设施和公共环境服务的非竞争性和非排他性的领域，环保产业的公共产品特征更加突出；四是环保产业是政府行为与市场行为交互作用的产业。作为产业，必然要以市场为基础，但环保产业的外部性和公益性又决定了环保产业的发展必须有政府的调控与干预。

现代意义上的市场经济是一种既要市场调节又要政府宏观调控的混合经济。市场经济条件下环保产业的发展之所以需要政府的支持，一是因为环保产业具有很强的外部性和公益性，环保产品和技术设备生产成本高，在市场上不具价格优势，完全通过市场机制调节作用难以调动经济主体投资经营环保产业的积极性；二是环保产业属资金、技术密集型产业，产业的竞争力主要来自环保技术的创新，这就决定了环保产业的发展需要投入大量的资金用于环保技术的研究开发，而一般的企业很难有这种实力；三是环保产业是一个新兴的朝阳产业，各国对国际环保市场上的争夺日趋激烈，没有政府的参与和协调，极易引起国际贸易间的摩擦，不利于市场的稳固与拓展。正因为如此，几乎所有国家的政府都积极直接或间接地参与到本国的环保产业的发展中来，通过舆论上的引导、资金上的保障、内外政策的协调，为大力发展本国的环保产业创造良好的外部条件。

二、政府的创新责任

创新是任何一个国家和民族保持旺盛生命力的重要保证。19世纪70年代，面对美、德等新兴工业国家的激烈竞争，英国的资本家宁可继续投资于传统产业，也不愿更新设备、采用新技术、建立新工业。英国政府认为，新技术能够用于军事，维护自己的海上强权就行；至于民用工业，落后一些也无碍大局。如此这个第一个实现工业革命的国家，却沦为最后

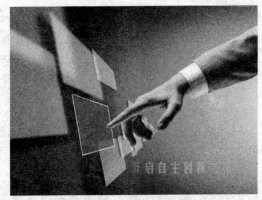

开启自主创新之路

一个实现全民教育的工业化国家。当时的英国政府在科技投入和管理上更是无所作为，科研经费少、试验设备缺、科技管理混乱、科学人才地位低待遇差，一度成为普遍现象，直到进入20世纪后才得以改变。然而，英国企业与政府对自主创新都"冷"的结果只能是被众人无情地赶超。

创新是任何一个国家和民族保持旺盛生命力的重要保证。人类历史的近代发展，特别是当今世界的激烈竞争表明，哪个民族和国家善于创新，哪个国家更有竞争力，就处于世界领先地位。谁因循守旧，谁就落后，在世界上就处于被动挨打的地位；哪个民族和国家在历史上某个时期善于创新，这个时期它就发展迅速，就强大，什么时候它创新少了，它就开始落伍。

世界上各个发达国家，无一不是通过创新才取得今天的成果的。发达国家走前人未走过的路，本身就是一种最大的创新。他们的政府通常是创新的最大保护者，甚至是创新的诱导者和推动者。在经济全球化条件下，发展中国家政府如果不重视创新的作用，过分强调仿效发达国家已走过的发展道路，把着眼点放在营造发达国家当时发展经济所需要的条件上，充其量只

是能做一个"好学生",只能沿着他们的足迹缓慢前进,不可能实现跳跃式的经济发展。因此,发展中国家要在较短时间内用较少的代价赶超发达国家,同样离不开创新。政府的创新责任主要包括四个方面:

1. 完善政府投入机制,发挥财政资金的"杠杆"作用

政府承担创新责任,要完善政府投入机制,发挥财政资金的"杠杆"作用。一方面,政府应加大基础性研究的投入力度。比如"神舟"飞船项目,企业不愿承担,也无力承担,只能由政府投资;另一方面,政府应通过设立企业自主创新基金或财政专项资金,发挥市场的力量,支持企业研究开发,促进信息共享和科技成果转化;再者,政府通过税收,鼓励企业加大研究和开发投入。比如,实行消费型增值税,完善企业研发投入税前扣除政策,支持建立企业技术研发和专利技术许可准备金制度,允许企业技术培训经费全额从成本中列支,限制重复引进技术装备和低水平重复建设,优先支持我们必须掌握知识产权的重要产品和装备等。[⑤]

2. 健全知识产权保护体系,重视技术标准研究

政府承担创新责任,要健全知识产权保护体系,重视技术标准研究。一方面,加大知识产权保护力度,优化创新环境;另一方面,推进重要技术标准的研究和制定,支持国内企业参与国际标准的研究和制定,力促本国标准成为国际标准。同时,政府有关部门还应着眼于全球范围搜集前沿科技情报信息,并对其做出准确的分析预测与定向分布,指导企业走自主创新之路。

3. 全面提升中小企业的自主创新能力

政府承担创新责任,要全面提升中小企业的自主创新能力,充分发挥其在建设创新型国家中的重要作用,通过创新基金、贷款贴息、税收优惠等方式支持中小企业科技创新，促进它们和大企业集团协作配套，鼓励科研成果向中小企业转化。同时，对国内自主开发的重要高新技术产品实行政府支持。

4.大力推进初、中、高不同层次全民教育的发展

政府承担创新责任，要大力推进初、中、高不同层次全民教育的发展，提高全民族的科学文化素质，为企业自主创新提供足够的人才储备。同时，改革科技人才激励机制，支持企业吸引科技人才，允许和支持企业对作出突出贡献的科研骨干实施股权等激励政策。帮助更多的企业走自主创新之路。

近年来，我国建设创新型国家取得了长足进步。十六届五中全会把自主创新提到了国家战略的高度，并作出"构建以企业为主体、市场为导向、产学研相结合的技术创新体系"的决策，加大对科技型企业扶持力度，鼓励科研人员领办创办科技型企业，体现了我们党对经济社会发展规律认识的深化，意味着自主创新将逐步从以国家为主转向以企业为主，从以政府为导向转向以市场为导向，这是我国实现经济可持续发展和提高国家核心竞争力的必然选择。在此过程中，应该加强企业、政府的配合度。只有当企业意愿与政府意志有机结合，才能融政府、企业、个人三种力量于一体，产生出强大的合力效应与推动作用，促进我国自主创新能力的全面提升。

三、创新的国度——以色列

以色列，2万平方公里的土地，710万人口，但这样一个小国家却被称为"创新的国度"。它的高科技产业实力极其雄厚，连一贯以傲慢著称的微软公司CEO鲍尔默都承认，由于以色列籍员工对微软的成就贡献巨大，微软都可以称得上是一家以色列公司。谷歌的总裁施密特也曾说，以色列是全球仅次于美国的第二创业大国。

这样的成就对于一个仅有50年历史的，并始终动荡不安的小国，实在是一个奇迹。最新的统计数据就更具有说服力。以色列目前共有近四千家新兴科技型企业，密度全球最高(每两千以色列人就拥有一家)。同时，在纳斯达克上市的公司中，以色列公司的数目超过整个欧洲所有公司的总和。

另外，这个只有710万人口的小国吸收了20亿美金的风险基金，人均为美国的2.5倍，欧洲的30倍，中国的80倍和印度的350倍。很多大家耳熟能详的高科技产品如网络聊天软件等其实都源于这个位于中东的小而年轻的国家。

很多志在发展高科技产业的国家都迫切想从以色列的创新经验中获得启示。最近，美国外交关系委员会的犹太裔资深研究员丹塞那和合作者在他们的新书《创新之国——以色列的奇迹》中对这个问题进行了详细的分析，其观点全面而中肯，非常值得思考并学习。

1. 创新公司隔行杂交

以色列科技创新的第一特点是它以中小企业为主，以新兴企业为龙头。虽然日韩也具有相当的创新能力，但它们的创新往往由大企业完成。中小企业为创新龙头的优势是它们非常灵活，对市场的敏感度和反应速度都很高。另外，因为它们没有包袱，就更容易接近技术的最前沿，因此开发出激进式创新的可能性更大。这就是为什么以色列高科技产业多年来一直高速增长，很多新兴企业在短时间内竟然改变整个全球工业的态势，靠的就是不断推出的激进式创新。

以色列创新的第二特点是极其善于进行隔行杂交，即将诸多学科巧妙地结合起来，以产生独特而强大的杂交优势，其结果也是产生可以迅速改变全球工业的激进式创新。这种创新方式被称为混搭式创新。这是以色列人的强项，而且与他们军队的科技训练方式紧密相关。这种独特创新模式的最佳表现就是以色列的医疗器械和生物工程。

在这两个领域，以色列产生了一批极其有创意的企业。如Given Imaging公司通过导弹工程师和医生的合作，利用导弹制导的光纤技术开发出一个药片大小的摄影装置PillCams，可以从病人的内脏里即时传输出图像。它是全球唯一一家这类企业，至今已在全球卖出近百万件这种医用微型摄影器。Aspironics通过风洞工程师和医生的合作，引入飞机涡轮发动机的技术，研发出一个信用卡尺寸的吸药器，可以让传统的注射方法及工具完全过时。类似的企业Transpharma Medical利用声波将蛋白等注射液打入皮肤，而不需要传统的注射。还有Compugen，由三个特比昂毕业生创立。他们利用以色列极其先进的用来定位恐怖分子的数据分析系统进行基因分析，并将数学、生物学、基因学、生物化学、计算机学等领域整合起来进行最前沿药品研发。连世界首届一指的大药厂美国默克在这个领域都落在了它的后面。

活跃的中小企业和隔行杂交，推动以色列的高科技行业出现了诸多明星企业。如为绝大多数福布斯百强企业提供通讯监测服务的NICE Systems，研发电动汽车的Better Place，只成立了5年，就在用户财务可信度分析市场击败大名鼎鼎的PayPal和VISA卡的Freud Science等等。

2. 成功的基因

以色列科技创新之所以具有上述的特点是源于以下若干原因。

其一，特殊类型的高素质科技人才

以色列的国民教育水平相当高，全国大学毕业生比例全球最高。而且以色列高校的不少学科都居于全球领先地位。尤其与众不同的是,以色列军方多年来一直投入大量资源培养科技方面的顶尖人才,如隶属于以色列国防部科研局的特比昂项目,每年从以色列全国的高中毕业生中精选出最出色的学生,密集培训两到三年,主攻科技和创新,尤其是训练他们对复杂的军事问题找出跨行业解决方案和从事多元工作的能力。毕业生在军方服役6年,继续深研科技。他们大都成为以色列最顶尖的科学家和最成功的企业家。因此,以色列军方的精英科技部门成为众多新兴企业的摇篮。由于他们的这种特殊训练,这些企业家被称为战地创业家。

其二,政府大量投入研发,并扶持风险基金产业

以色列政府为推动高科技产业发展实施了两项相当成功的措施。一是建立由政府支持的风险投资基金项目(Yozma),扶植和培养本国的风险基金及风险基金投资的专业人才。此项目由以色列本国风险投资者(主要是为了学习如何运作)、外国风险基金公司和以色列政府的投资公司或银行三方参与设立投资基金。政府设立自我退出机制最大程度地降低投资者风险。Yozma项目非常成功,培养了诸多明星企业,如专门生产激光治疗设备的ESC Medical,生产高端半导体的Galileo,和为福布斯顶尖企业提供内部电邮和信息系统的Commontouch等。其他国家如日本、韩国、加拿大、爱尔兰、澳大利亚、新西兰、新加坡和俄罗斯等国都在学习和模仿Yozma项目的成功经验。

二是以色列政府与美国政府合作建立工业科研基金(BIRD),鼓励两国的合作企业在以色列开发科技项目。迄今为止,60%的NYSE上市及75%的纳斯达克上市的以色列公司都曾得到过这个项目的支持。这种合作帮助以色列企业家学会了如何在美国及其他海外市场进行成功的商业运作。

其三,是宽松的商业制度

以色列的公司法让它成为世界上最易成立新公司的国家。另外，政府还制定特殊政策，努力使失败的创业者一次又一次地回到创业的前沿，利用他们的经验和教训再次创业。哈佛大学研究成果显示，曾经失败过的创业家再创业时有20%的成功率，远远高过首次创业人士。以色列宽松的商业环境让大批曾经的失败者成为今天高科技产业的明星。正因为此，CNN财经频道曾将以色列的商业中心特拉维夫市列为全球网络行业的最佳经营场所。

其四，大量引进海外先进技术

以色列在海外有大批顶尖的科技人员在各大公司效力。他们中很多都成为全球一流高科技公司的技术负责人，如思科、英特尔及微软的高级技术总监等。这些科技资深人物利用自己的影响力将这些国际大企业的研发中心设在以色列，从而将大批先进技术引入以色列。而且，它们设立在以色列的研发中心往往从事的是最尖端的前沿研究，而其他海外研发中心则以应用型技术为主。

其五，以色列独特的文化

以色列是个名副其实的移民之国，国民来自于70个不同的国家，是一个真正的多元文化国家。创新，来源于从不同的视角看问题。这种文化的多元性提供了不同观念碰撞而出新知的最佳温床。移民的国家本质上就具有冒险精神。以色列人勇于尝试一切，不惜颠覆传统，敢于挑战权威。另外，以色列社会对失败的态度相当包容，本国的投资者亦然。以色列的文化还可用一个词形容chutzpah，就是不畏艰难，百折不挠。这些文化特征都对创新极有利。

其六，以色列全社会强烈的生存动机

以色列从建国伊始，就时刻处在强大的生存危机中。以色列很早就意识到，若想生存，只有发展高科技。所以，以色列军方形成了强大的研发能力，尤其在通讯、电子、电脑硬软件、声音识别系统、网络技术、保密技术、光纤等领域发展迅猛，从而也衍生出了不少成功的高科技企业。除了敌国的威胁，以色列的自然环境也是全世界最恶劣的之一。为了与恶劣的自然环境抗争，以色列不得不利用高科技来创造奇迹，如 Netafim 开发出的渗水式高效农业灌溉系统、沙漠深塘养鱼技术等，并成为全球的鲜花出口国。

　　以色列独特的创新优势让其他很多国家及企业难以企及，但是我们可以从它成功经验中获得若干启示。以色列创新的真正原因是它生存的压力，从而造就了它极其强大的创新的动机和愿力。诺贝尔经济学奖获得者罗伯特·索罗曾说过，科技创新是一个国家的生产力和经济增长的最终来源，尤其是新兴企业的创新。所以，如果中国想继续保持持续而稳定的经济增长，除了创新别无他路，而且要大力鼓励新兴企业的设立和创新。

——摘自《21世纪经济报道》

第五节 政府的慈善责任

一、政府承担慈善责任的原因

1. 政府承担慈善责任的必要性

政府作为社会中最大的公共组织，具有强制性和权威性，政府是为公共利益服务，而不是为个人或某个组织机构谋取利益。政府组织的角色定位和价值目标，是它必须担负起将人们从危机状态中解脱出来，并为人们提供安全的生存环境的责任的首要原因。18世纪著名政治思想家、美国革命中最激动人心的政治宣传家托马斯·潘恩曾这样说：政府不是任何人或任何一群人为了谋利就有权利去开设或经营的店铺，而完全是一种信托，人们给它这种信托，也可以随时收回，政府本身并不拥有权利，只负有义务。⑥

2. 政府承担慈善责任的可行性

政府是税收的主体，理所应当承担起慈善责任，实现社会福利的合理分配。政府的慈善责任主要表现为抵抗灾害，救助受灾群众，让百姓看得起病、上得起学等。全国所有慈善家加在一起，也比不上政府的财力和物力。我们常说的"举国之力"只能通过政府来实现。

二、我国政府的慈善责任

1. 我国政府承担慈善责任的现状

2011年底，中民慈善捐助信息中心向社会公布了《2011中国慈善捐助报告》，报告显示：2010年中国58.3%的捐款都流入政府以及有政府背景的慈善会和红会系统，其中20.6%的捐款直接进入到各级民政部门，9%进入到除民政之外的其他党政机关、人民团体，6.7%进入到各级红十字会，22.0%进入到慈善(总/协)会。而只有1.3%进入到了慈善会之外的社团、民非和福利院领域里，而在这个领域里，依然有一些是有政府背景的机构。

纵观我国慈善事业发展现状，我们发现，慈善捐赠的自主性和积极性还不是很高，捐赠水平仍然很低，我国慈善事业发展严重滞后于经济发展。阻碍慈善社会责任行为发展的原因是多方面的。其中，政府角色与职能错位、"行政认捐"、慈善政策法规建设滞后、税收减免政策难以落实等都是影响慈善责任行为的重要外部环境因素。

2. 对我国政府承担慈善责任问题的对策

政府在承担慈善责任行为中应该扮演中介和服务的角色，政府应努力成为企业慈善社会责任行为的加速器，并从以下四个方面着手：

（1）淡化"政府控制"，转变政府职能。

20世纪90年代以来，我国以政府为主导的慈善活动十分频繁，号召社会力量和民间资源支持社会保障制度建设，成为政府发展慈善事业的思想主导。政府引导企业更多地参与社会公益，"政府控制"的理念和做法需要检讨。在我国，政府至今还没有正确定位自身的角色，对社会资源和社会事务的"控制理念"仍然体现在方方面面。若企业需要设立基金会，首先需要有政府部门作为主管单位，接受其业务管理。政府应该与积极承担社会责任的企业合作，设立政府奖项，形成广告效应，鼓励企业捐助和提高企业家参与公益事业的积极性。同时，可以为企业从事慈善公益事业进行资金配套、人力或者物力支持。这既是政府履行自身职责的体现，也是对于企业参与环境治理、公共服务等公益性事业给予的支持。否则，"自愿"永远不可能成为中国企业慈善社会责任行为的基本特征。

（2）政府角色由"行政认捐"到"市场劝捐"。

政府应转变角色，从劝募市场中抽身而出，由劝募者、监管者的双重身份向监管者的单一身份转变，当前应放弃对口扶贫、赈灾捐款等指令性摊派，长期内甚至要放弃行政性劝募，至多保留社会性动员等软手段。推进政社分离，某种意义上就要改变目前依赖行政动员的认捐方式，推进慈善捐赠的社会化，实现向市场化自主自愿捐赠。应加强培育劝募市场，凡慈善组织可以承担的事务，逐步移交给慈善组织，并帮助解决工作中遇到的困难和问题，鼓励和支持慈善组织独立地、创造性地发挥作用。完善"冠名慈善基金"等劝募方式，建立专门面向企业的慈善约谈制度，积极向企业募集资金，加快慈善捐赠社会化，实现筹款和服务分离、多方共赢。

（3）加快立法和制度建设步伐，发挥其指引功能。

政府应加快立法和制度建设步伐，通过制定强化企业社会责任的各项法律制度，进一步引导企业强化社会慈善责任意识。规范劝募市场，杜绝多头劝募，减少企业慈善捐赠的管理成本和交易成本，改革慈善事业的准入制度，消除障碍，加快企业基金会的发展，在慈善市场中引入更多的竞争主体，健全公益财产管理制度、公益机构分类分级监管制度、行业评估制度和信息统计制度，使行业组织的进入和运行有法可依，独立发展。

从实际情况来看，各种名目繁多、号称慈善事业的基金会，对其资金的筹集、捐赠项目和资金的投向并未如实向社会公布。社会捐赠资金在管理、使用过程中也存在一些问题，资金的安全性还存在隐患。因此，应尽快研究并制定慈善事业法，从法律上统一规范慈善事业的性质、地位和原则，并明确慈善机构的行为准则，重点建立一套透明、规范、细化的慈善事业工作程序，规范劝募、受赠、转赠、捐赠、受益等行为的权利和义务；建立相应的审计监督机制，规范慈善事业的进入、评估、监管、公益产权界定与转让、融投资、退出等行为，对善款的来源和使用，对慈善机构运作经费进行有效的监管。制定慈善事业相关的法律，有助于发挥法律的指引功能，引导社会各界人士特别是实力企业、富裕阶层的人士改变慈善观念，积极投身于慈善事业。

（4）保证减税政策的有效实施，加大税收的激励作用。

慈善社会责任若能转化为企业的一种品质固然好，但作为利益刺激的"胡萝卜"也不可或缺。利益导向的手段之一就是税收减免。企业捐赠的起始动因一般与减税无关，但合理效率的减免税制度却能极大刺激捐赠数额的提高。我们应该参照先进国家的惯例，利用税收杠杆，对慈善公益捐赠更大幅度减免税收，以培育更多民间机构从事慈善事业。同时争取开征遗产税、赠与税乃至特别消费税，鼓励富人积极参与慈善公益事业，扩大捐赠资金量。要推动企业参与慈善事业，要尽快落实税收优惠政策，应考虑再度扩大免税受赠主体的范围，简化捐赠免税、退税程序，使企业绝大部分慈善捐赠都能切实获得免税激励。在确立捐赠退税、减免的同时，应当建立配套设施，无论企业慈善捐赠的是物品还是金钱，都应当有一个募集、入账、捐赠、退税的完整程序，以保证减税政策的有效实施，充分调动企业、社会组织和个人参与慈善事业和慈善活动的积极性。⑦

参考文献：

① 崔开华:《组织的社会责任》,山东人民出版社,2008年6月第1版

② 张英:《强化政府对企业的监管之方法论》,载《十堰职业技术学院学报》,2008年第21卷第1期

③ 陈业林:《浅论政府道德责任》,载《桂海论丛》,2007年第2期

④ 钱箭星:《环境保护——21世纪政府的主要职能》,载《国家行政学院学报》,2002年第1期

⑤ 马洪范:《企业自主创新与政府责任》,载《中国金融》,2006年第3期

⑥ 赵清文:《公共危机管理中政府的伦理责任》,载《云南社会科学》,2011年第1期

⑦ 张韵君:《企业慈善社会责任行为中的政府定位》,载《中外企业家》,2010年第4期

第五章　企业的社会责任

　　企业为社会的存在和发展创造物质财富和精神财富,促进了社会文明的进步,促进了社会的和谐发展。企业创造的物质财富的多寡在很大程度上反映了世界各个国家或地区的社会文明的差距。企业的社会责任要求企业必须超越把利润作为唯一目标的传统理念,强调要在生产过程中对人的价值的关注,强调对消费者、对环境、对社会的贡献。企业要积极履行社会责任,稳定和扩大就业,大力推进节能减排,服务回馈社会,在维护社会和谐稳定中发挥表率作用。

　　目前越来越多的中国企业更加重视履行社会责任,并将社会责任视为企业转变发展方式、实现可持续发展的重要推手,中国企业社会责任报告的发布也呈现稳步增长之势。

第一节 企业社会责任概述

一、企业与社会

从企业与社会关系的角度来看，企业是一种社会存在，处于各种社会关系之中，离开了社会，企业便失去了生存的土壤。社会为企业提供了生存和发展所需要的必备条件，企业从社会中吸取乳汁、养分，获得安全的保证。无论是原材料、劳动力，还是技术、运营资本，都是直接或间接、部分或全部依赖于社会的供给；产品的生产和销售也必须由社会提供良好的秩序；企业生产经营所需的制度规范和安定的社会环境也必须由社会来建立和维护。

从社会整体运行角度来看，社会是按一定的组织形式建立起来的，对社会的组织和管理是社会运行的客观需要。政府是现代社会公共利益的代表和社会的公共管理机构，其本身并不具有直接创造价值的功能，而政府行使社会职能和社会运行本身都是需要付出成本的，这种付出即为社会成本。从这个意义上讲，企业作为社会生产的基本组织形式和基础层次，也必须承担社会成本方面的责任。

企业是一定社会生产关系的产物，是以一定生产关系结合在一起的有机整体，这种关系要求企业必须在一定生产关系的约束下对整个社会的利益负责，而这种责任就是企业社会责任的一种体现。

二、企业社会责任与企业经济利益

企业首先作为一种经济组织，它是运用资本进行经营的单位，具有独立的经济利益。企业最基本的目标是追求利益，包括物质利益和非物质利益。因此，在分析企业的社会责任时，必须要考察企业的社会责任与经济利益二者之间的关系。企业的社会责任与经济利益的关系，现今主要有两种观点：

1. 企业社会责任"古典观"

企业社会责任"古典观"认为，企业的唯一社会责任就是使利润最大化，从事企业经营管理的经理们，他们并不拥有他们所经营管理的企业，他们只是雇员，要对企业的股东负责。

"古典观"的最直接的支持者是美国著名经济学家和诺贝尔经济学奖获得者弗里德曼。他说："企业有一个并且只有一个社会责任——使用它的资源，按照

社会责任古典观

游戏的规则，从事增加利润的活动，只要它存在一天它就如此。也就是说，在一种公开自由的环境中竞争，没有阴谋和欺骗。如果企业管理者为股东以外的利益相关者负责，而不是尽可能地为其股东创造价值，那就可能彻底地破坏我们这个自由社会的基础了。"他认为，今天大部分经理是职业经理，而他们并不拥有他们经营的企业，他们是雇员，对股东负责。因此，他们的主要责任就是按股东的利益来经营业务。

"古典观"认为，股东们只关心一件事：财务收益率。而当这些经营管理者们追求利润以外的目标，将企业组织资源用

于"社会产品"时，他们是在削弱市场机制的基础，有人必须为这种资产的再分配付出代价。如果社会责任行为降低了利润和股息，那么股东受损失。如果必须降低工资和福利来支付社会行为，那么雇员受损失。如果用提价来补偿社会行为，那么消费者受损失。如果市场不接受更高的价格，销售额便下降，那么企业也许就不能生存。在这种情况下，组织的全部组成要素都将受损失，必然导致企业的利润相关人为这种资产的再分配付出代价。

因此，企业社会责任"古典观"得出了这样的结论：企业社会责任的行为必将增加企业的经营成本。无论是市场上的单个企业，还是整个国家的所有企业，为了自身的发展，企业都不应该承担较高的社会责任，企业唯一的社会责任就是追求利润最大化。

2. 企业社会责任"社会经济观"

"社会经济观"认为，随着时代的不断变化，社会对企业的预期也在发生变化，企业的法律形式可以最好的说明这一点。公司要经政府许可方能成立和经营，同样，政府也有权解散它们，因此公司不再是只对股东负责的独立实体，它还要对建立和维持它们的社会负责。正如福特汽车公司董事长比尔·福特曾所说："我认为追求商业目标与追求社会和环保需求并不矛盾。我相信一个好的公司与一个伟大的公司是有区别的：一个好的公司能为顾客提供优秀的产品和服务，一个伟大的公司不仅能为顾客提供优秀的产品和服务，还竭尽全力使这个世界变得更美好。"

企业的第一位目标是保证自身的生存，利润最大化是公司的第二位目标，管理者应该关心长期的资本收益率最大化。为了实现这一点，管理者必须承担社会义务以及由此产生的成本，必须以不污染、不歧视、不从事欺骗性的广告宣传等方式来保护社会福利，必须融入自己所在的社区及资助慈善组织，从而在改善社会中扮演积极的角色。企业社会责任社会经济观的理论支撑主要有以下几个方面：

（1）企业的经营者为了求得企业的长远生存，应该关心的是企业长期资本收益率的最大化。为了实现这一点，承担社会义务以及由此产生的社会成本就成为企业不可逃避的运行程序之一，企业必须对他们的利益相关者负责。

（2）企业毕竟是由人员组成的，这些人员无论是管理者、员工还是股东，都存在着对精神满足感的需求，而企业社会责任能使企业成员获得社会的认同和赞誉，产生实现自身价值上的精神满足感、幸福感、责任感和成就感。工作环境融洽会形成强大的凝聚力和无形的难以模仿的竞争优势，有助于企业的高效运行。

（3）良好的公众形象有利于企业的长远生存。这是因为具有良好公众形象的企业，可以获得更多的顾客、更好的雇员、更高的市场占有率以及其他益处。一个企业要想获得良好的公众形象，必须致力于相应的社会责任目标。企业参与社会责任行为时，向社会表明了自己是一个负责任的企业，能够在经营活动中把公众利益和社会整体利益放在重要位置，诸如无污染、无欺诈、关心员工等，这能带来社会公众的认同，

迈克尔·波特

进而展示了企业自身的经济实力,还能产生广告效应,为自己树立一个良好的社会公众形象。

（4）企业承担社会责任可以得到政府强有力的支持。公众对政府在承担社会责任方面的角色期待,有时会使政府陷入一种角色冲突之中。这时,企业参与将会帮助政府摆脱困境,减轻政府来自社会公众的压力,如减少失业、缓解通胀压力、治理污染和投资公用事业等。企业承担了一部分有利于政府实施宏观政策的社会责任,相应地就会获取政府对其社会参与行为的积极认同,从而在制定和实施政策上向其倾斜,对其发展给予支持。

哈佛大学商学研究院教授迈克尔·波特提出了企业经济目标与社会责任的兼容性理论,主要内容包括两点:一是企业竞争力在很大程度上依赖于企业竞争环境,而企业社会责任行为常常可以改善企业的竞争环境;二是当今企业竞争力并非主要取决于生产要素的数量,而是取决于要素的生产率高低。

从交易成本理论来看,承担社会责任的企业使得产品生产、使用的信息更加透明,消费者购买"有社会责任感"企业的产品比购买"没有社会责任感"企业的产品风险小,交易成本随之降低,那么理性的消费者更愿意选择前者。企业在社会责任上的投资可能赋予产品"社会责任"属性,企业社会责任可以作为一种差异化战略。波特认为:"将企业社会责任与经济目标看成相互对立、相互排斥的两个方面,这是一个错误。"通过企业社会责任"古典观"与"社会经济观"的对比,我们可以看出,二者对企业社会责任的看法持相反意见,究其原因,"古典观"是通过分析短期的财务收益报表内容来研究社会责任与经济利益的关系,得出的是企业短期财务绩效与社会责任的负相关关系。"社会经济观"通过对企业长期发展过

程中企业社会责任与经济利益之间的关系进行研究,得出的是
社会责任与经济绩效之间的正相关关系。短期内企业承担社会
责任会对企业的投资回报率造成一定影响,但从企业长远发展
看,积极的一面远大于消极的一面,这主要包括三个方面:

第一,有利于树立企业形象,增强企业竞争力,为企业发
展带来新的机遇。越来越多的企业实践和众多的研究成果充分
说明,企业承担社会责任与企业的经济利益成正相关的关系,
而不是完全像古典经济学理论所认为的会加重企业负担,影响
其利益。企业承担一定的社会责任,虽会在短期内对增加经营
成本带来一定的影响,但无疑有利于企业自身良好形象的树
立,形成企业的无形资产,提升企业软实力,进而形成企业的
竞争优势,最终给企业带来长期的、潜在的利益,例如给企业
带来高销售量和忠诚的顾客群等。

作为一套建立在合理的伦理准则基础上的组织价值体系,
企业社会责任也是一种可以增强企业竞争力的资产。责任与竞
争力相辅相成,相互影响,共生共存,没有社会责任感的企业
不可能有竞争力。企业在强化自身社会责任的过程中,可以不
断提高自己的竞争力。同时,在这一过程中,企业还可以提高
应变能力和风险管理水平,建立科学的风险防范机制,不断提
高企业经营形象和声誉。再者,企业承担社会责任,是提高劳
动生产率和经济效益的有效途径,是企业在市场竞争中生存和
发展的可靠保证。

第二,有利于提高企业的市场开拓能力。企业社会责任建
设为企业原本的功利性价值观注入了非功利性价值的内容,从
重利轻义的单一价值观向义利并举的价值观升华。毋庸置疑,
企业要生存便要有可持续的赢利能力,企业可持续的赢利能力
主要来自于企业的市场开拓能力。企业可持续的赢利能力主要

来自于三个方面：一是来自于对先进科学技术的掌握和运用程度；二是来自于企业经营管理水平的常创常新；三是来自于职工的劳动积极性发挥水平。这三方面都说明企业可持续开拓能力的最终动力在于人。在企业面对新的义利并举的价值观念氛围下，形成企业管理者和劳动者之间的共识，是企业建立和运行激励机制的基础。企业社会责任作为一种激励机制，对企业管理来说，是一场新的革命，更是提高企业开拓能力的动力源泉。

第三，有利于推动优秀企业文化建设。企业文化是指企业在发展过程中形成的理想信念、价值体系与行为规范的总和。从价值属性来看，企业社会责任是一种企业文化的外在表现和重要内容，也是企业文化逻辑发展的必然趋势和要求。企业文化与企业社会责任在发展趋势、基本依据、基本目的、基本内容和基本走向上是一致的。而且，二者又相互作用，相辅相成，既为企业文化注入了新的活力，又推进了企业社会责任的建设。企业社会责任作为企业文化的新内容，重新塑造和创新了企业文化的价值观念，推进了企业文化的相关建设，而企业文化作为企业的一种价值体系，又将企业社会责任建设提升到新的理论高度和较高的文化层次。

事实上，在研究企业的经济利益与社会责任的相互关系时，应该从更长的时间跨度、更大的空间领域来进行。不仅要从一个企业长远的生存和发展的角度，而且要从全社会企业群体这个范畴，来研究企业经济利益与社会责任的关系。从一个企业的生存与发展的过程来看，企业的社会责任支出虽然增加当前的经营成本，然而，正是这些社会支付增强了企业内部员工的凝聚力和工作热情，增加了企业的社会资本，提高了企业的公众形象与社会信誉，从而为企业创造更多的利润回报，实现企业效益与社会效益的统一。

三、企业社会责任与和谐社会

2004年，党的十六届四中全会提出了"构建社会主义和谐社会"的概念；2007年，党的十七大报告中提出：科学发展观是经济社会发展的根本指导思想。科学发展观是"坚持以人为本，树立全面、协调、可持续的发展观，促进经济社会和人的全面发展"，第一要务是发展，核心是以人为本，基本要求是全面协调可持续发展，根本方法是统筹兼顾。和谐社会观和科学发展观都充分阐释了我国建设新型社会的发展目标，也为经济与社会的发展指明了方向。

从经济学的角度来解读，和谐社会和科学发展就是要构建资源配置优化、公平有效、稳定有序的社会。自然地，企业作为社会中的一种组织细胞或市场中的主体，在建设和谐社会过程中扮演着极其重要的角色，只要企业在内部的经营管理中和外部市场交易中践行科学发展观与和谐观念，并落实到企业的每个角落，那么企业就为构建和谐社会作出了自己的贡献。很显然，从企业自身来看，和谐观念和科学发展观就包含有企业承担社会责任的思想理念。而企业承担社会责任也充分体现了构建和谐社会的本质内涵，具体内容就在保护资源和环境、高效利用资源、建立诚信友爱的社会氛围、实现企业与自然和谐相处、建立公平的利益分配机制等。

企业的生存以社会存在为前提，企业的发展取决于社会的和谐发展。履行社会责任是当代企业管理的发展趋势，也是我国企业转变经营方式、提高管理水平的需要，是促进中国经济与社会协调发展的必然。对企业来说，传统的成本、质量、服务已经成为最基本最平常的标准，而社会责任标准正在成为保持企业竞争优势的关键因素。从管理的进程来看，企业管理正在从全面质量管理、环境管理走向社会责任管理。其主要特点是，企业管理不仅表现为投资者、管理人员的职能，而且融合为劳动者、消费者、供应商等利益相关者的共同参与。这种新的管理趋势要求企业从更广泛的公众利益和社会发展的角度考虑问题，自觉接受社会和公众对自己的监督、检验和认可。

在我国，越来越多的企业在和谐观念和科学发展观的指导下，积极承担社会责任，把社会责任落实在经营的方方面面，推动和谐社会构建和经济不断崛起，促进我国产业结构更趋合理，在实现经济效率与社会公平的协调发展过程中迈出了坚定的步伐，为和谐社会建设作出了自己的贡献。

四、五粮液——做社会责任信息披露模范

1. 公司宗旨和理念

宜宾五粮液股份有限公司(下称"公司")位于"万里长江第一城"——四川宜宾，公司核心产品五粮液是中国名酒，是浓香型白酒的杰出代表。公司凭借不可复制、不可多得的自然生态环境，经过二十多年的不断发展，现已成为产能规模大、生态环境佳、产品质量优、五种粮食发酵、古老与现代完美结合的全球最大酿酒生产基地。

（1）公司发展战略：全球配置资源，全球寻找市场，创新求进、永争第一；

（2）公司质量理念：追求卓越，不断超越；

（3）公司质量方针：以最少的成本，提供最具竞争力的产品和服务，及时满足不同区域、不同层面的中高层顾客的需求，让顾客得到最大价值，为员工创造发展的机会；

（4）公司安全方针：安全第一，预防为先，万无一失；

（5）公司安全理念：以人为本，安全发展。职工健康、生命至上，公司安全、稳定至上；

（6）公司环境方针：节省资源，循环利用，达标减排，安

全生态。

2.环境保护与可持续发展

公司一直高度重视环境保护工作，在做强做大的同时，公司从节省资源、循环利用、节能减排和狠抓员工环保责任意识教育等多方面入手，坚持以发展循环经济为重要途径，率先垂范节能、环保工作，并把各项低碳减排举措贯穿于整个经营活动中，用实际行动履行着"保护环境是企业生存发展的基石"诺言，成为酒类行业低碳建设的先行者和倡导企业社会责任的突出代表，为企业推动社会低碳发展起到了标杆作用。

（1）关注重点，强化督察考核，成效显著。

公司坚持以"节省资源、循环利用、达标减排、安全生态"的环境方针为行动指南，强化环境管理，不断完善环境管理制度，并针对群众关心的热点环境问题和环境管理中存在的重点、难点，采取重点突破、狠抓污染治理设施运行管理督察工作的方法，集中治理，推进环境管理水平持续提升。2010年，公司顺利通过CQC认证中心对公司环境管理体系的监督审核。公司一般环境污染事故、较大环境污染事故、重大环境污染事故及特大污染事故均为零，"三废"全部实现达标排放，取得了良好的环境效益、经济效益和社会效益，被授予"世界低碳环境(中国)推动力百强企业"，"全国资源综合利用十佳企业"，四川省"低碳型示范企业"称号，在中央、省级媒体的多次报道中和各级领导视察后均盛赞五粮液公司无害化、效益化利用的循环经济模式。

（2）深入推进循环经济，提高资源利用效率。

公司早在20世纪90年代初就开创性地提出"'三废'是放错位置的资源"理念，成立环境保护监督部，以技术创新为动力，"无害化、资源化、效益化"处理工业三废。经过多年的不断努力，公司"三废"治理走在了同行业的前列，形成了"粮食购进酿酒—废弃酒糟—烘干—烧锅炉—糟灰—生产白炭黑"这一循环利用产业链。2010年，公司利用废弃酒糟约23万吨，生产蒸汽、白炭黑等产品增加收入3.89亿元。

（3）环境绩效突出，社会各界充分肯定。

五粮液凭借着多年来实施循环经济在绿色、低碳、环保方面取得的成就，受到社会各界的充分肯定。2010年3月18日，公司《酿酒废弃物资源化技术》获中国轻工业联合会科学技术进步二等奖；4月，获2009年度四川省环境和资源综合利用协会"先进会员单位"荣誉称号；7月30日，公司被国际节能环保协会评选为"世界低碳环境（中国）推动力百强企业"（公司是唯一一家获此殊荣的酒类企业）；10月，四川省企业联合会和四川省企业家协会授予公司"低碳型示范企业"的荣誉称号；11月，中国资源综合利用协会授予公司"全国资源综合利用十佳企业"；12月26日，公司获中国环境科学学会第八届优秀组织奖。

3. 公共关系和社会公益事业

长期以来，公司以践行企业社会责任为己任，在文化领域、教育领域、社会公益事业中积极发挥自身作用，在抗洪救灾、对口扶贫、希望工程、朝霞工程、拥军等社会公益事业中真情回馈社会，以实际行动向社会展示了作为一家大型国企的政治觉悟和勇担责任的社会形象。公司在公益事业中的突出表现，获得了社会各界的高度认可，曾荣获"2008年中华慈善奖"、"2009年度最具社会责任感企业"等称号，在赢得社会各界高度认可的同时，五粮液仍在履行社会责任道路上不懈努力。2010年初春，中国西南遭遇大旱，五粮液人纷纷解囊为灾区捐款，短短8天时间便募集到爱心资金33余万元。2010年4月7

日至10日，五粮液志愿者一行16人，历时40多小时，专车兼程两千多公里奔赴灾区，不辞辛劳地将饱含五粮液员工深情厚谊的爱心资金购买的43万余瓶"五粮液爱心水"送到攀枝花市盐边县红格中学、红格小学、昔格达小学、简子林小学等4所中小学校以及攀枝花市其他受灾严重且不通车的山区。

2010年4月14日青海玉树发生地震，公司紧急筹措捐赠食品（百味园烧白罐头）、帐篷、棉被、棉服等价值1,500万元的救灾物资，并组织40辆运输车、80余人的救援运输队从公司出发，沿途经过成都、雅安、二郎山、康定、甘孜等地，长途跋涉1200余公里，于20日晚到达玉树将救援物资送到灾区人民的手中。2010年7月9日，公司捐赠245万元用于兴文县苗族学生为主的麒麟苗族乡建立"五粮液希望学校"。公司为教育事业奉献爱心，凸显强烈的社会责任意识。2010年8月，公司于2008年汶川大地震时捐建的都江堰外国语实验学校最后两个项目食堂和运动场竣工。截至目前，已捐助资金3150万元用于这所学校的兴建。2010年12月2日，公司向国防大学捐赠1亿元设立"五粮液·国防大学国防教育资金"，2010年首期一次性捐赠5000万元，以后连续五年每年再捐赠1000万元，支持国防建设和国防教育事业。此外，公司还向甘肃舟曲泥石流灾区捐助资金50万元；继续赞助军民迎新春文艺晚会、五粮液杯军校大学生演讲赛等；深入各大军区开展大规模慰问活动；向"四川省志愿服务基金会"捐献资金100万元，支持地方扶贫工作。在花香与酒香相互交融的花园式工厂里，五粮液人用勤劳、智慧、执著和赤诚，用推进社会和谐发展的责任感和"创新求进、永争第一"的企业精神，创造着五粮液优质的产品和服务，创造着五粮液人卓越的经济效益、环境效益和社会效益。

4. 履行社会责任，近三年主要荣誉

（1）抗震救灾慈善捐赠特大贡献单位（颁奖单位：宜宾市慈善总会，2008.11）；

（2）2008年度中国慈善奖（颁奖单位：中华人民共和国民政部，2008.12）；

（3）四川省优秀抗震救灾志愿服务集体（颁奖单位：共青团四川省委、四川青年志愿者协会，2008.12）；

（4）中华慈善突出贡献单位奖（颁奖单位：中华慈善总会，2009.7）；

（5）2009年度最具社会责任感企业（颁奖单位：中国总会计师协会/《中国总会计师》杂志社，2009.11）；

（6）中国治理荒漠化基金会"国家公益事务贡献单位"（颁奖单位：中国治理荒漠化基金会，2009.11）；

（7）2010博爱·慈善之星（颁奖单位：宜宾市红十字会宜宾市慈善总会，2010.5）；

（8）世界低碳环境（中国）推动力百强企业（颁奖单位：第三届世界环保大会组委会国际节能环保协会，2010.7）；

（9）、低碳型示范企业称号（颁奖单位：四川省企业家联合会，2010.10）；

（10）中国食品安全最具社会责任感企业（颁奖单位：中国食品安全年会组委会，2010.11）；

（11）唐桥董事长荣获2010年中国企业社会责任榜杰出人物（颁奖单位：2010年中国企业社会责任峰会，2010.12）；

（12）2010年度第八届中国财经风云榜十大公益企业（颁奖单位：和讯网、中国证券市场设计研究中心，2010.12）；

（13）全国资源综合利用十佳企业（颁奖单位：中国资源综合利用协会，2010.11月）；

（14）第八届优秀组织奖（颁奖单位：中国环境科学学会，2010.12）。

——摘自《五粮液2010年度社会责任报告》

宜宾五粮液股份有限公司始终以打造"科学发展，构建和谐，员工富、企业强、社会贡献大的世界名牌公司"为公司愿景，以"弘扬历史承传的精髓，用智慧、勇气和勤劳造福社会"为公司使命，在发展道路上锐意进取，在履行社会责任上不懈努力。长期以来，公司把履行社会责任作为一项长期坚持的重要工作来抓，现已形成了一整套完善的公益事业推广机制，并指定专门部门对公益事业做跟踪追访。

第二节　企业社会责任相关理论

一、企业公民

1. 企业公民概说

企业公民是指企业为了表达对人类、社区以及环境的尊重，将社会基本价值与日常经营实践、运作和策略相整合而作出符合道德及法律规范的发展策略，它会全面考虑企业对所有利益相关者的影响。在中国，企业公民是一个新鲜的提法，但在欧美发达国家的一些国际性大企业中，企业公民已成为一个重要的发展策略原则。

企业公民是国际上盛行的用来表达企业责任的新术语，始于20世纪80年代。较早研究企业公民的学者是美国加州大学的爱泼斯坦教授，对企业公民的一个重要推动则是1996年在美国华盛顿乔治敦大学召开的"企业公民会议"和随后设立的"企业公民总统奖"。1996年春天，美国总统克林顿召集一群商界领袖到华盛顿参加"企业公民会议"，专门讨论企业公民的社会责任问题。同年，克林顿倡议设立"罗恩·布朗（Ron Brown）企业公民总统奖"，从1997年每年评选一次，以表彰那些通过对员工和社区的支持而获得发展的美国公司。1999年，美国国务院设立了专门针对中小公司和跨国公司的"企业杰出奖"，表彰那些在美国以外承担企业社会责任的企业好公民。所有这些活动的开展，使得"企业公民"这个概念被美国企业管理人员和社会公众所熟知和广泛接纳。

2. 企业公民的内涵

企业公民这一概念蕴含着社会对企业提出的要求,意味着企业是社会的企业、社会的公民,应该承担起对社会各方的责任和义务。实际上,能否做一个合格的企业公民体现了一个企业的价值取向和长远追求。正如英国的"企业公民会社"所提到的:"企业有权利,也有责任,企业有责任为社会的一般发展作出贡献,包含对社会承担责任的价值观是企业公民的重要内容。"作为企业,要成为优秀公民就要以自己的行为履行社会责任。企业公民行为准则主要包括六个方面:

第一,公司治理和道德价值:主要包括对法律、法规的遵守情况,防范腐败贿赂等交易中的道德行为准则问题以及对公司小股东权益的保护;

第二,员工权益保护:主要包括员工安全计划、就业机会均等、反对歧视、生育期间福利保障、薪酬公平等等;

第三,环境保护:主要包括减少污染物排放、废物回收再利用、使用清洁能源、减少能源消耗、共同应对气候变化和保护生物多样性等等;

第四,社会公益事业:主要包括员工志愿者活动、慈善事业捐助、社会灾害事件捐助、奖学金计划、企业发起设立公益基金会等等;

第五,供应链伙伴关系:主要包括对供应链中上、下游企业提供公平的交易机会;

第六,消费者权益保护:主要包括企业内部执行较外部标准更为严格的质量控制方法,对顾客满意度的评估和对顾客投诉的积极应对,对有质量缺陷的产品主动召回并给予顾客补偿等。

3. 企业公民的评价

企业公民的评价系统主要运用于优秀企业公民评选活动。

将企业公民评价准则运用到评价优秀企业公民评选活动，是一项严肃而又系统的工作。依据我国最佳企业公民评选评价体系，将企业公民的评选评价体系分为六大方面：

（1）善待股东。尊重所有股东的权益，并为股东提供良好的财务回报；

（2）善待员工。在尊重社会公平公正的基础上招聘员工；为已雇用的员工提供符合法律框架的薪酬、福利和保障体系；在符合法律和合同约定框架的情况下解聘员工；

（3）善待客户。提供真实、充分的商品信息；企业内部执行较外部标准更为严格的质量控制方法；对有质量缺陷的产品主动召回并给予顾客补偿；

（4）善待合作伙伴。需要关注企业合作供应链伙伴关系的价值取向、组织结构、流程规范和衡量标准；

（5）善待环境与资源。在对"环境保护"做具体评定分析时，按照企业类别差异进行必要的分类，将此指标分成"公益性环境保护"与"责任性环境保护"；

（6）善待社会。回报社区，为社区提供服务；参加公益事业，为整个社会提供公益服务。

同时，在最佳企业公民评选评价体系中除了这六大方面，还对该评价评选体系做了补充性规定：是否具有持续性与企业相关性；是否具有风险承担伙伴；员工的参与度；品牌是否与企业社会责任相联系。

当然，一味要求企业作贡献并不是"企业公民"的实质。推崇"企业公民"所希望实现的恰恰是企业和社会的"双赢"。拿企业公益活动来说，公益活动是重要的"企业公民"衡量标准之一，极能体现企业社会责任感。公益事业虽然不能直接带来利润，但它对企业的潜在促进力却是非同一般。美国的《策略管理报》曾对469家来自不同行业的公司进行调查，得出的结论是：资产回报率、销售回报率和公司的社会公益成绩有非常显著的正比关系。而许多进入中国市场的大型跨国公司更是把资助各类公益活动作为回馈社会、体现其企业公民身份的主要方式。可见，履行企业公民的职责，尤其是组织和参与社会公益活动，对于企业来讲是件利人利己的好事。企业做公益，是为别人播下希望的种子，与别人共同收获丰硕的果实。

4. 企业公民与社会责任

当前，关于增进企业公民意识的讨论正不断升温，争做优秀企业公民的活动也在深入开展。在讨论企业公民问题时，人们更多地关注企业的社会责任，甚至把企业公民等同于企业社会责任。殊不知企业社会责任与企业公民并不完全等同，而是相互交叉、在一定范围内重合的。

从本质上来讲，企业是在一个国家进行注册登记、根据该国法律享有企业权利并承担企业责任和义务的法人。如同公民具有自己的权利义务一样，企业公民也具有自己的权利和义务，企业公民的权利就是国家有关法律法规规定的企业享有的财产权利、生产经营权利等。只有这些权利受到有效保护，企业才能进行正常的生产经营活动，才能为社会创造财富。企业公民是20世纪80年代企业社会责任概念与相关利益者理论相互融合的产物，它将狭义的企业社会责任、企业社会回应、企业社会表现与利益相关者管理等概念融入了一个统一的框架之中。

由此可见，如果说企业社会责任是社会对企业的期望，那么，企业公民则意味着法律保障下的权利和义务，企业不仅承担社会责任的要求，而且其参与社会环境改造的权利和义务受到法律保障。从这个意义上讲，企业公民在精神表达、行为展示和责任履行上更具有公民意味,也更符合企业的社会存在本质和存在特性。企业公民理论启示我们,在增进企业公民意识的讨论和争做优秀企业公民的活动中,必须正确认识处理企业公民权利与责任的关系,既要克服轻视企业权利而片面强调企业社会责任的倾向,也要克服片面强调企业权利而轻视企业社会责任的倾向。也就是说,企业公民要善待社会,社会也要善待企业公民,这才是企业与社会的和谐发展之道。

二、利益相关者理论

1.利益相关者概念的提出

利益相关者包括企业的股东、企业员工、消费者、债权人、供应商等商业交易伙伴,也包括政府、本地居民、本地社区、媒体和社会团体等能够对企业直接进行管理或监督的集团,甚至包括自然环境、人类后代等受到企业经营活动直接或间接影响的客体。这些利益相关者与企业的生存和发展密切相关,他们有的分担了企业的经营风险,有的为企业的经营活动付出了代价,有的对企业进行监督和制约,企业的经营决策必须要考虑他们的利益或接受他们的约束。从这个意义讲,企业是一种智力和管理专业化投资的制度安排,企业的生存和发展依赖于企业对各利益相关者利益要求的回应的质量,而不仅仅取决于股东。

"利益相关者"这一概念最早被提出可以追溯到1929年,在此后的数十年间,对利益相关者的定义多达数十种,学者们从不同的角度对利益相关者进行定义。其中以美国著名管理学家弗里曼的观点最具代表性,他在《战略管理:一种利益相关者的方法》一书中提出:"利益相关者是能够影响一个组织目标的实现,或者受到一个组织实现其目标过程影响的所有个体和群体。"他进一步解释说:"利益相关者指那些在公司中存有利益或具有索取权的群体，股东、债权人、雇员、消费者、供应商、当地的社区以及处于代理人角色的企业管理者都包括在这一群体里。"弗里曼的定义大大丰富了利益相关者的内容，使其更加完善。

美国著名学者克拉克森认为："利益相关者以及在企业中投入了一些实物资本、人力资本、财务资本或一些有价值的东西，并由此而承担了某些形式的风险；或者说，他们因企业活动而承受风险。"克拉克森的定义引入了专用性投资的概念，使利益相关者的定义更加具体。

国内学者综合了上述的几种观点，认为"利益相关者是指那些在企业的生产活动中进行了一定的专用性投资，并承担了一定风险的个体和群体，其活动能够影响或者改变企业的目标，或者受到企业实现其目标过程的影响"。这一定义既强调了投资的专用性，又将企业与利益相关的相互影响包括进来，应该说是比较全面和具有代表性的。

2. 利益相关者的分类

企业的利益相关者包括股东、企业员工、债权人、供应商、消费者、竞争者、政府以及媒体和社会团体等。我国中山大学副教授陈宏辉在他的《企业利益相关者的利益要求：理论与实证研究》一书中这样说："简单地将所有的利益相关者看成一个整体来进行实证研究与应用推广，几乎无法得出令人信服的结论。"那么，如何对这些利益相关者进行分类呢？目前，国际通用的分类方法有两种：

（1）多维细分法。它将利益相关者分为第一层级和第二层级。第一层级利益相关者是指企业生存和持续经营不可或缺的人，通常包括股东、投资者、员工、客户、供应商、政府和社区等。第二层级利益相关者是指左右或影响公司的人，包括媒体和其他在公司具有特殊利益的人。这两个层级划分的主要依据是利益相关者在公司中的作用，前者对公司的生存至关重要，但公司的生存也受第二层级利益相关者的影响，却不取决于这一部分人。

从利益相关者对企业产生影响的方式来划分，可分为直接的和间接的利益相关者；从相关群体是否与企业存在合同关系来划分，可分为契约型和公众型利益相关者两种；从相关群体是否具备社会性以及与企业的关系来划分，可将利益相关者分为四类：主要的社会性利益相关者，他们具备社会性和直接参与性两个特征；次要的社会利益相关者，他们通过社会性的活动与企业形成间接关系；主要的非社会利益相关者，他们对企业有直接的影响，但却不作用于具体的人；次要的非社会利益相关者，他们不与企业有直接的联系，也不作用于具体的人。

（2）米切尔评分法。它是由美国学者米切尔和伍德于1997年提出来的，它将利益相关者的界定与分类结合起来。首先认为，企业所有的利益相关者必须具备合法性、权利性、紧迫性三个属性中至少一种。他们从这三个方面对利益相关者进行评分，根据分值来将企业的利益相关者分为三种类型：①确定型利益相关者，同时拥有合法性、权利性和紧迫性的群体。他是企业首要关注和密切联系的对象，包括股东、雇员和顾客。②预期型利益相关者，同时拥有三种属性中任意两种。同时拥有合法性和权利性的群体，如投资者、雇员和政府部门等；同时拥有合法性和紧迫性的群体，如媒体、社会组织等；同时拥有紧迫性和权利性、却没有合法性的群体，如一些政治和宗教的极端主义者、激进的社会分子，他们往往会通过一些比较暴力的手段来达到目的。③潜在型利益相关者，他们只具备三种属性中的其中一种。

我国学者从利益相关者的合作性与威胁性两个方面入手，将利益相关者分为支持型利益相关者、混合型利益相关者、不支持型利益相关者以及边缘的利益相关者。也有学者则从利益相关者的主动性、重要性和紧迫性三个方面，将利益相关者分为核心利益相关者、蛰伏利益相关者和边缘利益相关者三种类型。

3.从利润最大化理论、股东价值最大化理论到企业价值最大化理论

在利润最大化理论中，利润最大化的财务目标是西方微观经济学的理论基础，西方经济学家以边际收入等于边际成本来确定企业的产销量，使企业利润达到最大化，并以利润最大化来分析和评价企业的业绩。

利润最大化的财务目标的优点是它强调资本的有效利用，可以用这个指标来衡量企业是如何理性增长的。缺点是容易导致企业片面的追求短期效益而忽视长远的发展。它忽视了企业每天都要面临的不确定性和时间价值这两大因素。还有最重要的一点：利润最大化忽视了成本的投入与利润的比例关系。

股东价值最大化理论认为，最大限度地为股东赚取利润，就能极大的增进社会福利。股东价值最大化的理论依据有二：一是资本的强权理论，二是股东利益与社会利益相统一理论。资本强权理论认为，资本的专用性、非流动性、稀缺性和信号显示功能等决定了企业的所有权天然的归资本所有者所有，"资本雇佣劳动"是最合理的企业制度。因此，企业的财务自然也应当以股东利益为基本取向。

股东价值最大化财务目标的优点是它考虑了货币的时间价值和风险报酬，注重企业利益的长远性，它和企业的价值最大化有一定的一致性。它的缺点是随着产权的交易，股东凭借自

己的有利地位侵犯其他利益主体的行为时有发生,平等保护各产权主体利益的要求则不容置疑,股东价值最大化的财务目标从经济学和社会学的角度来说都是不负责任的,也不符合商业道德原则,因为它忽略了利益相关者的重要性。

企业价值最大化理论是以利益相关者理论作为基石,指在利益相关者理论基础上,通过企业财务上的合理经营,采用最优的财务政策,充分考虑资金的时间价值和风险与报酬的关系,在保证企业长期稳定发展的基础上,使企业总价值达到最大。其基本思想是将企业长期稳定发展摆在首位,强调在企业价值增长中满足各方利益,突出强调满足利益相关者的利益。

基于以上三种企业经营财务目标,利益相关者理论作为企业价值最大化理论的基石,对长期以来占据企业理论主流的股东价值最大化理论做出了挑战。美国著名学者唐纳森指出:"利益相关者理论家对现代经济和管理理论中心的传统观点提出了挑战",这个"中心的传统观点"就是指"股东价值最大化理论",而利益相关者理论挑战股东价值最大化理论,最关键性的论点在于它对股东在公司中的地位予以弱化。企业价值最大化不再只体现股东的利益,而是体现企业整体的利益,是利益相关者总体利益的最大化。

20世纪后期,经过三大理论的激烈论战,社会公众对利益相关者理论与股东价值最大化理论与利润最大化理论有了更深刻、更明了的认识,为以后利益相关者理论的形成和发展起到了巨大的促进作用,也为基于利益相关者理论的企业价值最大化理论成为理论界主流观点起到了助推作用。

4. 企业社会责任与利益相关者理论

企业社会责任思想和利益相关者理论原本是两个相互独立的研究领域,前者探讨企业对社会所承担的责任,后者研究企业与社会各利益群体之间的关系。但20世纪90年代以来，两大理论呈现出了全面结合的趋势。究其原因，一方面，利益相关者理论为企业社会责任研究提供了理论依据；另一方面，企业社会责任研究又为利益相关者理论提供了实证检验的方法。

第一个在理论研究上正式将利益相关者理论放入广义企业社会责任里的学者是美国著名学者伍德。他在其《论公司社会表现》一书中指出，利益相关者不仅根据自身的利益，而且基于他们对企业社会责任原则的理解与可接受度以及与企业社会表现的关系来对企业社会表现作出不同的评价。对于一个具有社会回应的企业来说，其行为应该留意到众多利益相关者对企业的要求，这本身也就是一个处理与个人或利益群体关系的过程，准确地反映了企业社会表现第二维度的内容。因此，伍德将利益相关者看做是企业社会回应中与环境评估和社会问题管理相并列的三大支柱。

第一个在实证研究上从利益相关者管理高度来衡量企业社会表现的是美国著名学者克拉克森，他采用了"利益相关者管理模型"及其相关方法对利益相关者进行研究。克拉克森认为，利益相关者管理模型有助于将企业战略管理的概念建立在与企业主要利益相关者关系和重要社会问题上。由此，企业社会责任就可以明确的被定义为对不同利益相关者群体的特定责任，企业对社会问题和社会方案的管理就体现了企业对利益相关者需求的回应，企业社会表现也就成为企业管理社会问题和社会方案的结果。

20世纪90年代以来，企业社会责任通过借用利益相关者的概念明确了社会责任的范围，并发展出用利益相关者关系来衡量企业社会责任的理论思路。从这些方面来看，缺乏理论基础的企业社会责任研究与缺乏实证检验的利益相关者理论有可能会走向相互融合。但是，企业社会责任的问题并不等同于利益相关者的问题。每一个特定的社会在一定时期皆由法规或社会习俗解决其特有的社会问题，因此，在判断什么是必须考虑的社会问题时，要看其是否存在相关的法规以及社会习俗；如果没有，则该问题不一定是社会问题，但却可能是利益相关者的问题。

关于企业社会责任与利益相关者理论的关联，尽管研究不多，结果也不尽如人意，但毕竟这是利益相关者理论和企业社会责任研究方面结合后找到的新路，同时也较为成功地在企业社会责任研究的框架里装入了利益相关者的概念，迎合了利益相关者理论对获取实证研究支持上的渴望。企业社会责任研究能够在实证检验方面帮助利益相关者理论得以完善，利益相关者理论可以在企业社会责任研究上取长补短，企业社会责任与利益相关者在全面结合中得到发展。

三、腾讯——开放合作共赢，实现社会创新

人类在发展，社会在进步，我们今天所处的世界，是前人所无法想象的。一千年前，人类因纸张的出现获得文明的启蒙；一百年前，人类因机器和电力的发明而欢呼雀跃；今天，我们在享受高度发达网络文明的同时，还在不断探索和追问——"未来社会是怎样的？"

未来社会发展的很重要的一个内容，就是社会创新。

未来30年我们如何构建我们的社会体系，如何丰富我们的社会元素，这是一个涉及社会能不能稳定，民族能不能继续强大发展的重要因素。

什么是社会创新？社会创新就是通过开发新产品、新服务，发展新组织，满足社会的新需求。在知识经济和全球化的背景下，社会创新日益成为社会发展的最基本动力之一，已经

成为解决社会问题、促进社会进步、构建社会和谐的必然途径。

实现社会创新有三个要素：第一，要勇于探索创新的成功模式；第二，鼓励和发挥引领社会创新的群体和人物，这也正是我们设立中国企业公民论坛的初衷；第三，要倡导合作、追求共赢。

1. 探索创新的成功模式

新的模式和新的技术就像助推器，推动着我们这个社会向前发展。在国家"十二五"规划中，将转变经济增长方式，大力发展新兴产业，实现经济可持续发展提上日程。而互联网行业是绿色无污染、具有重要战略意义的新兴产业，是新经济形式的重要代表，也是国家间竞争的重要领域。

未来社会，是现实与虚拟并存的社会形态，而互联网是现实社会在虚拟社会中的映射。因此，在探讨社会创新这一大主题之下，我们要深入关注人与社会、人与自然、国家与国家在互联网时代的和谐共存的新模式。

腾讯公益慈善基金会自2007年创办以来，已经累计投入超过2.2亿元。在做公益活动的过程中，我们最大的收获是：钱解决不了全部问题，但"人"可以解决很多问题。于是，我们探索性地把公益慈善搬到了网上，建立了腾讯公益平台，号召网民在网上参与到全民公益慈善活动中，让人们使用网络做公益捐助，收到了非常好的效果。目前已累计有194万网民通过腾讯公益平台捐助总额达到5386万元。

腾讯公益慈善基金会在云南迪庆州第六届康巴艺术节的筹办中，创新性地举办了"征集56名民族友好使者"的网络评选活动，吸引到53028名网友热情参与到弘扬民族大团结和保护康巴藏族文明的队伍中来，成功征集到56名不同民族的网友，相关新闻和互动也吸引了超过1000万网友的关注和参与。

另外，腾讯还积极以网络公益为核心，探索人类非物质文化遗产传承的新模式：在今年的贵州雷山苗年暨西江鼓藏节上，我们推出了《民族影像志》——中国少数民族文化保育影像公益计划，用影像还原少数民族真实面孔和生存现状，让民族的文化持有者本身提升自我认同，让世界理解中国。此项活动收到了全国1094万名网友的网络祝福，互动系统上线十天就有超过4万名网友参与讨论。

在公益模式上，腾讯作出了种种尝试，我们在不断通过自己的努力去寻找可以让大爱无私的种子在人们的心中茁壮发芽成长的方法，腾讯一直坚持用创新的形式和独特的视角带领中国网民重新认知人类文明的传承与发展，让网友成为公益的参与者和传播者，真正成为公益的主角。这是对公益模式一种探索，我们欣喜地看到，很多公益机构都在不断地做出种种尝试，有很多成功的模式和经验，值得大家思考和借鉴。

2. 鼓励和发挥引领社会创新的群体和人物

社会创新很多时候是由真正具有变革精神的社会企业家完成的，他们的身上不断印证着榜样的无穷力量，引领着我们这个社会的进步和蜕变。有社会良知、有胆识勇气的企业家群体，可以帮助社会朝着更开放、更公平、更健康的方向发展。

这里所谓的企业家群体，是拟人化的，并不仅指企业家个人，而是指完整的企业公民群体，也就是愿意贡献公益力量的有社会责任感的企业。第六届中国优秀企业公民入围企业，都是引领社会创新、对社会作出巨大贡献的卓越代表。对于他们，我们要通过类似企业公民论坛这样的平台，向全社会进行推广，表彰他们的先进事迹，鼓励他们的公益行为。

比如英特尔公司所创立的社区服务运行机制，就很好地将社区服务引入到了企业公民的社会行为之中。这对培养企业员工的社会服务能力，增强国民公益意识起到非常正面的作用。再比如，万科集团对环境保护的重视和投入，腾讯与万科还共同组织过员工志愿者一起清洁珠峰大本营，宣传环保理念。同样值得我们学习。

3. 倡导合作、追求共赢

现代社会的复杂性、市场竞争的残酷性对企业公民衷心履行社会责任，投身社会创新带来很大挑战。

纵观全球的商业发展史，欧、美、日等国家在实现今日发达的商业文明之前，无不经历了野蛮和无序的原始商业竞争阶段。中国在改革开放的30年间，在逐步建立规范市场经济体制的同时，原始商业竞争的色彩仍未完全脱离，但呼唤文明商业社会的年代已经到来。

法制、有序、高效的商业文明建设任重而道远，需要包括在座各位在内的、有社会责任感的企业不断努力，在不同的行业内起到榜样和影响作用，共同唤起全社会的意识，推动文明规范建设和文明习惯和风气，引领中国的商业文明不断进步。在此，我们也呼吁中国的企业开展阳光下的竞争与合作，追求共赢、为推动社会创新而努力。

腾讯是一家年轻的企业，在过去的12年间，我们日日如履薄冰，以用户价值为依归，不断追求进步。在成长的过程中，也遭遇了一些磕磕绊绊。但是我们感谢危机——每一次危机都促使我们深刻反省，在磨砺中不断成长和成熟。

任何一个行业的企业，在做大做强后，应该如何在业界重新定位自己、承担相应的责任，维护和提升行业生态的健康和可持续发展，做真正有益于社会的优秀企业公民。未来，腾讯将以更开放的心态，追求公众、行业和社会的认同，在发展中注入更多分享的元素，关注产业链的和谐与共荣。

目前腾讯的网络游戏有60%以上的收入来自于合作伙伴。手机游戏业务有90%的收入采用与合作伙伴分成的方式。与此同时，在QQ空间、财付通、拍拍商城、搜搜和腾讯微博等平台上，我们开放对接了大量腾讯以外的商家、创业团队和第三方服务商，与外界共享技术平台、海量用户和无限商机。

腾讯将坚定不移地加大开放力度，实现从大平台向大生态体系的转变，追求互联网产业的和谐共赢！

腾讯的梦想不是追求最强、最大，而是做最受尊敬的互联网公司。我们将怀着谦卑之心，以更好的产品和服务回馈用户，以更开放的心态共促行业发展，构筑基业长青的互联网民族品牌！

腾讯愿携手社会各界，共同营造开放、合作、共赢的行业生态；引领社会创新，构筑面向未来的商业文明；承担社会责任，为构建和谐社会贡献自己的全部力量。

——摘自《腾讯CEO陈一丹在2010年第六届企业公民颁奖典礼上的演讲》

第三节　企业的社会责任

一、企业的经济责任

1. 企业承担经济责任的意义

从现代企业的一般特征看，企业是产品、服务的生产经营单位，是从事生产经营活动的最基本的经济组织。从企业的本质上讲，他是现代社会中从事生产、流通、服务和社会生活环境改善等一系列活动的社会经济组织。作为重要的微观经济活动主体，企业的经济行为无时无刻不与社会、与其他企业、与消费者发生着联系和互动，其活动并不是绝对独立的。在经济发展过程中，企业承担着重要的责任，起着巨大的作用。

（1）企业是市场经济活动的主要参加者。

企业是市场经济活动的主要参加者，市场经济活动的顺利进行离不开企业的生产经营活动。离开了企业的生产经营活动，市场就成了无源之水、无本之木。因此，企业的生产经营活动直接关系着整个市场经济的发展。

（2）企业是社会生产和流通的直接承担者。

社会经济活动的主要过程即生产和流通，这些都是由企业来承担和完成的。离开了企业，社会经济活动就会中断或者停止。企业的生产状况和经济效益可直接影响国家经济实力的增长、人民物质生活水平的提高。

（3）企业是社会技术进步的主要力量。

企业通过生产和经营活动，不仅创造和实现社会财富，而且也是先进技术和先进生产工具的制造者和积极采用者，这在客观上推动了整个社会技术的进步。通过企业在社会经济活动中的作用，可以看出，企业就好比国民经济的细胞，国民经济体系就是由数以百万计不同形式的企业组成的，千千万万个企业的生产和经营活动，不仅决定着市场经济的发展状况，而且决定着我国社会经济活动的生机和活力。所以，我们说企业是最重要的市场主体，为社会技术进步发挥巨大作用。

2. 企业经济责任的内涵

经济责任是企业的一种社会责任，因为社会要求企业首先是一个经济组织，即企业的首要任务是提供社会需要的产品和服务，并以反映所提供产品和服务的真实价值的价格出售。企业作为基础经济组织，必须服从社会经济发展的要求，其目标也必须与社会经济发展的目的相一致。那么，企业应该承担的经济责任包括哪些呢？

（1）承担确保产品合格的责任。

提供合格产品，是企业最基本的社会责任。作为一个存在于社会中的企业，最基本也是最重要的社会责任就是要提供合格的产品。无论哪一种类型的企业，都是社会分工的产物，都离不开社会协作，其核心都是"满足社会消费者的需要"，并具有履行社会责任的服务功能。企业是社会的经济组织细胞，并通过产品服务而满足社会需要，如果产品不合格，不能满足社会的消费需求，同样也会面临着被淘汰的命运。

合格产品最重要的内容是质量。质量是企业的立身之本、利润之源。在激烈的市场竞争中，企业要想站稳脚跟、赢得市场，最重要的还是靠过硬的产品质量。随着经济社会的快速发展、现代科技的不断进步和人们消费观念的提升，产品质量日趋成为企业发展的生命线，是企业核心竞争力的具体表现，是延续产品活力的基本保证。

（2）承担科学发展的责任。

企业的一项重要任务就是发展，担负着促进国家发展的使命。企业必须具备发展的观念，以发展为中心，不断扩大企业规模，增强科研能力，为国家发展作贡献。但是这个发展观必须是科学的，任何企业都不能只顾眼前而不顾长远，也不能只顾局部而不顾全局，更不能只顾自身而不顾友邻。

企业在变化的市场环境中，从企业的整体和长远利益出发，确定企业的发展方向、规模、质量、速度，并付诸实施。企业发展方向、规模、质量、速度的科学发展性应体现在以下两个方面：一是要适应企业内外部发展环境的需要。企业发展方向、规模、质量、速度的选择与确定，也即企业战略的提出，要建立在深入分析企业当前形势和预测长期发展趋势的基础上，同时，还要根据企业内外部环境的发展变化，及时予以调整；二是企业发展方向、规模、质量、速度要保持合理协调。企业的发展犹如大海中行进的舰队，只有根据自身能力和所处环境，保持正确的航向、适度的规模、高质量的舰体、合理的速度，才能劈波斩浪，抵达成功的彼岸。对于企业而言，在市场经济大环境下，保持企业发展方向、规模、质量、速度的合理协调，是企业健康科学发展的重要内容。

（3）承担公平竞争的责任。

公平竞争是指竞争者之间所进行的公开、公正、平等的竞争。公平竞争对市场经济的发展具有重要的作用，它可以调动经营者的积极性，使他们不断完善管理，向市场提供质优价廉的新产品；它可以使社会资源得到合理的配置，并最终为消费者和全社会带来福利等等。

不公平竞争主要包括：①非法使用竞争对手的专利、商标、商号、姓名、奖牌等；②向外界提供不真实的有关商品品质、用途、制造方法等情报；③用行贿、受贿、敲诈等非法手段盗取竞争对手的营业秘密，收买竞争对手的职员或代理人为自己牟取暴利；④为了挤垮、吞并弱小的竞争对手，对同一货物的买卖提供不同的价格条件；⑤依仗垄断地位同买主签订不合理的买卖合同；⑥组合成某一集团的成员们，共同商定产量、价格、分配销售额、独占供应或采购的行为。

不公平竞争不仅危害市场秩序，而且阻碍技术进步和社会生产力的发展，损害其他经营者的正常经营和合法权益，使守法经营者蒙受物质上和精神上的双重损害。有些不正当竞争行为，如虚假广告和欺骗性有奖销售，还可能损害广大消费者的合法权益。不正当竞争行为还有可能给一个国家的对外贸易带来消极影响，严重损害国家利益。因此，公平竞争是企业应该承担的经济责任之一。

（4）承担缴纳税款的责任。

税收是国家为满足社会公共需要，凭借公共权力，按照法律所规定的标准和程序，参与国民收入分配，强制地、无偿地取得财政收入的一种特定分配方式。它体现了国家与纳税人在征收、纳税的利益分配上的一种特殊关系，是一定社会制度下的一种特定分配关系。

税收收入是国家财政收入的最主要来源。马克思指出："赋税是政府机器的经济基础，而不是其他任何东西。""国家存在的经济体现就是捐税。"恩格斯指出："为了维持这种公共权力，就需要公民缴纳费用——捐税。"19世纪美国法官霍尔姆斯说："税收是我们为文明社会付出的代价。"这些都说明了税收对于国家经济生活和社会文明的重要作用。而企业无疑是整个税收体系中的主力军，是对国家税收作出最大贡献的税收主体。企业承担起纳税的责任，对促进国家经济体系的合理运行起到极其重要的作用。

二、企业的法律责任

企业社会责任最初是以道德责任的形式出现。随着社会的不断进步，企业的一部分道德责任逐渐发展为法律责任，并同道德责任相并存。依据利益相关者理论，可以将企业的法律责任作出如下分类：

1. 企业对股东的法律责任

股东是企业的投资者和所有者，可以说企业最根本的社会责任就是对股东的社会责任，企业应为股东提供较高的利润，确保股东在企业中的利益，促使企业的资产保值与增值。为保证股东的利益不受损害，企业必须承担起对股东的法律责任。一方面，要不断优化公司治理结构，建立起有效地股东诉讼制度；另一方面，应增强公司决策透明度，建立起一个良好的信息披露制度。

2. 企业对员工的法律责任

员工是企业众多利益相关者中最主要的利益相关者。在市场经济社会，资本是财富之母，劳动是财富之父，员工与股东共同被视为现代企业的主人，自然与员工权益相关的内容也就是企业社会责任中的最直接和最主要的内容。员工是所谓企业人力资本所有者，在现代企业中的地位和作用越来越重要。

之所以从法律上要求企业承担对员工的强制性义务，主要在于，现代企业的竞争最终都归结为人力资源的竞争，拥有知识和技能的员工是对企业竞争制胜的决定性因素。可以说，作为企业直接的利益相关者，他们的利益应该得到优先保护。对于员工享有的就业权、签署和解除劳动合同权、获得劳动报酬权、劳动卫生安全保护权、享受社会保险和社会福利权、休息休假权、接受培训权、救济补偿权等社会性权利，企业应该予以承认和保护，积极承担起对员工的法律责任。

3. 企业对消费者的法律责任

随着市场经济在全世界范围内的建立和蓬勃发展，消费者权益保护成为永恒的主题。企业是否善待消费者是衡量一家企业是否尊重消费者的"试金石"，也是衡量一家公司是否尊重其他利益相关者的合法权益、是否具有诚信度的重要指标。

在市场经济条件下，经营者与广大消费者之间必然会因为消费行为而产生矛盾。鉴于前者较后者拥有强大的经济优势，处于劣势地位的消费者难以在冲突发生时与之抗衡，因此在自由交易的基础上，由国家通过立法对消费者进行特别保护，对其不利地位进行补救，通过法律的形式明确经营者的义务和消费者的权利，以期达到平衡生产经营者与消费者之间的利益，实现维护健康有序的市场经济秩序的目的。

各国从保护消费者权益的角度，要求企业承担的法律责任主要体现在四方面：一是诚信经营责任。这是最根本的，具体根据不同的行业有不同的要求，其终极目标即为"诚信经营、不欺不诈"；二是公平合理定价责任；三是真实披露信息责任；四是保护消费者的知悉权、尊重消费者的隐私权和人格尊严等。

4. 企业对债权人的法律责任

从法律本身所追求的价值目标来看，保护企业债权人的利益是必然的。效益是法律应该追求和实现的一个价值目标，保护企业债权人的利益有利于企业经济效益的实现。加强对企业利益的保护，打击各种投机行为，有利于维护良好的社会经济秩序。只有有了良好的经济秩序，企业才能大胆、健康的运营、发展，才能促进财富的积累。

企业对债权人履行法律责任，也是对企业自己的保护。企业和企业债权人是一个相对的概念，一个企业有可能成为另外一个企业的债权人。企业债权人利益这一抽象的概念里包含着每一个企业的利益。因此，不能单方面的区分企业和企业债权人。企业对债权人履行法律责任，是企业的义务，也是企业自我保护的一种方式。

5. 企业对竞争者的法律责任

企业对竞争者的法律责任就是在竞争中严格遵守法律的规定，依法办事。在竞争中要遵守自愿、平等、公平、诚实信用等原则，坚持互惠互利、竞争与合作原则，坚决避免价格战等恶性竞争行为。世界各国关于公平竞争方面的法律规定，主要包括以下几个要点：禁止采用欺骗性的标志从事交易行为，禁止强制交易，禁止商业贿赂行为，禁止侵犯商业秘密，禁止通过压价的方式排挤竞争对手，禁止搭售和附加不合理交易条件行为，禁止不正当有奖销售，禁止诋毁商誉行为等。

6. 企业对政府的法律责任

企业与政府的关系是企业与其利益相关者关系中的一个重要方面。政府与企业就是管理者与被管理者的关系，也是服务者与服务对象的关系。企业与政府的关系不仅有政治的、经济的，还有法律的、道德的。其中奉公守法，承担对政府的法律责任，是企业与政府保持良好关系的前提。企业对政府的法律责任主要包括两个方面，一是合法经营，二是照章纳税。

7. 企业对环境的法律责任

环境问题是由于自然力或人为引起的环境破坏、环境质量变化和生态系统失衡，最后直接或间接地影响人类生存和发展的一切客观存在的问题。20世纪以来兴起的环境保护运动使人们清醒地认识到，对自然的利用是区分不同群体的，而不是全人类都平等地享受了利用自然带来的好处；同样，破坏自然带来的环境恶化也不是平等地由每个人来承受，种族不平等、经济地位的悬殊、工业活动的数量、城市结构等都在影响着环境义务平等的实现。所以，基于环境公平观，作为环境破坏最大制造者的企业，应当履行相应的义务，承担更多的法律社会责任。

目前世界各国都规定了环境保护方面的法律，从谁投资谁受益和谁破坏谁担责的原则出发，企业在享受所获利益的同时，应当对其发展中的破坏承担相应的法律责任，以使整体社会环境得到补偿和更生。

8. 企业对社区的法律责任

在如今的信息社会，社区公众的力量和影响无疑是十分强大。企业最起码要做到遵守法律法规如环保法、劳动法等，否则不仅受到法律的惩罚，还将受到公众的舆论谴责，导致企业形象和声誉受损，最终危及企业自身的生存和发展。

三、企业的道德责任

企业道德责任是指企业在生产经营活动中自觉履行对社会和他人所承担的道德义务和道德规范。美国著名学者彼特·普拉利曾指出："在最低水平上，企业须承担三种责任，一是对消费者的关心，比如能否满足使用方便、产品安全等要求；二是对环境的关心；三是对最低工作条件的关心。"这就要求企业在经营过程中遵纪守法，履行对员工、消费者以及其他利益相关者的法律责任，这是对企业最低水平的要求。[1]

1. 企业承担道德责任的意义

（1）企业是具有社会性的社会组织。

企业之所以要承担道德责任，是因为企业与社会存在一种共生的关系。企业的长期生存有赖于其对社会的责任，而社会的安宁幸福又有赖于企业的盈利和责任心。企业具有双重性，作为市场经济主体，具有经济属性；作为人类社会的一种组织形态，它具有社会性。一个企业的生存和发展，总是在一定的社会环境中进行的。企业的生存和发展都处于社会之中并且必须适应社会环境的变化。现代企业生活在社会大环境中，同外部环境之间的关系日益密切，任何企业都不能孤立存在，企业的生存和发展都离不开一定的环境条件。②

（2）与企业的发展目标相契合。

企业通过履行道德责任，能够有效减少或避免公众批评，并进而得到公众的赞誉。不可否认，企业在承担道德责任时，需要投入相应的物力和财力，短期内牺牲一定经济利益，但从长远看，是符合企业可持续发展利益的。联合国一项调查显示，越重视企业社会责任的企业，未来发展的空间也就越大，因为可以树立良好的社会形象，这是巨大的无形资产，有利于提高企业的竞争力。越来越多的企业实践和众多研究成果充分说明，利润和社会责任之间并非博弈关系。相反，在企业社会责任和企业绩效之间存在正向关联度。

2. 企业道德责任的内涵

（1）企业对内的道德责任。

企业的对内道德责任主要集中于对待员工的道德责任。企业的竞争，最终是人才的竞争。唯有员工发展了，企业才能迎来持续、健康的发展。如果只想一味从职工身上获取利润，而无视职工的权益与发展，随着职工身上能量的耗尽，企业也必将油尽灯枯。做企业，不能丢失基本的社会责任。只有善待了员工，员工才会加倍爱护企业，最终企业也才能够发展壮大。

善待员工主要包括六个方面：一是善待员工要将心比心；二是善待员工要严格要求；三是善待员工要营造良好的企业文化；四是善待员工要人尽其才；五是善待员工要科学决策；六

是善待员工要给员工安身立命之处。

（2）企业对外的道德责任。

①提供优质的产品和服务。提供"合格"的产品和服务是企业的法律责任，而提供"优质"的产品和服务则是企业的道德责任。什么是优质的产品和服务？依据中国产品评价中心所定的标准，优质的产品和服务主要应该满足以下四个条件：

第一，符合国家有关法律法规和产业政策的规定，批量生产已满三年，达到一定经济规模，年销售额、实现利税本行业前列，工业产品上年度销售收入1亿元（高新技术产品5000万元）以上。农产品的养殖规模或生产规模、第三产业的产品（服务）收益居全省同类产品（服务）前茅，并具有良好的发展前景；

第二，实物质量在同类产品（服务）中处于行业领先地位，并达到国际或国内先进水平，市场占有率、出口创汇率、品牌知名度居同类产品前列；

第三，产品（服务）按照采用国际标准或国外先进标准及我国现行标准组织生产（服务）；农产品应建立农业标准化体系，按照产品标准或农业地方标准组织生产，产前、产中、产后均实施标准化管理；

第四，产品（服务）必须符合清洁生产的要求。

同时，为保护传统特色产品，对于生产历史悠久（具有百年以上历史），文化内涵丰富，拥有地域性民族品牌声誉的优势工业、手工业产品，在其他方面均符合有关要求的情况下，对上年度销售收入要求可酌情适当放宽。

②诚实守信。诚信，就是讲诚实守信用。诚实是指表里如一，不虚假；信用是遵守诺言，实践成约，取信于人。诚实守信具有双重属性，既属于经济责任的范畴，又属于道德责任的

范畴。道德品质是诚实信用的基础，道德行为是诚实信用的外在表现。通用电气公司在给其股东的一封信中首先讲的就是企业诚信问题，"诚信是我们价值观中最重要的一点。诚信意味着永远遵循法律的精神。但是，诚信也不远远只是个法律问题，它是我们一切关系的核心"。

塑造和坚持企业诚信作为企业文化的核心价值观，对形成支撑企业健康发展的独特文化特征，推动企业从优秀迈向卓越具有巨大的促进作用。企业凝聚力是企业生命力和企业活力的重要标志，而企业诚信则是增强企业凝聚力的源泉。诚信作为企业文化的核心价值观，能够把企业在长期奋斗中形成的优良品质、顽强作风挖掘和提炼出来，成为大家认同和遵从的价值规范，有助于把各级员工对企业的朴素情感升华为强烈的责任心和自豪感，把敬业爱岗的自发意识转化为员工的自觉行动，使每位个体的积极性凝聚为一个整体，从而增强企业的生命力和活力。

③社会公益。世界著名管理学大师彼得·德鲁克曾这样说："工商业公司是社会的一种器官，工商业公司并不是为着自身的目的，而是为着实现某种特别的社会目的，并满足社会、社区或个人的某种特殊需要而存在的。"企业如果只是一味追逐经济利益，不承担社会公益责任，很可能在企业盈利的同时破坏了社会效益，阻碍社会的发展，与企业存在于社会的最终目的背道而驰。

企业是社会的组成部分，要融入社会之中，必须承担社会责任。聪明的企业家会随着财富的增加，注意与其他利益群体的良性沟通和互动，从行业发展、生态环境、公众利益和社会进步的角度出发，把企业的命运与国家的发展结合起来，把个人富裕和全体人民的共同富裕结合起来，把遵守市场法则和发扬社会主义道德结合起来。"大商谋道，小商求利"，得道者道与利兼得，失道者道与利俱失。③

四、企业的可持续发展责任

1. 企业的环保责任

（1）企业承担环保责任的意义。

①弥补市场和政府环境保护失灵的缺陷。市场或政府都不能完全解决环境保护失灵问题。环境是一种公共资源，公共资源的无产权性，使对其进行监督与保护的成本太高，而且往往效率低下。同时，市场在解决环境问题上会出现失灵状况，致使环境资源过度使用，出现破坏生态环境的严重后果，因此必须对环境加以保护。针对这个问题的解决思路无非两种：一是看不见的手，即市场调节；二是看得见的手，即政府干预。虽然这两种思路都能够在不同程度上为解决环境资源的滥用问题作出贡献，但是也存在着不可避免的缺陷。

从市场调节角度来看，它需要具备一系列条件，如体现价值的市场价格体系。但现实中这些条件往往难以完全具备。比如，有些资源与环境的产权不可能明确界定，像大气、公海、臭氧层等。有些资源的产权可以界定，但要维护产权需要很大的交易成本。此外，环境与资源价格的定价因素极为复杂，既要考虑有形因素，又要考虑无形因素，要做到合理体现其价值非常困难。

从政府干预的角度看，政府干预一般有直接管制和经济政策激励两种方式，它们也都面临着一系列条件的制约。政府直接管制面临着管制者与管制对象存在信息不对称所造成的管制成本居高不下、甚至管制失效的问题。当企业以利润最大化为唯一目标，而政府强调社会利益时，两者目标的差异可能导致行为冲突，引发政府管制失灵。④

　　企业承担环保责任是一种弥补政府和市场失灵的手段,它在解决企业的外部性、降低政府监督的成本,从而推进环境保护、促进可持续发展起到独特的作用。

　　第一,企业承担环保责任促使企业自律。

　　企业在从事生产经营活动时,时时要与生态环境发生联系。企业承担环保责任会促使它从人与自然和谐共处的社会需要出发,自觉减少污染物排放,保护生态环境。企业环保责任所导致的企业自律行为,无须外部力量的强制,而是企业出于社会利益考虑而产生的一种自觉、主动的行为。它使企业的环保行为从"要我做"变为"我要做"。既可以大大降低政府干预中由信息不对称而产生的"道德风险",又一定程度上减少政府监测的成本。对推进环境保护、促进可持续发展具有重大作用。

　　第二,企业环保责任的广泛渗透作用。

　　企业社会责任往往与企业文化融为一体,产生潜移默化的柔性影响,渗透到每个成员的价值取向中。当前,企业文化对企业行为的影响已经越来越被人关注。在企业中,如果每一个成员都树立起可持续发展的意识,他们就会自觉遵守企业的环保规章,主动配合企业的环保措施,从而减少企业内部的管理成本。

　　第三,企业环保责任的持久激励作用。

　　企业社会责任的培养和形成是一个复杂而渐进的过程。但它具有可重复性,会影响一代又一代的企业成员,为企业改进技术和管理、控制污染提供持续的激励,成为引领企业长期行为的基本准则。

　　②新型社会契约的必然要求。美国经济学家鲍勃·卢里认为:"今天的企业,如果仅仅对政府的可持续发展要求亦步亦

趋，就已经落伍。"在这个特定的历史时期，企业与社会的关系正在经历一场深刻的持续性变革。在这当中，可持续发展即使不是其核心内容，也是一个重要方面。

当前，企业与社会正在结成一种新型的社会契约关系。它要求企业家在处理与可持续发展和环境资源利用相关的事务时，要尽量考虑上述新型关系及其对企业的新要求。新型社会契约对企业提出了新的要求：企业作为社会的企业，要承担保护环境、约束自己的生产经营行为的责任；要为维持经济社会的持续稳定发展承担更多的社会责任；要尽量减少企业生产产生的负外部性效应。

随着城市化进程的加速与人口数量的增多，环境与资源问题与企业活动的相关性越来越大，企业行为影响的范围更大，社会群体更广泛，因此今天公众对企业生产经营行为尤为关注，客观造成的压力要求企业承担比过去更重的责任。企业作为当代文明社会经济制度的支柱，决定着一个文明社会的社会结构和生活方式。在社会的压力下，企业也认识到生产再也不是企业自己的事情，而是关系到社会各个方面的事情。环境保护、提倡可持续发展是时代赋予企业的社会责任，更是一个好的企业公民应尽的职责。

③有助于促进企业实现经济与环境"双赢"。企业作为经济主体，其首要责任是为社会提供合格的产品和服务，以获取最大限度的利润，这是企业的生存之本。那么，企业承担环保责任，会不会影响企业的经济利益，从而影响企业的生存，这是目前大家对企业要不要承担社会责任争论的焦点之一。

在现代社会，企业与社会的共生关系越来越紧密，追求利润和承担社会责任之间更多的不是替代关系。从长远的角度看，企业可持续发展的社会责任与其经济利益紧密结合，是现代企业竞争力的源泉。同时，企业履行社会环保责任对于提升企业形象，平衡协调自身利润与环境公益的关系具有重要作用。企业履行环保责任可以在赢得社会公众认可的同时，谋求企业的长远发展，最终实现自身利益与环境公益双赢的局面。

（2）企业环保责任的内涵。

企业承担环境保护责任是毋庸置疑的,然而企业承担环保责任主要有那几个层面？我们从经济、法律、道德三个层面进行分析。

①经济层面的环保责任。经济层面的环保责任主要是指企业为环境保护提供资金支持。例如企业可以从每年的利润中拿出固定比例的资金用于环境治理。企业自身可以将环保资金用于购置减排设备，引进环保技术等，做到清洁生产。以保护环境为核心，大力发展循环经济，按照"减量化、再利用、资源化、循环化、清洁化、高效化"的原则，提高资源利用效率，降低资源消耗和废物排放，努力实现产业生态化，治理污染产业化，不断更新设备，更新技术，更新工艺，依靠科技进步，发展循环经济。⑤

②法律层面的环保责任。企业环保责任的第二个层面为法律层面，它也是国家和政府对企业环保责任做出的最基本的强制性要求。企业环保责任要求企业的生产经营活动要符合国家、地方和行业的环境保护法律法规，在遵纪守法的前提下追求利润最大化。企业承担环境法律责任，就要打破片面的经济绩效决定论的观点，打破过去掠夺式的生产经营模式，而使企业走可持续发展之路。企业不可因追求眼前的经济利益而忽视环境保护的社会责任，违反法律污染环境必将受到法律的制裁，而在文明和法律日益进步的当代社会，违法的企业、污染环境损人利己的企业必然受到社会的谴责与排斥,他们的经济

效益也不会持久。

③道德层面的环保责任。从现有环境的保持上，企业在生产时要遵守企业道德，有较高的环保意识，以高于国家法律法规要求的排放标准要求自己，以无污染生产作为企业追求的终极目标。从现有环境的改善上，帮助环保技术相对落后的企业，为其提供技术支持、资金帮助，跳出地域、国家的框限支持环保事业。美国著名的质量管理专家费根堡姆曾提到"海外制造"一词，意思是指有些企业将一些在发达国家达不到设计要求，排放达不到标准的企业直接移置一些相对落后、标准较低的发展中国家，从而达到不需要解决问题继续生产的目的，这就是企业不承担道德责任的典型。

2. 企业的创新责任

（1）企业承担创新责任的意义。

奥美籍著名经济学家约瑟夫·阿罗斯·熊彼特认为："企业创新是企业家对生产要素的新的组合"，即把一种从来没有过的生产要素和生产条件的新组合引入生产体系，从而形成一种新的生产能力，以获取潜在利润。企业创新是企业承担社会责任的要求，也是实现社会、企业可持续发展的重要方式和途径。那么，企业承担创新责任，究竟意义何在？

①企业可持续发展的需要。纵观当代企业，唯有不断创新，才能在竞争中处于主动，立于不败之地。许多企业之所以失败，就是因为他们未能真正做到这一点。创新是企业的新鲜血液，是企业的生命。国外有关专家在中国的某培训班上曾经做了这样的游戏：主讲人手上有一个白色信封，里面可能是50元钱，也可能是一张罚款单，也可能是别的惩罚。你有三种选择：一是可以打开信封，但必须遵从信封里的要求，二是可以不打开信封，三是可以传给同伴，让同伴打开。究竟作何选择？

不打开信封，就意味着一切在停滞不前。这样尽管无风险，可是机会会悄然滑过，原地踏步实际上是一种变相的倒退。发展的内涵是很丰富的，我们把发展看成是现实的突破，好比那个信封，撕开它就意味着对现状的突破，要发展就必须创新。

②社会生产力发展的需要。生产力的变革是社会进步的根本原因，创新表现在人类活动的各个领域，其中生产领域的创新，即生产力的变革最为基本与重要。在生产不断创新的推动下，生产力得以持续发展，生产关系逐步更新与完善，推动着社会各个领域的进步。

创新是一个民族进步的灵魂，企业只有不断创新，才能打破原有的产业结构和产业平衡，建立新的产业结构和产业平衡，从而推动新产业群的建立。从市场变化看，企业只有勇于创新，才能创造需求，主导消费，从而适应甚至引导市场的变化，推动全社会经济结构的优化，促进全社会的产业升级，进而推动社会生产力向前发展。

③社会可持续发展的需要。社会只有通过创新以创造出新的事物，才能不断满足人与社会发展的需要。创新使世界愈来愈丰富多样，使社会进步的基础愈来愈雄厚。当然，社会发展也需要依靠生产再生产的重复与循环，依靠生产的量的增长与积累。然而，比较重复性生产与创造性生产的差异，比较生产力量的增加与质的飞跃的作用，创新在历史发展中所起的作用更大，创新是社会变革的主要力量。创新改变了原有的生产方式，创造出更高的生产效率；创新改变了资源的组合方式与投入方向，创造出资源的新的价值；创新生产出新的产品或服务，提供了新的消费对象或方式。

（2）企业创新责任的内涵。

企业承担创新责任，应从以下三个方面着手：

技术创新

① 技术创新。企业技术创新是指一项新工艺、新产品从研究、开发到投入市场并进入应用的一系列活动的总和。企业要生存和发展，必须获得永久的竞争力，而竞争力的取得靠核心技术，核心技术需要创新。所以企业要生存、要发展，必须成为技术创新的主体。一个企业只有具备强大的技术创新能力，才能在激烈的市场竞争中赢得优势，赶超甚至领先国际先进技术水平，并最终实现企业竞争力的提升。

国外学者对技术创新能力包含哪些内容有多种意见：一是认为技术创新能力是由技术人员和高级技工的技能、技术系统的能力、管理能力、价值观等内容组成；二是认为技术创新能力是组织能力、适应能力、创新能力和技术与信息的获取能力的综合；三是认为技术创新能力是产品开发能力、改进生产技术能力、储备能力、组织能力的综合；四是认为技术创新能力由可利用的资源、对行业竞争对手的理解、对环境的了解能力、公司的组织文化和结构、开拓性战略等组成。依据国内学者的相关意见，我们认为技术创新能力应分解为创新资源投入能力、创新管理能力、创新倾向、研究开发能力、制造能力和营销能力六大部分。

② 管理创新。管理决策是组织在内部范围内贯彻执行战略决策过程中的具体决策。它旨在实现组织内部各环节活动的高度协调和资源的合理使用，例如企业的销售计划、设备

更新选择、新产品定价等问题的决策即属此类。管理决策不直接决定组织的命运，但其正确与否将在很大程度上影响管理效能的高低，进而影响组织目标的实现程

管理创新

度。管理创新决策涉及的就是管理范围的各个重要方面的创新的决策。⑥

管理创新是在经济全球化和信息化的历史背景下产生的。早在20世纪70年代，从日本开始的以"全面质量管理"为核心的战后第一次企业管理大变革，是与工业化时代相适应的生产管理模式。而在信息化的今天，从美国掀起并涉及日本和欧洲的新的企业管理创新则是以"企业重新构建"为核心，其主要内容是：一方面企业刮起国内和国际并购风潮；另一方面企业从"金字塔型"向"网络型"转变，即变纵向管理为横向管理。此外，还出现企业管理概念的创新、公司组织结构的创新、企业管理方法的创新、企业社会形象的创新和企业产品创新等新内容。

③文化创新。企业作为一种以人与人的组合为基础的经营活动主体，其经营行为最终必然都要人格化，也就是说，企业是人格化的企业，企业的所有活动最终都要靠人来执行。正因为如此，企业的技术创新、管理创新，最终都必然体现在人的价值理念中，以企业文化的形式表现出来。

企业文化创新是指为了使企业的发展与环境相匹配，根据

文化创新

企业自身的性质和特点形成体现企业共同价值观的企业文化，并不断创新和发展的活动过程。企业文化创新的实质在于企业文化建设中突破与企业经营管理实际脱节的僵化的文化理念和观点的束缚，实现向贯穿于全部创新过程的新型经营管理方式的转变。面对日益激烈、日益深化的国内外市场竞争环境，越来越多的企业不仅从思想上认识到创新是企业文化建设的灵魂，是不断提高企业竞争力的关键，而且逐步深入地把创新贯彻到企业文化建设的各个层面，落实到企业经营管理的实践中。

坚持企业文化创新对于企业发展具有极其重要的作用，它可以摒弃原有的不合理的思维和行为，以一种前所未有的新思维来创造新的成果。文化创新会直接作用于人的观念意识、思维方式，进而影响人的行为。一个企业无论实力多么雄厚，它的企业文化建设一旦停步不前，失去了创新的动力，这个企业必将成为强弩之末。

五、企业的慈善责任

企业慈善是企业超越短期的利润最大化目标，自愿地将金钱、财产或服务用于直接或间接利益相关者，以增加社会福利的行为，是卡罗尔构造的社会责任模型的最高层次。慈善责任源于道德责任但又高于道德责任，它以"应该"和"非强制性"

为特征，以不追求对等性的报偿，仅仅以帮助弱势群体和扶危济困以及追求社会正义为目的。慈善属于企业的美德行为，是一种高尚的道德活动，是企业社会公民角色成熟的标志，反映了企业对社会的主动关注与响应程度。

1. 企业承担慈善责任的动因分析

（1）从微观视角来看，企业承担慈善责任具有工具主义的特色。例如，企业希望通过慈善行动塑造企业声誉，增加对潜在员工的吸引力，将自己的企业或产品与其他竞争对手区别开来，增强员工的忠诚度、管理市场风险等。因此，在微观层内部，企业慈善行动遵循经济交易的模式，以短期理性为行动原则。

（2）企业与个人一样，处于社会网络之中。企业与政府机关、机构投资者、非营利组织、同行竞争者之间建立了各种关系，形成了企业的中观场域环境。在该层次内部，企业不仅是一个利益最大化的个体，还受到了利益相关者价值观及其行动的影响，进而衍生出获得认同、追求合法性等制度性需求。因此，中观场域层次的企业慈善动机，往往与服从社会同构压力、模仿行业惯例、满足压力集团要求联系在一起。

（3）在宏观层次中，社会伦理、集体文化与高层管理者价值观通过社会契约与道德共识深刻影响了企业的社会行动，不断促进企业凝聚社会力量，承担集体责任。慈善行动成了企业对社会运动参与者希望其参与社会正向变革呼吁的集中回应。

微观视角下的企业慈善基于企业资源观，以追求企业竞争优势为导向；中观场域层次中的企业慈善依赖于制度压力与组织间互动，以获得企业合法性为目标；道德动机推动下的企业慈善扎根于企业或地区文化以及企业面临的特殊情景模式(例如国家和地区面临巨大的灾难等)，体现了社会的核心价值观。⑦

2. 企业承担慈善责任的意义

（1）现代企业的性质的要求。

现代关于企业性质的主流观点认为，企业是社会发展的产物，社会为企业提供了各种各样的生存资源，企业依托社会而存在。作为一个依托社会而存在的经济组织，盈利只能是它的一个目的，而服务社会、奉献社会则应是其追求的主要目标。因此，企业的性质不是由企业的自然属性（即以营利为目的的自然属性）所决定，而是由它的社会性所决定的，服务社会、奉献社会就是企业社会性特征的最重要体现。企业服务社会、奉献社会不仅体现在企业为社会提供优质的产品与服务上，更体现在企业能为社会承担更多的责任与义务上。

（2）社会正义的要求与体现。

企业相对于社会而言是部分，而社会相对于企业而言是整体。企业的行为应体现社会正义，反映社会正义的要求，而社会正义对于企业而言，又有利于企业的维持与发展，对企业的经营活动起到保驾护航的作用。因此对于企业来说，承担慈善责任既是社会正义的要求与体现，也有利于企业自身的发展。

（3）企业可持续发展的需要。

追求自身的可持续发展是每一个企业的战略目标，而企业积极主动地承担社会慈善责任有利于企业的可持续发展。一个无可否认的事实在于，企业通过开展慈善活动能够扩大企业知名度，提升企业形象，加深品牌认知度，增加销售和重复购买的几率。因此企业要获得可持续发展，就应主动地去承担慈善责任，特别是在责任竞争时代。企业承担慈善责任不仅是企业奉献社会的利他行为，也是企业可持续发展的保障。

六、大连万达集团——五度获得"中华慈善奖"

大连万达集团创立于1988年，形成商业地产、高级酒店、旅游投资、文化产业、连锁酒店五大产业,企业资产1950亿元,年纳税163亿元。万达集团的使命是"共创财富、公益社会",这已经被写入万达企业文化手册中,成为万达集团全体员工的共识。24年来,万达集团奉献于社会慈善事业的现金累计超过28亿元人民币,是中国民营企业中慈善捐赠额最大的企业之一。万达集团五次荣获中华慈善奖,是全国所有企业中唯一五获该奖的企业。

1. 成立之初就带头做慈善

1990年,万达集团在刚成立、并不富裕的情况下,捐款100万元建设了大连西岗区教师幼儿园。1991年,万达集团捐款200万元,将原为水泥覆盖的大连市人民广场改造为绿草如茵的绿化广场。1993年,万达集团捐款2000万元兴建了大连市西岗区体育馆。

万达集团已形成惯例,每到一地开发,都在当地捐建学校,已先后在全国捐建了上百所希望小学和中学。1994年,万达集团出资5亿元建设了占地106万平方米、一期建筑面积30万平方米的大连大学。2010年10月,万达集团捐款2亿元建设成都七中万达学校,这是国内中学教育的最大一笔企业捐款。

1994年开始,万达集团十余年累计捐助对口扶贫单位大连普兰店市安波镇太阳村400多万元,并通过帮助村里建立工程队、果树基地、温室大棚等措施引导村民脱贫致富,使该村的人均收入由扶持之初的不足千元提高到上万元。

2005年6月,万达集团带头向大连市有关部门捐款500万元,成立全国首支农民工援助基金。2008年,万达集团再次向该基金捐款500万元,使基金的规模达到1000万元。

2010年11月,为弘扬中华优秀传统文化,王健林个人捐款10亿元,用于支持南京大报恩寺重建,这是中华慈善史上最大数额的单笔个人捐款。

2. 关键时刻总是率先垂范

2008年5月,四川汶川发生大地震,万达集团全国第一个向灾区捐款,累计捐款达3.5亿元人民币,是全国民营企业中捐款最多的企业之一,其中万达集团员工个人人均捐款1300元。

全国政协专门为万达集团举办向四川地震灾区捐款仪式,中共中央政治局常委、全国政协主席贾庆林出席仪式。贾庆林称赞王健林是民营企业家的优秀代表,号召全国民营企业家向他学习。

2009年6月,万达集团捐款1000万元,率先在辽宁、河北两省建立贫困儿童重大疾病救助基金。

2010年1月,中国西南地区遭受百年一遇的旱灾,万达集团率先捐款4000万元。

2010年4月,青海玉树县发生大地震,万达集团第一时间捐款1亿元。

2010年8月,万达集团第一时间向甘肃舟曲泥石流灾害地区捐款1000万元。

2010年8月,万达集团向吉林省遭受洪灾地区捐款3000万元。

2011年7月,万达集团与中国足协签订战略合作协议,万达集团三年出资6亿元,全面支持中国足球振兴。

2011年7月15日,由国家民政部主办的2010年度"中华慈善奖"评选结果揭晓,大连万达集团获得"最具爱心内资企业"奖。中华慈善奖自2005年设立以来,总共颁发6次,万达集团五次获奖,成为全国企业中唯一五获中华慈善奖的企业。

2010年，万达集团和王健林董事长的各项慈善捐赠累计达12.8亿元，创造万达年度捐款额的新纪录。面对突发的自然灾害，万达集团总是率先出手帮助受灾地区，先后向西南旱灾地区捐款4000万元，向青海玉树地震灾区捐款1亿元，向甘肃舟曲泥石流灾害地区捐款1000万元，向吉林洪涝灾害地区捐款共3000万元。

2010年，万达集团还将慈善重点放在教育和扶贫上：向成都慈善总会捐款2亿元人民币，用于建设各项设施国内一流的成都七中；向宁夏青少年发展基金会捐款500万元，用于支持甘肃西海固地区教育；向壹基金捐款300万元，用于创立北京师范大学公益学院；向大连市慈善总会捐款1000万元，用于大连市春节期间向困难群体送温暖活动。此外，万达集团各地万达广场举行开工、开业仪式，都要向当地的教育和扶贫事业捐款，累计捐款约2000万元。

3. 企业内部形成慈善文化

万达集团员工慈善活动也蔚然成风，所有万达员工都成为义工。2010年，全集团共举行义工活动308项，2.2万人次参加，成为独具特色的企业公益活动，引起社会广泛好评。2010年，王健林被中共中央、国务院、中央军委授予玉树地震"全国抗震救灾模范"称号；万达集团还获得了由国务院扶贫办、中国扶贫基金会等机构颁发的"中国消除贫困奖"等荣誉。

2005年8月，王健林董事长在总裁办公会上正式提出，要求集团全体员工在9月份进行一次以访贫问苦为内容的大型活动，集团总部和全国各地下属三十多个分公司，分别组织去当地最贫困的乡村走访，深入到贫困户家中，为那些最需要帮助的人捐款捐物，送去温暖。整个活动成效显著，除了公司的捐助外，员工们也纷纷主动捐款、捐物，并把感受形诸文字，表达出贡献于社会的真挚之情。

组织这样一次活动是万达集团企业文化的真实体现。万达集团的企业使命就是"共创财富，公益社会"，企业内部也形成了一种传统，凡遇重大的天灾人祸，或者特殊弱势群体需要救助，万达集团总是当仁不让地组织捐款捐物。特别是扶贫方面，每年都要组织到对口援助的贫困村送温暖，目前已持续了10年之久，累计捐助资金超过200万元。

本次活动是万达集团优良传统的一次延续，更是一次升华。为什么这么说呢，因为本次访贫问苦活动是体验式的，是要让员工真正与贫困面对面的去体验，去感悟，需要的是感情的付出，这是对心灵的净化，远远超出了物质捐助的初级层面。活动的组织也非常严谨，显示出万达集团的重视程度。8月份，集团总部就发出了进行本次活动的通知，并将其命名为良心之旅，说明这是人性的教育，要求每一个员工都必须参与。同时规定，除员工自愿捐助外，各分公司根据业务属性，分别捐助1—3万元，只此一项，捐助总额就已超过50万元，最终合计捐助额超过62万元，还包括大量的米、面、油等物资。

万达集团各地的分公司也根据集团的部署，进行了各种形式的访贫问苦活动。比如万达北京分公司就深入到北京郊区房山区龙岗村，向龙岗村村政府捐赠人民币30000元，用于该村的脱贫和扶贫建设。全体员工分为10个小组，在各组长的带领下分头走访村里的贫困家庭，深入了解各贫困家庭在生活中的各种困难，并分别向贫困家庭发放了由员工出资捐助的总计为10000元慰问款。

这次活动让许多员工印象深刻。有的员工说："这次访贫之旅，为我们抚去了心中的尘埃，开启了心灵的天堂"，有的员工说："我们应该如何珍惜现在的一切？幸运的我们应该把这份爱带给他人，让他们感受到更多地幸福与快乐。"这些话代表了大家共同的心情和感受，活动取得了超出预想的成效。

——摘自大连万达集团股份公司网站

在万达集团董事长王健林的率先垂范、积极倡导下，万达集团在企业内部形成了一种扶弱济困、奉献爱心、造福社会的浓厚氛围。无论是集团组织，还是员工个人，都培养出公益社会的行为习惯，"奉献爱心、关爱他人"，在万达集团已蔚然成风。万达集团也通过自己的行为持续影响着大连的精神文明建设，成为大连市企业公益社会的楷模，为和谐社会的建立贡献出自己的力量。

参考文献：

① 郭金鸿：《论企业道德责任建设》，载《青岛大学师范学院学报》，2008年第1期

② 郭金鸿：《论企业道德责任建设》，载《青岛大学师范学院学报》，2008年第1期

③ 王春和，张娜：《企业社会责任：法律与道德责任的统一》，载《中国企业社会责任问题学术研讨会暨中国企业管理研究会2005年会会议论文集》，2005年

④ 金乐琴：《企业社会责任与可持续发展：理论与对策》，载《绿色中国》，2004年第2期

⑤ 程定平，周云芳：《论企业的环保责任》，载《湘潮》，2010年第1期

⑥ 李家鸣：《企业创新决策需抓住两大关键》，载《功能

材料信息》，2006年第6期

　⑦蔡宁，沈奇泰松，吴结兵：《经济理性、社会契约与制度规范：企业慈善动机问题研究综述与扩展》，载《浙江大学学报》，第39卷第2期

第六章 非营利组织的社会责任

随着社会的不断进步，在公共管理的社会理念中，政府已经不是公共管理的唯一主体，而只是公共管理最重要的主体。自上世纪70年代以来，世界范围内的社会主义国家、资本主义国家相继出现大量社会问题，世界各国的发展模式危机出现一个共同点，即人们对政府主导社会事务的能力和意愿产生怀疑。正是在这个背景下，市场作用得到强调，民间的一些非营利组织乘势而起。

"新公共管理运动"认为，为了维护社会正义和平等，政府必须确保各项公共服务和公共财政能被提供，但提供服务的主体可以转交给志愿性机构来承担，而不必亲自处理。因此，政府必须于自身之外寻找一个合作者，非营利组织以其自身的特点和优点，成为了与政府合作的天然搭档。①

第一节 非营利组织概述

作为一种不以盈利为目的的组织,非营利组织活跃在社会公共领域,要么关注全社会的共同福利,要么关注社会发展的弱势群体,这与政府的目的具有一致性,而且非营利组织往往还能及时发现政府容易忽视的角落,对政府的行为进行补足。现代西方不少公共服务领域都是由非营利组织开创的,后来才得到政府的重视与支持。

非营利组织与政府、企业的功能在一定范围内互相补足。例如在提供公共物品领域,市场经济对分配个人消费的私人物品是有效的,但对于那些只能集体消费的公共物品,市场是无效的,通常应当由政府来提供,如社会安全、环境保护等。不过政府提供的公共物品一般用于满足多数人的需求,而居民对于一些公共物品的偏好往往存在着较大差异,一部分人对公共物品有过度需求或特殊需求则难以得到满足。在这方面,非营利组织就可以发挥拾遗补缺的作用。②

在我国,非营利组织主要包括两种:一是事业单位,二是社会团体(包括行业组织)。

一、事业单位

事业单位是我国独有的组织编制,是指为了社会公益目的,由国家机关举办或者其他组织利用国有资产举办,从事科技、教育、文化、卫生等活动的社会服务组织。

1. 事业单位综述

事业单位是以政府职能、公益服务为主要宗旨的一些公益性单位、非公益性职能部门等。它参与社会事务管理，履行管理和服务职能，宗旨是为社会服务。从目前情况来看，事业单位绝大部分由国家出资建立，大多为行政单位的下属机构，也有一部分由民间或由企业集团建立。事业单位的特征包括以下三点：

（1）公益性。事业单位的公益性是由其社会功能及市场经济体制的要求决定的。在社会主义市场经济条件下，市场对资源配置起基础性作用，但在一些领域，某些产品或服务，如教育、卫生、基础研究、市政管理等，不能或无法由市场来提供，但为了保证社会生活的正常进行，就要由政府组织、管理或者委托社会公共服务机构从事社会公共产品的生产，以满足社会发展和公众需求。

（2）服务性。这是事业单位最基本、最鲜明的特征。事业单位主要分布在教、科、文、卫等领域，是保障国家政治、经济、文化生活正常进行的社会服务支持系统。事业单位所追求的首先是社会效益。有些事业单位在保证社会效益的前提下，为实现事业单位的健康发展和社会服务系统的良性循环，根据国家规定向接受服务的单位或个人收取一定的服务费用。

（3）知识密集性。绝大多数事业单位是以脑力劳动为主体的知识密集性组织，专业人才是事业单位的主要人员构成，利用科技文化知识为社会各方面提供服务是事业单位的主要手段。虽然事业单位主要不从事物质产品的生产，但由于其在科技文化领域的地位，对社会进步起着重要的推动作用，是社会生产力的重要组成部分，在国家科技创新体系中，居于重要地位。③

2. 事业单位承担社会责任的原因

（1）事业单位产生和存在的重要原因。

事业单位刚刚产生的时候,其主要责任在于解决最突出最基本的问题。建国之初,百废待兴,基础设施建设,人民生活保障还存在很多需要克服的困难,这时事业单位的主要责任是满足人们生活最低的需要。然而随着人民生活水平的提高,公众对公共组织的要求也随之提高,他们不仅要求维持生活,还要求追求高品质的生活,这就推动了事业单位责任向更高层面发展。公众最需要什么,最希望得到怎样的公共服务,如何将最符合公众要求的服务提供给整个社会,应该是每个事业单位应该思考的责任所在,也是其应该承担的社会责任所在。④

（2）社会对事业单位提出的基本要求。

社会就像一个有机体,在不同的历史时期,存在不同的社会问题。在人类进入21世纪的今天,社会分工高度发达,我国事业单位承担的职能和作用是当前任何其他组织都无法取代的。我国事业单位广泛地分布在科教文卫、基础设施、社会管理等基本的公共产品和公共服务领域,作为向全社会提供基本公共服务的单位,是实现和完成政府公共政策的基本工具,肩负着实施法律、贯彻政府政策的使命。随着市场经济体制的逐步确立和社会对公共产品和服务需求的增加,基本形成于计划经济时期的事业单位已经逐渐不能适应新时期、新阶段的要求。基于社会的要求,事业单位在承担现有责任的基础上,还要努力承担一些其他的社会所赋予的社会责任。

（3）事业单位自身发展的要求。

目前我国事业单位的发展存在一些问题,究其主要原因,一是政事不分,事业单位的发展有诸多牵绊;二是功能定位出现偏差。事业单位产生和存在的根据,其中很重要的一方面就在于承担社会责任,然而现今社会中的事业单位组织更多的将盈利作为其存在的第一目标,不能找准自己的位置所在。因此承担社会责任也是事业单位自身发展的要求。

二、社会团体

社会团体是由公民或企事业单位自愿组成、按章程开展活动的社会组织，包括行业性社团、学术性社团、专业性社团和联合性社团。

1. 社会团体综述

社会团体是当代中国政治生活的重要组成部分。在中国，有成千上万个社会团体，它们均依据宪法和法律独立自主地开展活动。这些社会团体参与国家和地方的政治生活，协调社会公共事务，维护群众合法权益，发挥着巨大的作用。根据其性质和任务，可以将社会团体分为以下四类：

（1）学术性社会团体。可分为自然科学类、社会科学类及自然科学与社会科学的交叉科学三种，一般以学会、研究会命名，具体社会团体设立时可参照国家制定的学科分类标准确定。

（2）行业性社会团体。主要是经济性团体，又可分为农业类、工业类和商业类等，一般以协会命名，具体社会团体设立时可依照国家《国民经济行业分类和代码》的分类标准确定，特殊需要按大类或小类设立者必须经过充分论证。

（3）专业性社会团体。一般是非经济类的，主要由专业人员组成或以专业技术、专门资金，为从事某项事业而成立的团体，多以协会、基金会命名。

（4）联合性社会团体，主要是人群的联合体或学术性、行业性、专业性团体的联合体，一般以联合会、联谊会、促进会命名。

2. 社会团体承担社会责任的原因

（1）政府实现自身管理的需要。

加强社会团体的组织建设，有利于深化政府改革，推进服务型政府建设，是我国政府机构改革的需要。经过多年改革，政府的职能定位已悄然转变，服务型政府理念逐步树立，更加注重社会结构中的各种力量共同发挥作用，切实把应当由企业、市场中介和民间非营利组织去做的事交出去。而社会团体的独特作用恰好能承担起这一角色，因为它具有动员社会资源和推动社会协调参与社会治理的功能，与政府形成"合作伙伴"关系，形成一种良性社会管理结构体制。

加强社会团体的组织建设有利于扩大群众参与，反映利益诉求，维护社会稳定，促进社会和谐。各种社会团体不仅仅是经济、社会建设的主体，而且逐步成为基层民主政治参与和基层社会管理的主体，有利于"调动各个社会阶层投身改革开放和社会主义现代化建设的积极性和主动性"，有利于"从各个层次扩大公民有序参与政治参与，保障人民依法管理国家事务、管理经济和文化事业、管理社会事务"，有利于"推进决策科学化、民主化、深化政务公开，依法保障公民知情权、参与权、表达权、监督权"。

（2）能够对市场经济发展的缺陷予以弥补。

加强社会团体的组织建设，规范市场经济行为，引导企业健康发展。在规范行为方面，社会团体通过其宗旨、章程和自律，引导成员遵守国家法律法规和社会公德。发挥社会团体自治机制的作用，比仅靠政府管理、进行宏观调控可以收到更好的效果。

社会团体具有协调市场主体利益、规范市场经济秩序、提高市场配置资源效率等功能，在建立和完善社会主义市场经济体制中具有不可替代的重要作用。在制定行业规范、实现行业自律、维护市场秩序、推动公平竞争、反映企业诉求、完善社会服务、承担政府职能转移、促进机构改等方面发挥重要作用。

（3）为社会提供公共服务拾遗补缺。

从国际上的发展趋势看,社会组织参与公共服务是一种趋势。我国经济虽然快速发展,但现在仍处于并将长期处于社会主义初级阶段,政府所能提供的公共服务同城乡居民对公共服务日益增长的需求之间存在着很大差距,政府主导服务体系难以适应社会需求发展趋势, 特别是公共服务在城乡之间、区域之间的分配还很不平衡。缓解并逐步解决这个矛盾, 既要不断增加政府对公共服务的投入, 优化公共资源配置;同时也要充分发挥社会团体在募集社会资金、动员公众参与、吸引志愿人员、直接面向个人或群体帮助他们解决具体问题与困难等方面的优势, 使社会团体在市场不愿做、政府力不从心的公共服务领域, 发挥拾遗补缺的重要作用。

三、非营利组织的典范——阿拉善 SEE 生态协会

阿拉善 SEE 生态协会 (简称 SEE) 成立于 2004 年 6 月 5 日, 是由中国近百名知名企业家出资成立的环境保护组织。SEE 是会员制的非营利组织 (NGO),同时也是公益性质的环保机构, 奉行非营利性原则。

SEE 以推动人与自然的可持续发展为愿景,遵循生态效

阿拉善大漠戈壁

益、经济效益和社会效益三者统一的价值观。SEE 的宗旨是以阿拉善地区为起点,通过社区综合发展的方式解决荒漠化问题,同时推动中国企业家承担更多的环境责任和社会责任,推

动企业的环保与可持续发展建设。

1. 缘起

善缘起于善因。2011年，中国企业家宋军先生在内蒙古阿拉善盟斥资五千万元建成月亮湖生态旅游景区。之后3年多，这座沙漠生态景区吸引了近百位中国企业家陆续到访，茫茫沙漠中的亲身体验，使企业家们深深感到中国西北的严重沙化，尤其是阿拉善作为近年威胁北京的沙尘暴发源地，每年以沙漠面积1000平方公里(相当于一个中等县城面积)的速度逼近华北，辐射影响东南沿海地区，及日本、韩国的局部。正是沙尘暴的严峻挑战，唤起了百位中国企业家共同的社会责任感，并将其汇集为一个事业——改善和恢复内蒙古阿拉善地区的生态环境，减缓或遏制沙尘暴的发生，并推动中国企业家承担更多的社会责任。

2004年6月5日，百位中国企业家在广袤的腾格里沙漠里排成一道历史性的风景——中国首家以社会责任为己任，以企业家为主体，以保护地球生态为实践目标的非营利组织公益机构阿拉善SEE生态协会正式诞生。作为发起人的80位企业家们承诺：连续十年，每年投资10万元人民币，以减缓阿拉善的沙尘暴为起点，致力于保护中国的生态环境，促进人与自然的和谐，促进人与社会的和谐，促进人与人的和谐。

正如协会会长刘晓光所说，这是一个很大的公益事业，一个艰难而有意义的事业，目前的投入只是一个种子基金，它今后会吸引越来越多的善款投入到21世纪人类的环保事业中。一个好的企业家，不仅应具有强大的经济价值，而且应具有强大的社会价值，体现人类新的理想，新的精神，新的信念。阿拉善应该是中国企业家集体自觉承担社会责任的一个崭新的开始！

2. 他们的宣言

为什么我们这些企业家要从五湖四海来到阿拉善沙漠？为什么我们要成立一个"阿拉善SEE生态协会"来参与中国治理沙尘暴的事业？因为我们心中有希望和梦想。我们希望中国经济愈来愈发达，人民愈来愈富裕，我们希望人与人之间更加友好和善，我们希望中华大地山清水秀，一片生机勃勃，我们希望世界人民共同生活在一个美丽的地球村上，我们梦想一个人人有机会实现自己心愿的大同世界。

中国的现代化进程，使中国社会走上了和平发展之路，中国经济得以持续增长，人民物质生活水平得以稳步提高，中国社会得以全面进步，中华民族进入了全新的发展时期。回顾中华民族百年苦难的历史，我们为我们的时代感到骄傲和自豪，我们极为珍惜历史给予我们的自由创新与和平发展的大好机会，我们愿意本着建设性的态度，理性地面对我们遇到的诸多困难和问题，在发展的进程中逐一将其解决。

我们认识到，在中国经济持续高速增长的同时，我们的一些对自然不友好的思想方式、生产方式和生活方式，正在日渐毁坏与我们唇齿相依的自然环境。我们过去所取得的那些经济成就中，有不少是建立在巨大的环境成本之上的。空气和水污染、江河湖泊枯竭、洪灾旱灾频繁发生，森林面积缩小、草场退化、生物多样性锐减、土地荒漠化、沙尘暴兴起，这些问题影响到百姓生命财产的安全，影响到我们企业经营的环境，影响到社会的稳定，影响到中华民族的生存根基。自然环境是人类的依托，如果自然环境被我们彻底破坏了，我们的一切梦想和追求也就失去了依托。在生态环境日趋恶化的今天，我们不得不问自己一个问题：我能为环境质量改善做点什么？

由于人口众多，资源稀缺，环境容量小，企业科技积累较低，中国的现代化进程将持续面临环境资源的压力。经济与生态的双重压力，要求我们企业家自觉地将企业发展和环境保护共同纳入视野，要求我们积极寻求经济增长与环境保护的统一，要求我们努力探寻中国新的现代化道路。新的时代新的问题新的责任，要求我们不断超越自己身上的不足和局限，要求我们培育起新的价值观、新的理想、新的人格、新的行为规范。

　　基于这样的自觉和共识，我们这些来自不同区域、不同行业、不同所有制的企业家们自觉地汇合于阿拉善沙漠，共同签署本宣言。我们大家将各尽所能，努力使"阿拉善SEE生态协会"得到中国社会和世界的认可，使之发展成为中国治理沙尘暴最重要的环境公益机构。我们愿为本宣言所倡导的愿望和梦想而真诚努力。

　　——阿拉善SEE生态协会全体发起人于腾格里达来沙漠月亮湖

　　3. 生态档案

　　阿拉善是内蒙古最西部的一个盟，东与内蒙古自治区内乌海市、伊盟、巴盟相连，南与宁夏以贺兰山一山之隔，西与甘肃接壤，北与蒙古国交界。全盟辖 3 个旗，即阿左旗、阿右旗、额济纳旗，发射神舟五号的酒泉卫星发射基地就在额济纳旗境内。阿拉善盟：总面积 27 万平方公里，总人口近20万，2/3的人口集中在城镇。

　　（1）地貌：27万

平方公里的阿拉善，1/3是沙漠、1/3是戈壁、1/3是荒漠草原。沙漠化土地面积占总土地面积的90%。著名的巴丹吉林、腾格里、乌兰布和三大沙漠横贯全境，统称阿拉善沙漠，面积8万平方公里，居中国第二、世界第四。

（2）地势：地势南高北低，海拔一般在900—1400米之间。最高处为东南部贺兰山主峰，海拔3556米，最低处为银根盆地，海拔720米。

（3）河流与湖泊：境内共有360个大小湖泊主要集中在沙漠戈壁低洼及盆地处。境内地表径流主要是发源于祁连山的内陆河——黑河，流经额济纳旗270公里，注入居延海，黄河从盟境东缘流经85公里。

（4）气候：阿拉善属于典型的北温带大陆性干旱、极干旱荒漠草原气候，四季分明，风大沙多，干旱少雨，年均气温摄氏7℃，极端最低气温-36.4℃，极端最高气温41.7℃。雨季多集中在七、八、九月，降雨量从东南部的200多毫米，向西北部递减至40毫米以下；而蒸发量则由东南部的2400毫米向西北部递增到4200毫米。自然环境恶劣，属国家生态环境保护和治理的重点区域。历史上阿拉善曾经是个水草丰美的地方，境内虽然多沙漠，但千百年来一直受到三大生态屏障保护：

其一，东有贺兰山山脉原始次生林形成的水源涵养地。

其二，西有发源于祁连山的270公里长的黑河及800平方公里居延海所形成的额济纳旗绿洲。

其三，东西之间更有长800公里，宽30公里防风固沙先锋植物梭梭形成的绿色长龙。

大禹治水即从"弱水"开始。汉代以后曾在这里驻兵屯垦，享有"居延大粮仓"的盛名。13世纪初，这里也留下有意大利著名旅行家马可波罗的足迹。瑞典著名探险家斯文·赫定更是留下了大量的图文电影记录,阿拉善地区西部的居延黑城地区是著名的居延大粮仓,曾孕育了居延汉唐、西夏及元代文明。17世纪中叶,蒙古土尔扈特部落历经艰难,从伏尔加河畔回归来此定居。三角洲上迄今还保存着荒村颓垣、渠道残垣、耕地田埂、烽燧等遗迹。古代居延,曾经是林茂草壮、农牧兼宜的千里沃原。

然而到了今天,建国五十年,因种种原因,阿拉善的三大生态保障体系已遭到了巨大的破坏。(1)因黑河上游甘肃境内大量开垦农田,兴修了几十座大中型水库,使得流入额济纳旗境内的水量由原来每年10亿立方米,渐小,到断流,到1992年连居延海也完全干涸。(2)贺兰山原始次生林因过度砍伐,森林面积仅剩1/3,水源涵养能力大为下降。(3)尤为可惜的是那条横贯东西的梭梭林带,因军事、农牧民柴薪等毁灭性砍伐,由上世纪50年代的1700万公顷,80年代下降到834万公顷,到2001年只剩300万公顷,不足原有的18%……其中,一户农牧民,一年的柴薪消耗为20000斤相当于种植了40年的50亩梭梭林。(4)同时,人口剧增,1935年为1.7万人,而2003年人口已近20万。人口增加的同时,牧民蓄养量一度上升,白绒山羊增加了10倍,牧畜总量达200万只。过度放牧,导致原有的草原激剧退化草场沙化严重……现在阿拉善的沙漠每年正以20米的速度向东南推移,每年以1000平方公里的总面积在扩展,经济发展愈来愈困难,农牧民日趋贫困;有近1/4的牧民沦为生态难民。阿拉善已成为我国最大的沙尘暴源头地,如不及时治理,100年后北京将被黄沙淹没……

4. 巨大成绩

过去的七年中,阿拉善SEE生态协会项目办在荒漠化防治实践中进行了有益的探索和实践,取得了公认的成绩。

在实现保护与发展双赢层面,成功地引入内生式的社区发展保护理念和方法,开创性建立了社区主导的保护模式,探索出了几种能够被社区认同和接受的节约水资源的利用方式。同时,在社会影响层面,摸索出自然保护中的社会公平机制,有效解决了保护区移民搬迁问题。

七年中,通过社区实践、科研研究、培训教育三大类项目的实施,到2010年底,项目办在阿拉善地区共16个社区1264户农牧民合作开展项目。参与保护了120万亩梭梭林、45万亩胡杨林,新增植被1万亩。通过试点节水农业,直接节水59万方,间接节水620万方。

另外,北京市企业家环保基金会(SEE基金会)自成立至今共资助NGO环保项目64个,资助协议总金额约为870万元人民币。2010年启动了对环保NGO机构的资助,共资助12家机构,资助协议总金额约为260万元人民币。自2005年通过两年一届的SEE·TNC生态奖,先后有100余家环保组织和个人、20家企业、20名环境报道者获得了该奖项,奖金总金额达360万元人民币。通过"绿色领导力"项目培训了来自30个机构、57名NGO行业带头人,项目金额达141万元人民币。2009年至2010年的"青国青城"项目共资助了94个大学生团队,708名大学生深度参与,总金额达70万元人民币。

七年来,SEE从一开始的为治沙而建,到今年已经涵盖了中国环保公益行业的方方面面。

——摘自云信网《阿拉善SEE生态协会的"七年不痒"》

第二节　非营利组织的社会责任

一、非营利组织的经济责任

伴随着社会经济的高速发展，我们必须要正视两个不可回避的问题：一是政府的强制行政管理在一些社会领域内出现了盲区；二是市场这只"看不见的手"运行的某种失灵。应该看到，政府部门的管理由单纯的行政手段已经愈来愈多地向经济手段、法律手段与行政手段配合使用的方向转变，企业的经营也由单纯的自由主义经济转变为市场经济为主加之政府宏观调控的模式。然而在经济发展中的诸多问题、诸多矛盾仍然存在，不可调和。这就需要政府、企业之外的非营利组织发挥自身作用。

由于社会事务的广泛性和复杂性，政府不可能也没必要将全部社会事务纳入自己的管理范围。从市场经济发展的趋势来看，大量社会事务必须由社会自行管理。非营利组织以其自身具备的天然优势，承担起辅助政府管理的责任：

1. 协助政府管理社会经济发展

在市场经济中，存在着很多由单个企业办不到、政府也很难出面处理的事情，特别是各国纷纷加入世贸组织后，政府日益感觉到直接管理的尴尬与无力，从而使得发展包括行业协会、商会在内的非营利组织成为业界和政府越来越强烈的共同意向。根据非营利组织运行和发展的特点，可将其分为以下五类：

（1）行业自律性的中介组织，主要是由企业单位自下而上组织起来的各种行业协会、同业公会、商会等自律性组织，目的是通过制定行业发展准则，规范内部企业间的竞争，维护行业整体利益。

（2）具有对社会运行监督职能的组织，主要是指会计师事务所、律师事务所、资产和资信评估鉴定机构、公证和仲裁机构等组织，这类中介组织的特点是按照国家法律、有关行政主管部门规定和专业技术要求，提供特定的服务，维护市场经济的有效运转和社会稳定。

（3）专门为市场活动提供咨询、技术服务的中介组织，主要是指信息中心、研究及咨询机构、投资项目评估机构、报价系统等组织，为企业提供多方面的信息、咨询等服务。这类中介组织的主要特点是所提供的信息、服务具有增值性，在一定程度上是经济发展的一种要素，能够提高经济效益和资源的配置效率，并促进科学研究、文化教育、体育卫生发展的中介组织。

（4）监督市场行为的中介组织，如消费者协会、商品检验中心、质量检测中心、计量检测中心等。

（5）市场交易中介组织，主要是指各种经纪商、典当行、拍卖行、职业介绍所、人才交流中心等组织。它们的作用是直接为市场交易活动的顺利开展提供方便和服务，降低市场交易费用，促进社会劳动力就业与服务的非政府组织。

以上各类非营利组织，既发挥着不同于政府的社会事务管理功能，又履行着有别于一般商业经营的社会服务职能。

2. 提供公共物品

公共物品是指公共使用或消费的物品。公共物品是可以供社会成员共同享用的物品，严格意义上的公共物品具有非竞争性和非排他性。所谓非竞争性，是指某人对公共物品的消费并不会影响别人同时消费该产品及其从中获得的效用，即在给定的生产水平下，为另一个消费者提供这一物品所带来的边际成本为零；所谓非排他性，是指某人在消费一种公共物品时，不能排除其他人消费这一物品，或者排除的成本很高。

在提供公共物品的领域里，非营利组织不仅是对政府的有益补充，而且与政府相比，充分显示了其巨大的效率优势，这对改善公共物品供给的数量和质量、克服公共物品领域政府和市场双重失灵具有非常积极的意义。下面，对政府和非营利组织提供公共物品的特征进行比较：

两种组织提供公共物品的特征比较[5]

社会组织 内容	政府	非营利组织
垄断与竞争	垄断组织	非市场领域的具有竞争性的组织
强制与自愿	具有合法强制性	自愿加入、自愿接受服务
灵活性	官僚制结构，机械系统，稳定但缺少灵活性	注重合作，组织结构简单，有机系统，灵活性较强
契约	与公民间明确的契约关系	与社会的契约关系不强，但受多方力量的影响监督
目标导向	公共利益导向，但目标多元，经常相互冲突	某一特定的公共利益导向，目标尽管难以衡量但单一
资源来源	税收和部分捐赠	会费，捐赠，不以盈利为目的的营业收入，政府拨款

通过比较可以发现，与政府机构经常受到机构庞杂、手续烦琐、文牍主义、效率低下的弊病形成鲜明对比，非营利组织在公共事务管理方面被认为具有多样性、灵活性、创新性和参与性等诸多优点，它可以利用其成本低、效率高的优势，有效地提供相当一部分社会性、公益性的产品和服务，增加公共物品的供应总量，提高公共物品的供给效率。一方面，它可以提供政府力所不能及的、一些带有偏好性的服务及某些特殊消费品，如对失业人员、残疾人等弱势群体提供社会援助，对社会生态提供保护等；另一方面，它在当代社会中的社会治安、学校教育、医疗保健、社会工作等领域发挥着重要的作用。另外，非营利组织能有效整合社区的公共服务资源，如组建住宅公社、社区学院和社区发展公司等。⑥

过去，为加强政府对一些领域的控制，公共产品都由政府提供，如水电、公交、煤气、道路、电讯、邮政等，从而导致决策滞后，效率低下，服务质量难以提高。公共事务的非政府化能够在公共领域引入竞争机制，提高服务的质量和效率。公共产品的非政府化通常指公共事务自公营部门"转移"由民间提供，旨在扩大社会参与，减轻政府负担。

自20世纪90年代以来，许多发达国开始采用竞争招标制，把公益物品和服务的生产和提供民营化，将原来由政府提供的社会服务转由私营部门提供，而政府通过借助私营部门提供公共服务，在保留公共服务设施所有权的前提下将公共服务的管理、投资、运作以及经营等方面的责任转移给私营部门。⑦

二、非营利组织的法律责任

非营利组织并非新生事物，但其成为现代社会重要的组织群体，与政府和企业并行存在，并对整个经济、社会生活格局产生深远影响，是近几十年来的事情。非营利组织的出现和发展来自两个方面的动力，一是公民参与社会管理的愿望和能力的需要。在利益多元化背景下，公民参与公共事务的管理不仅仅是力所能及的，而且演化为强烈的愿望；二是社会事务管理的需要。因自身能力所限，政府需要将部分社会事务的管理权让渡给非营利组织。在这两个因素的推动下，非营利组织蓬勃发展。在其发展过程中，非营利组织应该承担起奉公守法等法律责任：

1. 奉公守法

遵守法律法规是非营利组织自然应承担的法律责任。守法是责任，更是最重要的法定义务。我们之所以强调守法的义务，是因为守法的义务是其享有并取得合法权利的前提。

在我国，对这些组织进行调节的法律主要包括《社会团体登记管理条例》、《社团分支机构、代表机构登记办法》、《中华人民共和国残疾人保障法》、《中华人民共和国工会法》、《中华人民共和国妇女权益保障法》、《中华人民共和国老年人权益保障法》、《中华人民共和国民办教育促进法实施条例》等。

2. 协助政府部门执法

非营利组织在运行过程中，立足于本群体的特殊利益目标和要求以及组织章程、内部管理制度、行业自治规范等的运作和实施，孕育了各不相同的治理结构和机制，从而形成了多元化、弹性化、互动性、自治性的管理模式，它作为国家制定法缺位和局限性的一种重要补充和替代，构成了国家法秩序的重要基础。

我国在加快政府职能转变、推进市场经济发展的进程中，通过委托、许可等形式把一些政府职能转化为非营利组织的治理能力。这种权力转移，为非营利组织进行社会管理、提供社会服务提供了必要的合法性基础,同时民间治理也需要国家法律秩序的整合和保障。

非营利组织具有很强的民间性、社会性、自治性和志愿性,它们通过其广泛的业务活动,发挥着利益代表、民主参与、自治管理、对话协商、社会服务、对外交往等功能,致力于权益主张和保障、解决社会问题、化解利益冲突、进行社会治疗和服务、维护社会秩序等目标,成为政府、社会部门和不同群体利益的协调中介和平衡器,从而形成了一种多元开放、互动回应的民间治理机制和民间秩序。正是这种民间治理机制和民间秩序,与国家法秩序之间形成了一定的互动和张力,并对法治秩序的确立和发展产生了重要作用和影响。⑧

3. 关注国家法律空白地带

在我国,主要是通过宪法和法律来维护国家与社会的法治秩序,保护公民与社会组织的法定权利与法定权力。但即使是最民主的法治国家,也只能保障国家的有序运转,而不能完全维护社会的公正和公益,对某些领域,国家权力无法全部顾及,在这些领域,非营利组织可以利用其资源与社会能力给予补救。

非营利组织除了运用其权力监督国家权力发挥上述功能外,还可以对国家法律尚未给予法律保护的人权和社会新生的权力主张加以关注和争取法制化,有时还可以自行采取必要的自助、互助以及自力救济等措施予以维护。

同时,在国家法律和行政与司法权力不能或不便于干预的社会公德等领域,社会权力便会发挥不可替代的作用。特别是对社会的弱者和弱势群体给予扶助,对多样性的社会公益事业自动地自愿地做出及时的反应,从而维护了社会的稳定,保障了国家法治在社会上的有效运行。

三、非营利组织的道德责任

非营利组织承担道德责任，有利于提高社会整体道德水平；有利于进一步有效地配置社会资源，保护弱势群体基本权利，促进社会公平；有利于道德规范的实施；有利于个人健康人格的培育。非营利组织的建立与发展，为有意服务社会者提供了身体力行的机会，并使人们的捐助行动和志愿服务从短期的、偶发的行为逐步过渡为长期的、规范的行为。⑨

非营利组织承担道德责任，主要包括三个方面：

1. 追求社会正义

非营利组织的使命就是追求社会公正。非营利组织提供的公益或互益服务以及从事其活动的原动力，可以追溯到一种向善的价值观，也是一种实现社会公平正义的愿望。正是对社会公正理想的追求，非营利组织不以盈利为目的，致力于社会公益性事业。它致力于解决的主要是被主流社会组织体制即企业——市场体制和政府——国家体制所不顾或所难以顾及的一些重大社会问题，主要是人口、贫困、教育、妇女儿童保护、环境保护、少数民族、卫生保健、残疾人以及人道主义救援和人权等问题。它服务的对象大多是被主流社会组织体制所忽略或排斥的边缘性社会群体。

政府失灵导致了非营利组织的产生和发展。非营利组织之所以被称作第三部门，正是在现代政府和企业高度发展成熟以后，其失灵现象也充分表现出来以后才会产生的现象。所以，在美英等国与非营利组织迅速发展相伴随的政府改革运动，其核心问题是重新界定政府的职能，将政府不该做或做不了、做不好的事务交还给社会，其中，私人物品生产大都交给市场，公共物品特别是垄断性公共物品继续由政府提供，但大部分非垄断性的准公共物品和准私人物品，则由非政府、非企业的"非营利组织"承担下来。

为了弥补政府和市场的失灵，作为一种组织创新，非营利组织任重道远。面对政府失灵，自下而上的非营利组织将接受那些政府做不好、做不了的公共事务。

通过各种各样的社团将个人组织起来，公民才可能有效地参政议政，抑制政府无所不在的权力，将公共权力置于社会控制之下，通过对政府权力的制约而推进民主政治建设。面对市场失灵，非营利组织通过慈善事业、志愿者团体、社区机构的扶贫、助学等活动来调节人民的收入水平，减少贫富不均，缓和社会矛盾，使社会经济发展具有良好的社会环境。同时还通过干预市场经济活动纠正外部不经济的问题。

非营利组织作为一种组织性质上的过渡，它不仅可以部分地替代政府，还是中间状态的公共物品和私人物品供给的恰当的组织形式，而且还可使社会不同组织之间的关系更为有机协调。所以，公民社会中非营利组织的使命，一方面是促进社会基本制度结构的完善，促进政治正义的实践；另一方面，则是基于道德正义的理想，凝聚社会成员的道义力量，直接去改造不平等的现实。

2. 寻求自愿奉献

志愿精神是指一种自愿的、不为报酬和收入而参与推动人类发展、促进社会进步和完善社区工作的精神，是公众参与社会生活的一种非常重要的方式，是公民社会和公民社会组织的精髓。志愿工作是指任何人自愿贡献个人时间和精力，在不为物质报酬的前提下，为推动人类发展、社会进步和社会福利事业而提供的服务。

志愿精神的产生基于个人对人类及社会的积极认识、对于社会发展的积极价值取向，而这个取向又来自个人的背景、教育和经验，也来自社会环境的作用。所以，志愿精神是个人对生命价值、社会、人类和人生观的一种积极态度。志愿者是指那些具有志愿精神，能够主动承担社会责任而不关心报酬的人，或者说是不为报酬而主动承担社会责任的人。

道德责任是一种自律性规范，是主体自主、自愿、自觉的意识和行为。这种自主、自愿、自觉是基于两方面的原因而发生的：其一，它是基于道德主体对客观存在的社会道德关系以及各种道德义务的深刻理解和责任感而发生的；其二，它是基于道德主体发展自我、完善自我的内在需要而发生的。自愿性反映了主体的道德觉悟，体现了人的自主性和能动性，是道德行为发生的深刻内在动因。

非营利组织是一种志愿性和自律性组织，是在共同的理想信念和奋斗目标的感召下，在道德良知和道德责任的激励下，自觉自愿地为社会和他人提供服务和帮助的公益性组织。它不靠权力指使，也不靠利益驱动，它的原动力是志愿精神，是基于责任意识、参与意识、合作意识和自我完善意识之上的自觉自愿的奉献和付出。志愿性是非营利组织深刻内在的伦理基础，它扎根于每个成员的内心深处，使之能够有坚定的信念和坚强的意志，能够克服一切困难，排除一切干扰，一如既往地履行自己的道德义务，实现本组织的宗旨和价值目标。

3. 坚持伦理管理

非营利组织管理具有伦理性，在非营利组织中推行伦理管理是道德实践的新模式。这种管理方式有赖于个人道德理想和组织推动力量两种动力的结合，从而保证组织管理的有效性。

当今世界，非营利组织正以不同的方式或角色，影响着社会的发展。正是对社会公正理想的追求，公民广泛参与志愿活动，显示出现代社会志愿行动与组织活动方式的普遍价值与意义。组织的力量，使志愿者的力量形成集合性的状态，显示出较高的效益。伦理化的管理，广泛传播志愿者行动的理念和行为方式，使得志愿者行动得到更多人的认同和参与，从而使整个社会的道德生活表现出普遍性与有效性的特征。[⑩]

四、非营利组织的可持续发展责任

1. 非营利组织的环保责任

非营利组织在最近几十年里发展迅猛，已经深入到环境保护的各个方面。他们在环境保护领域的作用和影响越来越大，成为衡量一个国家环境保护事业兴旺发达的标志。

20世纪后期，全球性的环境问题不断出现。在联合国环境规划署、国际政府间组织、绿色和平组织等社会组织的共同推动下，于1992年在里约热内卢召开了联合国环境与发展大会（UN CED）。期间，有来自不同国家的1400多个环境非营利组织参加。

到2002年在南非约翰内斯堡召开的联合国世界"可持续发展首脑会议"上，已有来自130多个国家的环境非营利组织代表5万人参加。这次会议被认为是联合国有史以来，非营利组织参与最多，组织非营利组织参与筹备过程最深入的一次首脑会议。此后，环境非营利组织以其更为强大的力量，在国际环境保护领域发挥着越来越重要的作用，承担越来越多的环保责任。非营利组织的环保责任具体表现在以下几个方面：

（1）提高公民环保意识的责任。

环境问题的产生虽然是多种因素综合作用的结果，但是人类对环境的基本认识和态度是其中的一个重要因素。公民是环境保护真正的主力军，只有当大部分人甚至所有人都正确认识到人与自然的关系，具有非人类中心主义的环境伦理观和环境保护意识，人类才会真正达到与自然和谐相处。而非营利组织正是动员群众、组织群众进行环保活动的最好形式，其有效的组织性能更好地聚集民间的环保力量。⑩

非营利组织在环境建设中应通过出版书籍、印刷资料、举办讲座、组织培训和新闻媒体等各种方式开展环保的宣教活动，起到教育引导作用，发挥社会各界环保力量，提高公民环保意识的责任。

（2）影响政府环保决策的责任。

在民主政体下，对于政府来说，影响政府决策的最重要因素之一，是社会舆论的压力。环保非营利组织的宣传并不具有强制力量，如果想要达到环境保护的目的，要么改进法律以约束政府，要么促使政府行动起来支持他们。非营利组织的专业环保人员不受政府的支配和企业利润目标的驱使，可以通过对环境问题的专业研究提出自己独立的见解参与政府决策。

环保组织并不仅只是政策被动的接受者或批评者，它们还是政府创造性政策的倡导者和促进者，可以推动政府调整其发展与环境方面的政策。环境保护需要集体行动，单个个人的呼声和行动不能引起社会和政府的关注和重视，非营利组织的组织性可以聚集大家集体行动以影响政府政策的制定，进而保护环境。在美国，自20世纪60年代中期以来，环保非营利组织的运动导致了上百部法律的通过，这可以说是美国立法史上的一次壮举。

（3）监督政府、企业行为，全面推动环境保护的责任。

在环境治理中，非营利组织可以起到特有的监督功能。因为政府在环境治理中既是管理者又是监督者，政府必须按照自己的职责履行法定义务，政府的行为是否到位、是否合法，还需要非营利组织和个人的监督。

对于企业来说，环境保护的社会监督更是不可缺少。企业作为市场主体，总以追求利润最大化为宗旨，其外部不经济性始终存在。作为社会力量的主要代表，非营利组织一直发挥着重要的监督作用。一方面，具有技术上优势的非营利组织，能为企业提供专业性、技术性的社会服务，使其改进生产技术、提高生产效率、节约资源消耗；另一方面，非营利组织还可通过对节能、提倡清洁生产、副产品回收等方面的宣传，对企业形成强大压力，督促企业在追求利润的同时，承担可持续发展的社会责任，从而使企业增强保护生态环境的自觉性。

近20年来，我国的环保非营利组织经历了从无到有、从小到大的发展过程，在我国的环境保护事业中发挥了重大作用，取得了令人瞩目的成就。但是我国的环保非营利组织自身存在多种问题，在具体开展各项活动中遭遇到各种困难。我国的环保组织在政府规制和市场挤压下艰难地寻求生存和发展之路，目前还难以呈现像在国外环保非营利组织上看到的勃勃生机。

2. 非营利组织的创新责任

非营利组织在承担环保责任的同时，还需要承担起力所能及范围内的创新责任。非营利组织具有创新的突出优势。这种创新的优势既表现在新技术和新的生产方式的创新，如引用和推广新的适用的技术，发展新技能，使穷人能够有效地运用这些技术，采用新的生产方法，也表现在新的社会组织方式的创新，如提高穷人的觉悟，促使他们组织起来，建立基层组织，通过合作的努力去积极参与同他们的切身利益攸关的各项事业和决策过程。

非营利组织具有创造联系的能力，这些联系有的是正式的，多数则是非正式的，如跨越国界将具有相同思想的人们联系在一起，建立新的伙伴关系。非营利组织可推动人们去发挥制度的适应性和创造性，并可向不适当的组织制度提出挑战。⑫

非营利组织在促进国际新制度的建设方面也发挥着重要作用，如它们参与国际新制度的协商和决策等过程，还在国际场所对各国政府进行监督，促使各国政府承诺、遵守国际组织所制定的规则。

五、非营利组织的慈善责任

在非营利组织中，承担慈善责任的一般为慈善机构。所谓慈善机构，是指不以盈利为目的，从事社会福利、教育文化、社会慈善、援外或国际人道救援等公益事业，依法立案成立的组织。这一类非营利组织在现代慈善事业中承担着重要任务，是现代慈善事业发展必不可少的重要角色。它们和政府、企业三者之间是平等的伙伴关系，具有各自社会职能，共同建立起了社会的慈善组织架构。

非营利组织的慈善责任包括让百姓住有所居，病有所医，学有所教，老有所养等社会保障责任。这些组织必须建立规范的规章制度和规范的管理及严格的监督机制，才能更好地发挥组织的慈善作用，目前，我国一些非营利组织就是缺乏这样的规范，严重影响了慈善组织的公信力也带来了中国慈善事业的相对落后。

培育一批信誉度较高、操作规范的慈善组织是目前慈善事业发展过程中必须解决的问题。很多企业和个人不愿参与慈善捐赠一个重要的原因就在于慈善活动的操作上存在一些不透明的因素。缺少一个捐赠项目信息共享平台，对于捐赠的去向和效果也缺乏清楚的了解，企业无法对捐赠进行管理，捐赠收益也就无从谈起，这都制约了企业慈善行为的积极性。

因此，非营利组织的慈善责任还应该包括，成立专门的社会评估组织，建立慈善组织的评估制度，设定慈善组织的行业标准，规范慈善组织的运营和管理。积极培育一批公信力好、知名度高、管理规范的评估组织,定期对各慈善机构进行评估。评估包括慈善项目的选择、劝募、善款的管理以及善款使用最终达到的效果。评估结果要向社会公开,以促使慈善组织遵循公开、公正、透明的原则进行慈善活动。对一些违规的慈善机构或成员、不规范的社会募捐项目与不合法的受赠主体,要及时进行必要的行政处理,严重的要追究其法律责任。关注、研究社会企业、新型公益创投基金会等新型企业捐赠行为,为这些新型事物的发展创造良好制度环境,使企业捐赠形式更为广泛,更为丰富。使慈善组织的发育环境更完善,从而使更多的慈善组织成长起来。

六、中国宋庆龄基金会——用爱心温暖世界

为纪念国家名誉主席宋庆龄,继承和发扬她的未竟事业,在邓小平同志倡导下,1982年5月成立了宋庆龄基金会,基金会办公地点设在宋庆龄同志北京故居。其宗旨是:为纪念宋庆龄国家名誉主席,继承和发扬她毕生所关心和从事的儿童文教

福利事业的精神，培养儿童德、智、体、美全面发展，为增进国际友好和世界和平作出贡献。

作为一个公益性质的社会团体，中国宋庆龄基金会积极履行自身社会责任，在社会生活各个方面作出了突出贡献：

1. 基本收支情况

2009年度，中国宋庆龄基金会捐赠收入17795万元，同比增长30.22%，创历史新高。其中，捐赠物资收入487万元，占总收入3%；捐款收入17308万元，占总收入97%，同比增长58.57%。其中公益性资金支出11416万元，其中，限定性支出10617万元，非限定性支出312万元，物资支出487万元；公益性支出占上一年总收入75.66%，为历史最高百分比。

2010年，基金会合计接收捐赠16108万元，实现基金投资收益1004万元，投资收益率超过6.44%，年末总资产达到27515万元。公益支出共计15370万元，创历史新高，同比增长35%。公益支出占2009年总收入的80%，超过基金会管理条例规定的70%的比例。

作为民政部批准开展救灾募捐的机构之一，2010年该会接收各类救灾款物近9000万元，均已全部拨付灾区使用。目前，中国宋庆龄基金会2010年度基金财务及基金收支，已通过会计师事务所的审计，并出具了无保留意见的审计报告。

2. 稳步推进实体建设，努力夯实发展基础

近几年，中国宋庆龄基金会严格按照胡启立主席"转变发展方式，实行战略转型"的总体要求，上下同心，群策群力，牢牢把握实现战略转型的黄金机遇期，坚持以实体建设为突破口和主攻方向，努力探索和实践，不断增强基金会的综合实力和事业发展后劲，以更好地反哺公益，服务社会，服务大局。

"阅读丰富人生，知识改变命运。"基金会"爱心字典"捐

赠项目自2009年年底实施以来，得到了新闻出版总署、商务印书馆、全国各地新闻出版发行企业及社会各界的大力支持，也受到了中央电视台等媒体的广泛关注，起到了良好的社会效应。该项目实施以来，已经收到社会各界捐款捐物折合人民币60余万元，解决了广西、河南、吉林等省区经济欠发达地区6万余名中小学生《新华字典》等工具书的匮乏和盗版问题。同时，该项目还引起了广西壮族自治区政府的关注，广西壮族自治区政府特别拨出2000万元专款，为广西全区200多万名小学生配发了《新华字典》。

3. 充分发挥自身优势，深化两岸民间交流

近几年，中国宋庆龄基金会认真分析两岸交流的变化发展和趋势走向，不断创新工作思路。在两岸交流中，紧紧围绕两岸和平发展主题，充分发挥我会在两岸民间交往中的桥梁和纽带作用，在经济、文化、教育、研究、艺术等多领域中积极开展活动，不断拓宽两岸交流渠道。2009年，基金会全年共组派赴台港团组17个，270人次；接待台港澳团组和个人33批次，2300人次；与台湾"蒋经国基金会"、中国国民党国政研究基金会、十大杰出青年基金会、台湾孔孟学会等岛内知名团体展开交流与合作，效果良好。

4. 覆职尽责服务社会，关注儿童发展

关注民族未来，发展少儿事业是该基金会的一项重要工作。截至2011年，基金会先后举行了数届"宋庆龄儿科医学奖"颁奖仪式暨宋庆龄儿科医学论坛；认真筹备"宋庆龄少年儿童发明奖"，进一步增强这两个评奖项目的权威性和影响力；不断加大对新疆和延边"宋庆龄足球学校"的扶持力度；举办全国"重点城市青少年足球邀请赛"；与上海世博协调局共同主办"儿童教育与发展国际论坛"；与联合国儿童基金会共同开

展"儿童权利保护网络建设"试点项目；与台湾富邦集团合作开展"发展迟缓儿童疗育基金项目"，帮助智障儿童；设立我国首个"超常教育专项基金"；促进农民工子女教育实验创新；在连续成功举办四届"中华青少年生命教育论坛"的基础上举办中华青少年生命教育教师研修班和青少年社会实践营。同时，基金会充分发挥社会保障体系中的补充作用，在医疗卫生、教育项目的实施过程中运作规范，注重创新发展，颇受社会各界好评。

5. 为改善民生多办实事

教育和医疗卫生是当前社会建设中的重点、热点、难点领域。为此，基金会充分发挥社会保障体系中的补充作用，在医疗卫生、教育项目的实施过程中运作规范，注重创新发展，颇受社会各界好评。"未来工程"项目年内奖励、资助了2670名高等院校在校生，覆盖全国31个省市124所学校，总受助人数已达两万余人。"母婴平安"项目覆盖全国94个县市，并对1181名妇幼保健医护工作者开展了专业技能培训。"西部园丁培训项目"年内为宁夏、云南、广西、四川等地871名乡村教师提供免费培训，累计培训人数3070人。与此同时，我会还在受助大学生中组织开展了参观实习、拓展训练、出访交流，志愿服务、联合义诊、主题征文等生课外活动，努力践行我会培养人、塑造人的理念；与世界杰出华商协会合作设立"创业天使孵化基金"项目，积极推动大学生创业就业；在大学设立"博宥科研资助基金"，支持教育科研事业。

——摘自中国宋庆龄基金会网站

中国宋庆龄基金会从成立到现在，以"继承和发扬宋庆龄国家名誉主席毕生致力的增进国际友好，维护世界和平"为宗旨，积极承担社会责任。基金会积极开展两岸交流，促进祖国统一；关注民族未来，培育少年儿童的未竟事业。始终不渝地遵循"增进国际友好，促进祖国统一，发展少儿事业"的三项宗旨，坚持"开门办会"和"实验性、示范性"的工作方针，充分发挥自身优势，在海内外友好组织和热心人士的支持、帮助下，在国际友好、两岸交流、扶贫助教、科学普及、文学艺术、体育卫生等诸多领域都取得了巨大成绩，赢得了良好的声誉，在国内外产生了积极的影响。

参考文献：

① 刘潇雅：《当代非政府组织的角色定位及其功能发展趋势》，载《现代商贸工业》，2008 年第 4 期

② 李珍刚：《论非营利组织在公共管理中的作用》，载《岭南学刊》，2002 年第 6 期

③ 韩倩：《事业单位的社会责任观初探》，载《管理观察》，2009 年第 25 期

④ 韩倩：《事业单位的社会责任观初探》，载《管理观察》，2009 年第 25 期

⑤ 汪锦军：《政府与非政府组织：公共性之比较》，载《浙江学刊》，2004 年第 6 期

⑥ 汪锦军：《政府与非政府组织：公共性之比较》，载《浙江学刊》，2004 年第 6 期

⑦ 李红艳：《论非营利组织发展与政府职能转变》，硕士毕业论文，2009 年

⑧ 刘敏娟：《我国非政府组织的法治功能分析及完善对策》，硕士毕业论文，2009 年

⑨ 吕洪刚：《非政府组织发展的伦理使命探析》，载《大连

干部学刊》，2011年第4期

⑩ 李建华，朱伟干：《论我国非政府组织发展的伦理使命》，载《马克思主义与现实》，2011年第1期

⑪ 何莎：《我国环保非政府组织的法律问题研究》，硕士毕业论文，2010年

⑫ 赵黎清：《非政府组织：组织创新和制度创新》，载《江海学刊》，1999年第6期

第七章 公民的社会责任

　　从法学的角度讲，公民是具有一个国家的国籍，根据该国的法律规范享有权利和承担义务的自然人；从社会学的角度讲，公民是符合社会人应有的身份、角色的人，侧重的是公民个人应有的行为态度和道德品质。顾名思义，公民的社会责任是指公民在社会生活中对国家、社会以及他人所应当承担的社会责任。对于公民应承担的社会责任，需从法律责任、道德责任、环保责任和慈善责任四个方面进行探讨。

第一节　公民的法律责任

公元前399年，古希腊著名思想家、哲学家、教育家苏格拉底被人诬陷渎神、腐化、误导青年而被雅典众多法官判决死无赦。临刑前，他的朋友克力同借探望之机告诉他可以很容易地从监狱中逃走，并认为遵守这样不公正的审判是迂腐的。但苏格拉底却反问道："越狱就是正当的吗？被不公正地指控并被判决有罪的人逃避法律的制裁就是正当的吗？人有没有一种服从任何法律的义务？"尽管克力同竭力相劝，苏格拉底最终还是服从了这个不公正的判决。他是基于两个理由而选择服从的：第一，如果人人都以判决不公为由而拒绝服从判决，那么国家岂能有个方圆？法律判决的公正性固然重要，但是维护社会秩序同样重要。第二，如果一个人自愿生活在一个国家，并且享受这个国家的法律给予的权利，这不等于是与国家之间有了一个契约吗？在这种情况下，不服从法律就是毁约，是十分不道德的。而14年之后，雅典人却发现他们对苏格拉底的审判是错误的，原来诬陷苏格拉底的人则或被判处死刑，或被驱逐出境。①

一、公民守法的理由

公民的守法理由历来是西方法哲学界的一个重要理论命题。在西方法律文明发展的各个时期，尤其是近现代以来，这个问题始终备受关注。围绕公民的守法理由这一问题，不同的法哲学流派分别提出了不同的学说，其中，具有代表性的学说主要有三种：

1. 社会契约论

社会契约论将公民的守法理由归于自己的同意和承诺,为法律的统治提供了道德上的合法基础。它通过把社会和国家看作人们之间订立契约的结果,来说明政治权威、政治权利和政治义务的来源、范围和条件等问题,其中也包含着有关公民守法理由问题的解释。它为公民的守法理由提供了一种具有相当说服力的解释。同时,社会契约论还隐含了公民守法的限度,即公民只有义务遵守在自己所授权限之内制定的法律。如果政府在公民共同赋予的权限内活动,公民就有服从政府及其所制定的法律的义务。否则,公民就有权拒绝服从。因而,这是一种民主的理论。

2. 功利主义论

功利主义基于这样一种伦理原则:人的本性是避苦求乐的,人的行为是受功利支配的,追求功利就是追求幸福;而对于社会或政府来说,追求最大多数人的最大幸福是基本职能。功利主义是这样一种原则,"即根据每一种行为本身是能够增加还是减少与其利益相关的当事人的幸福这样一种趋向,来决定赞成还是反对这种行为。"功利主义法学的最基本特点就是强调追求"最大幸福",将功利主义的原则作为立法的宗旨、评判法律优秀的标准。

这种理论认为,当法律能给公民或社会带来更多的利益或者能更好地防范风险并因此而减少可能的损失时,公民就遵守法律。公民守法与否是由守法与不守法的比较结果决定的;德国著名法学家边沁认为,即使在社会契约论中服从的义务也是以功利主义原则为基础的,因为它真实地说明:只有我们服从法律,才能实现最大多数人的最大幸福。

3. 法律正当论

法律正当论认为，公民之所以守法，是因为法律具有形式合法和内容合法的要件。从辞源学的意义上讲，"正当性"具有合法性的含义。因此，一般情况下正当性就等同于合法性。著名社会学家马克斯·韦伯认为："任何统治都企图唤起并维持对它的'合法性'的信仰。"法律的统治也不例外，它试图以自身的合法性作为公民对其服从的正当性基础。法律是由具有合法性权威的国家机关遵照法定程序制定的，而且法律与社会所认同的价值或道德即公平正义原则相符不悖。对于这样的法律，公民就有服从的义务。

二、公民守法的意义

1. 守法是构建法治社会的基础

人类社会生活的需要导致了法律的出现，这是人类社会发展的过程化产物。从人类社会早期习惯法的产生，到国家的诞生，诉讼与审判的出现，再到权利和义务的区别开来，在不同的国家、不同的时代，法律被赋予了不同的含义，但一成不变的是：法律是被国家赋予了强制性的社会规范。

法律，无论是作为统治手段、治国依据，还是作为人们的生产规范、生活准则，无论是为了实现公正与秩序，还是为了实现自由与效率，它的前提都是必须被遵守和执行，否则便毫无意义。法律的应然价值要转化为实然价值需要有一个具体的转化过程。这个过程只有伴随着法律的实现才成为可能，而法律的实现又是法律的适用和法律的遵守的有机统一。

法的适用主要靠司法、执法，法的遵守即公民守法，而司法、执法的最终取向乃是法律为广大公民所遵守。衡量一个国家的法治化水平，最为重要的标准也是公民对法律的遵守状况。就此而言，公民对法律的遵守对法之价值的实现具有最终的和最为重要的决定意义。

2. 守法是组成并维系人类社会的基本保障

法律具有保护、预防和惩戒三大功能，三大功能三足鼎立，稳定地维系着社会秩序。如果法律不被遵守，人类将陷入极度的混乱的状态之中，维系人类生存的起码的基本生活秩序和正义秩序就不能具备，人类的生存将受到严重威胁，"社会"这种组织形式将不复存在，更谈不上发展了。因此，可以说守法是人类社会发展进步的基石之一。

3. 守法是国家软实力的集中体现

国际上一些著名法学家认为，法律是一个国家的第二软实力。一个国家即便经济实力再强，假使没有健全的法制，没有遵纪守法的公民，仍不能算是一个真正文明、强大的国家。

照这个标准看来，我国离真正的"强盛"还有相当一段距离。虽然目前我国已经构建起了比较完备的法律框架，但"遵纪守法"四个字还远没有成为所有公民的自觉行动。什么时候，我们国家不仅经济实力足够强大了，而且，"以遵纪守法为荣、以违法乱纪为耻"的荣辱观也真正成为一种被全社会广泛认同、自觉遵从的公共道德时，中华民族才能软硬实力兼备、傲立于世界民族之林。②

三、公民守法责任的承担

"我们是人民法官，在法庭上，要忠实地捍卫法律的尊严；在法庭外，还要用自己的真情，感染和教育更多的人学法、懂法、守法。"被群众誉为"铁法官"的大连经济技术开发区人民法院刑事审判庭副庭长、副院长谭彦对自己职业有这样的理解。谭彦在身患重病的情况下，仍然执法如山，认真办案。他以秉公执法、无私奉献的形象，赢得了人们的赞誉。

公民社会是法制社会，在这样的社会中，遵纪守法对于公民来说是一种必须遵守的行为规则，公民在守法的过程中也得到了法的保护。法律素养是公民素质的组成部分。只有当每个公民的权利都可以通过法律的途径得到保护时，公民的法律意识、守法意识才能真正建立起来。公民权利得到法律的有效保护，有助于法律意识的提高。

在我国，"以遵纪守法为荣，以违法乱纪为耻"是法治社会对公民素质以及公民法律意识的基本要求。法治是被世界近代政治实践所证实的社会治理的最佳方式，它以高度的强制性约束规范人们的行为，在社会治理中发挥主导作用，是高度市场化和高度社会化条件下社会治理的必然选择，是现代社会在政治上的突出特征。但是，法律制度对人们行为的有效约束只有在人们对法律规范的道义合理性高度认同并形成神圣感的情况下，才具有持久性。

"以遵纪守法为荣，以违法乱纪为耻"，重新阐明了遵纪守法的道德意义，构建了法律与道德之间的关联，有助于解决当前社会上法律与道德两张皮的问题，增强公民对法律制度的认同感，进而形成法律神圣不可侵犯的观念。这"一荣一耻"是现代社会公共生活对每个现代公民的法律要求，也是对每个公民的道德期待。

经过30年我国实行市场经济改革开放的实践证明：越是经济繁荣发展了，越是人们的生活好了，对遵纪守法的问题越显得重要。在经济发展快速增长的新形势下，依法经营、遵纪守法的自觉性，只能加强，不能放松。遵纪守法与经济建设应协调发展。邓小平同志生前曾多次强调要坚持"两手抓"的问题，这其中就包括了要加强法制建设的问题。所以，"以遵纪守法为荣、以违法乱纪为耻"的社会主义荣辱观的提出，是非常及时和重要的。

把遵纪守法作为公民最基本的守法规范，就是要求每一个公民充分认识法律制度正义性、合理性，并在深入理解法律制度的正义性、合理性的基础上，形成对法律的敬仰心理，进而形成全社会敬畏法律制度的风气。只有在道德领域使遵纪守法成为一种社会共识，成为公众道德评判的标准，形成对违法乱纪行为的谴责之势，才能使个别法制意识淡漠的人对法律制度真正产生敬畏心理，才能增强法律的神圣感和权威性，降低社会治理的社会成本，提高法治的社会效益。③

四、12岁女孩的噩梦

2011年12月，湖南永州市宁远县太平镇岭头源完小，六年级一班的寄宿生、12岁女孩何小珍，因为感觉身体有些不舒服，向班主任老师请假回家。请假被批准后，何小珍和同学走在回家的路上。就在回家的那条路上，何小珍被从东莞回乡的黄某高速开车撞伤。

据事故目击者说，"何某被一辆银色面包车撞了"，事故发生后，自己看见何某的额头满是鲜血，她的白色袋子还挂在面包车车头前的不锈钢架子上，从车子上下来两个人，都是穿着黑色的衣服，平头，"有人很急很快地说了一句'赶快送去医院'，何小珍就被其中一人抱到了后座上，很快车就开走了。"

开车撞人后，黄某并没有将受害者送往医院，而是半路上把她抛弃在东莞一条公路边的

正义之锤

一个涵洞中。16日深夜，嫌犯黄某被宁远警方在东莞万江的出租屋里抓获，17日中午被带回宁远。18日，何某的父亲和母亲来到交警大队，在女儿何小珍失踪的4天后，何某的父母还抱着一丝孩子活着的希望，他们希望警方能尽快行动去找受害者。19日，警方在东莞东城和大岭山镇交界附近，一条荒凉的涵洞里找到了受害者的遗体。

《刑法》第一百三十三条规定："违反交通运输管理法规，因而发生重大事故，致人重伤、死亡或者使公私财产遭受重大损失的，处三年以下有期徒刑或者拘役；交通运输肇事后逃逸或者有其他特别恶劣情节的，处三年以上七年以下有期徒刑；因逃逸致人死亡的，处七年以上有期徒刑。"

最高人民法院《关于审理交通肇事刑事案件具体应用法律若干问题的解释》规定："行为人在交通肇事后为逃避法律追究，将被害人带离事故现场后隐藏或者遗弃，致使被害人无法得到救助而死亡或者严重残疾的，应当分别依照刑法第二百三十二条、第二百三十四条第二款的规定，以故意杀人罪或者故意伤害罪定罪处罚。"

12岁女孩的花样年华就这样凋谢了。这场噩梦原本可能被认定为是一起交通肇事罪，甚至可能被认定为是一起意外事件的普通交通事故，结果演变成了涉嫌故意杀人罪的恶果，这不得不让我们反思。

遵纪守法对于公民来说是一种必须遵守的行为规则，法律素养是公民素质的组成部分。如果驾驶员能将12岁的女孩送往医院；如果女孩已死亡，保护好现场并报警；如果驾驶员开车速度慢点；如果驾驶员多一点法律知识，不要抱有逃脱法律制裁的侥幸心理；如果……还有很多如果，结果会是什么样？

第二节　公民的道德责任

公民道德责任是公民道德的重要组成部分，是公民身份的必然要求，也是维系公民与社会、国家之间和谐关系的重要纽带。社会的发展不仅需要法律的维系，同样也需要道德的调节与支撑。随着人们在公共领域的活动越来越多，并且越来越具有公共影响，现代社会的道德问题越来越多地表现为公民的道德问题。公民的道德状况在一定程度上决定了一个国家的整体道德水平，反映了社会的政治文明程度。

一、公民承担道德责任的意义

1. 稳定社会秩序，协调人际关系

道德是从道义上论证产生它的经济基础的合理性和正义性，使社会形成一个共同的思想观念、基本的行为准则和道德评价标准，成为大多数社会成员行为自律的准绳，从而在社会成员同心同德的基础上，实现社会局面的安定团结和社会秩序的稳定。

道德作为调节人们行为的一种社会规范，它通过教育、示范、激励、指导、沟通和社会舆论评价，为人们提供"应当"和"不应当"的模式与标准，以此来规范、约束、协调个人与社会、个人与他人的关系和交往中的行为，调节人们的行为目标，使人们化解矛盾，相互理解，增进团结。正如爱因斯坦所说，"一个仅有专业知识的人和一只受过良好训练的狗是没有区别的。"

2. 促进道德赖以产生的经济基础的形成、巩固和发展

在人类社会发展史上，当一种新的社会经济关系发展起

来，并力图取代旧的社会经济关系时，代表这种新的经济关系的道德便会以自己特有的方式同旧道德进行顽强的抗争，向人们表明旧的社会经济关系是恶的、不正义的，新的经济关系是善的、正义的，为新的经济关系取代旧的经济关系进行辩护、斗争。

当新的社会经济关系确立起来，并建立了相应的政治制度以后，与它相适应的道德便逐渐形成一套完整的规范体系，发挥指导和约束人们的行为，保障和促进新的经济关系和政治制度的巩固与发展的作用。当一种经济制度走向衰亡，并逐渐为新的经济关系所取代时，与之相适应的道德便作为一种传统的心理和习惯，同新的道德进行抗争，以阻碍新的经济关系及其相应的政治制度的建立、巩固和发展。而公民承担起道德责任，则恰恰是对新确立的道德观念的认可和支持，进而巩固其赖以产生的经济基础并促进经济的发展。

3. 对公民承担法律责任的有益补充

不管法治这张天网如何恢恢，总有漏网之鱼；不管法治调整的范围多么广阔，总有鞭长莫及的地方。从这种意义上来说，凡是法治不及之处，皆是德治用武之地，法治不可能完全取代德治，公民积极承担道德责任就是德治的体现。

公民承担道德责任是对其承担法律责任的有益补充，对法的实施有保障作用。执法者的职业道德的提高，守法者的道德意识、道德观念的加强，都对法的实施起着积极的作用。同时，道德对法有补充作用。有些不宜由法律调整的，或本应由法律调整但因立法的滞后而尚"无法可依"的，道德调整就起了补充作用。

4. 保持身心健康

巴西医学家马丁斯经过 10 年的研究发现，屡犯贪污受贿罪行的人，易患脑出血、心脏病、神经过敏等病症。而从相反的角度去看，善良的品性、淡泊的心境则是健康的保证。与人相处善良正直、心地坦荡，遇事出于公心，这样便无烦忧，使心理保持平衡，有利于健康。一个道德健康的人，是不以损害他人的利益来满足自己的需要，具有辨别真与伪、善与恶、美与丑、荣与辱等是非观念，能按社会行为的规范准则来约束自己及支配自己的思想行为。④

二、公民道德责任的承担

法律强调"不能做什么"，而道德则提倡"应该做什么"。近年来发生的一些见义勇为者反受其害，"流血又流泪"的尴尬事件屡见不鲜。见义勇为者或受伤无钱医治；或家庭生活困难没人管；或因受益者不作证，不仅见义勇为行为得不到认定，还可能受到刑事处罚和民事赔偿的困扰，自身的合法权益得不到保障。让一部分人在做好事前多了几分疑虑和担心，在"该出手"时"不出手"。对此，冷眼旁观者有之、抱怨讥讽者有之。不少人感叹"世风日下"，其深层次的原因，是公民缺乏承担道德责任的标准，不知道如何承担道德责任。根据中共中央《公民道德建设实施纲要》，我们提出以下建议：

1. 公民道德基本规范——爱国守法、明礼诚信、团结友善、勤俭自强、敬业奉献

中共中央《公民道德建设实施纲要》提出了"爱国守法、明礼诚信、团结友善、勤俭自强、敬业奉献"二十字的公民道德基本规范。它不仅体现了道德的先进性与道德的广泛性的统一，还体现了中国传统美德、革命道德和社会主义市场经济条件下产生的新道德的统一。

（1）"爱国守法"是公民对国家的最首要的道德义务。

公民应当热爱国家、建设国家、保卫国家，维护国家的尊

严，保守国家的机密，敢于同一切危害国家利益和安全的行为作斗争，把对国家的一切义务和责任看成是自己的天职。"守法"是公民道德的最低层次的要求。公民应当维护法律确定的最基本的政治秩序和社会秩序，尽法律所规定的一个公民应尽的义务。同时，"爱国主义"体现了社会主义集体主义原则，公民通过爱国守法去实践集体主义的道德要求。

（2）"明礼诚信"是公民如何待人的道德规范。

在我国，无论在何种场合，无论从事什么样的活动，公民彼此都应该讲文明、讲礼貌、讲诚实、讲信用。我国自古以礼仪之邦著称于世。在改革开放的条件下，特别是我国加入WTO之后，国际交往日益增多，公民能否明礼，关系到世界对我们国家的形象和文明程度的评价，因此，"明礼"具有特别重要的现实意义，"诚信"是人与人之间交往关系中最基本的道德。它是公民道德人格中的基本要素之一。在经济活动中要诚信，杜绝假冒伪劣、坑蒙拐骗；在日常生活中也要信守诺言，忠诚待人。

（3）"团结友善"是公民与公民之间应当如何相处的基本规范。

每一个公民，不论民族、年龄、职业，都是中华人民共和国这个大家庭中的一员。公民之间应该彼此团结，相互友爱，建立起一种和睦亲爱的关系。现实中，对他人友善的人也必然会得到他人的友善。团结是力量的源泉。能否团结、友善，关系到一个人的前途和幸福，也关系到民族的兴旺、国家的兴衰。要做到团结友善，就必须怀着友好的愿望，抱着彼此平等的心理相互对待，就必须对己严、对人宽，就必须将心比心，"己所不欲，勿施于人"。当然，团结友善必须是在正义原则之下的团结友善。

（4）"勤俭自强"是公民对待生活、对待自身的道德规范。

作为一个公民，有劳动的权利和劳动的义务，应当懂得没有勤奋就不会有社会财富的道理，推崇勤劳，反对懒惰和游手好闲。公民还应该厉行节约，反对奢侈浪费和享乐主义的生活方式。在现实生活中，公民应当自强不息，不断进取，保持一种健康向上的精神风貌，凡事尽量依靠自己而不依赖他人。

（5）"敬业奉献"是公民对待职业活动的道德规范。

每一个公民都要从事一定的职业，职业是公民与社会联系的重要方式和途径。对待职业或事业要严肃认真，一丝不苟，精益求精，为国家、为社会、为他人作出有益的贡献。

2. 社会公德主要规范——文明礼貌、助人为乐、爱护公物、保护环境、遵纪守法

（1）文明礼貌，提倡人们互相尊重。

人类社会不断进步的一个重要标志，是越来越摆脱原始野蛮的状态，人和社会的文明水平的日益提高。在这个意义上，我们可以说人类社会进步的基本趋势，是由野蛮向文明的过渡，由野蛮人变为越来越文明的人。所以，人类行为文明的基本规范，就成为现代社会公德的一个首要内容。

作为社会公德的基本要求——人们的行为文明状况，它集中反映的是社会成员的文明教养程度，而礼貌则是这种文明程度在人际交往中的外在表现形式。作为社会公德的一个基本规范，文明礼貌是在人际交往中的一种道德信息，它说明了一个人对别人的尊严和人格的尊重。

在人际交往中注意自己的个人形象，比如要做到衣冠整洁，举止文雅，这是对别人的一种尊重。在社会的公共场合，在与人交往的过程中，处处注意讲究礼节，这也是一个人文明程度的反映。任何人在与人交往的过程中，一般都要通过语言

与对方交流思想和感情，因为语言是思想的直接现实。随着现代社会的发展，人们的生活节奏在不断加快，对工作效率也不断提出更高的要求。与此相联系的是，在公共场合，在集体性的活动中，每个人都应当自觉地遵守群众活动（如集会等）的秩序或规定，并且相互礼让，这对于保证集体生活的正常进行，维护大多数人的共同利益，是一个重要条件。

（2）助人为乐，发扬社会主义人道主义精神。

反映社会主义社会关系的本质特征，作为社会公德的社会主义人道主义道德要求，其基本内容可以概括为：尊重人、关心人、爱护人，特别注意的是要求尽一切努力保护儿童，尊重妇女，尊敬和关怀老年人，尊重和爱护人才，关心帮助鳏寡孤独和残疾人，设身处地，多为他人着想，热心社会公益事业，大力帮助那些陷入困难之中的人们，在全社会以至全世界的范围里，积极维护正义的事业。具体来说，发扬社会主义人道主义精神，主要应当做到如下几个方面。

第一，社会主义人道主义要求对每个社会成员的基本权利和人格，给予充分的尊重和维护；

第二，社会和国家对每个社会成员要切实关心和爱护，每个社会成员之间都要互相关心和互相爱护，这是社会主义人道主义又一个显著的道德要求；

第三，社会主义人道主义要求社会团体和每个社会成员，对那些遭到不幸和困难的人们，在道义上和物质上给予同情，支持和切实的帮助；

第四，社会主义人道主义要求社会和每个社会成员都要尊重知识、尊重人才，为每个社会成员的全面发展创造越来越好的社会环境；

第五，在现代法治社会中，人的文明水平越来越提高的一个重要表现，就是对那些正在接受改造的犯罪分子、已经放下武器的敌对分子，必须给予他们以人道的待遇，不准侮辱他们的人格，给他们悔过自新、重新做人的机会和出路；对于被改造中的犯人进行刑讯、逼供及其他残忍做法，都是社会主义人道主义所坚决反对的。

（3）爱护公物，增强社会主义社会主人翁的责任感。

在社会主义社会中，国家和社会的公共财物、集体的财产，是全体社会成员进行社会性活动、实现共同利益的物质保证，也是满足劳动者个人利益和人们的当前利益的共同物质条件。所以，以社会主人翁的责任感，维护和珍惜国家、集体的财产，爱护公物，是社会公德的基本要求。对社会共同劳动成果的珍惜和爱护，是每个公民应该承担的社会责任和义务，它明显地体现了社会主义集体主义精神，既显示出个人的道德修养水平，也是整个社会文明水平的重要标志。

随着社会现代化程度的日益提高，社会的公用设施，如公路、铁路、水电线路、通信设备、卫生消防设施等等，能否受到妥善保护，使之发挥作用，都关系到人民群众的切身利益问题。可想而知，这些公共设施中的任何一项遭到破坏，都会使人民群众的利益受到损害，从而严重影响整个社会的稳定。所以，每个有责任心的公民，或者说有良心的人，是决不应当有意去破坏这些公共设施的，相反地，应当像珍惜与爱护自己的东西一样，去精心保护这些公物。但是，在现实生活中我们会常常发现，有些人出于各种不同的动机，有意或无意地给公共设施造成了破坏，即使是无意的损坏行为，也是对人民的极大不负责任。从道德的角度来说，是缺社会公德的。同样道理，能不能爱护这些公用设施，也是对人民群众的感情问题。在这里还应当指出的是，有些人为了自己的私利，满足自己的个人欲望，而损坏公物，化公为私，这是很可耻的行为，除了要受到法律制裁之外，还应当受到社会舆论的谴责。

（4）保护环境，强化生态伦理观念。

人们遵循环境道德规范的实质，要求我们在正确处理人类自身的发展与自然环境的发展之间关系问题上要有科学的态度。这方面的一个首要问题，是应当确立起对自然环境的正确价值观念。这里所说的价值观念，不仅仅是指物质方面的，尤其是指精神方面的价值。人类社会的生活经验已经告诉我们，良好的自然生态环境，对于使人们的精神生活日益丰富、健康，培养人们高尚的道德情操，有着十分重要的价值。正是基于对自然生态环境的特殊精神价值的认识，爱护自然生态环境，把维护自然生态平衡作为自己的道德责任，已成为现代社会环境道德的一个基本要求。

环境道德的一个重要内容就是，人们应当热爱大自然。热爱大自然，实质上也是对人类本身的热爱，是对生活的热爱，是对生命价值的重视。自觉遵守这样的社会公德，从根本上说，是对大多数人的利益的维护，是对人类的生存利益的关心，也是对子孙后代利益的关心。有了这样高尚的道德情操和品质，就有助于我们自觉克服对自然界生物的自由主义和无政府主义错误态度，自觉遵守环境保护的共同行为准则。当然，我们应当把这些道德要求体现在具体的实际行动上，比如要千方百计来节约自然资源，爱护花草树木，决不伤害国家规定要加以保护的野生动物，注意维护人文景观；按规定防治废渣、废水、废气和噪音污染；自觉维护公共卫生，不随地吐痰，不乱扔垃圾，等等。只要我们齐心协力，就能营造出一个美好的自然生态环境。

（5）遵纪守法，自觉维护公共秩序。

现代社会是法治社会,每个公民都必须具有很强的法制意识,有必备的法律知识,自觉维护法律的权威,认真执行各项法令、法规和各项规章制度。事实证明,在正常的情况下,自觉遵守和服从法律,有明确的法制观念,这是现代社会文明教养即社会公德的基本要求,换句话说,在现代文明社会中,每个社会成员,如果没有基本的法律知识,不遵守法律,不懂得维护宪法的尊严,那就不能说是一个文明的人,一个有道德的人。为什么这样说呢?这是由法律与道德之间的关系决定的。

法律与道德的紧密结合、相互作用,在社会主义社会中表现得尤其明显。在当前的我国社会中,社会主义法律与社会主义道德,在根本上是一致的。一般说来,违背法律的行为同时也是违背道德的行为,在有的情况下,违背道德的行为也是一种犯罪行为。而且,这种情况总是反映在全社会的范围内,所以,自觉地遵守宪法和法律,实质上也是在自觉地遵守社会公德。培养公民的法制意识,使越来越多的人自觉地遵守法律法规,自觉地维护法律的尊严,这也是提高人们社会公德水平的一个重要途径。

自觉地遵守法律法规,维护社会秩序,对于每个公民来说,还有一个特别要求,即在社会公共秩序受到破坏、国家安全受到威胁的时候,应该见义勇为,挺身而出,坚决地与之进行斗争。这个道德要求,在当前的社会情况下,是有特殊重要现实意义的。因此,有些地区,对见义勇为的人给予奖赏,并且用法律的形式把它规定下来了。这不仅说明我国人民法制意识的增强,而且也反映了我国人民社会文明程度的提高。

3. 职业道德的主要规范——爱岗敬业、诚实守信、办事公道、服务群众、奉献社会

《公民道德建设实施纲要》规定"要大力倡导以爱岗敬业、

诚实守信、办事公道、服务群众、奉献社会为主要内容的职业道德，鼓励人们在工作中做一个好建设者"。《公民道德建设实施纲要》对职业道德的这种规定，既体现了时代的鲜明特征，又概括了社会主义市场经济条件下各种职业道德的共同特点，所以，它适用于各行各业，是对各种职业道德的共同要求。

（1）爱岗敬业。

爱岗与敬业是紧密联系在一起的。爱岗是敬业的前提，敬业是爱岗情感的进一步升华，是对职业责任、职业荣誉的深刻认识。不爱岗的人，很难做到敬业；不敬业的人，很难说是真正的爱岗。所以，不论做任何工作或劳动，只要认真负责，精益求精，不辞辛苦，就可以说是爱岗敬业。一般说来，工作条件好、工作轻松、收入高的职业，做到爱岗敬业是比较容易的。相反，环境不好、工作艰苦、收入不高、又远离城市，要做到爱岗敬业就不那么容易。那些在环境艰苦、工作繁重、收入不高岗位上认真工作劳动的人，就会受到人们的尊敬。在社会主义社会，任何职业都是社会生活所离不开的，所以总是要有人去干。

如果没有亿万农民辛勤种田，没有千百万工人在茫茫沙漠或高山峻岭上采油、采矿、修筑铁路，没有广大人民解放军在天涯海角守卫祖国的边疆大门，没有千万清洁工人清除城市垃圾，没有几千万人民教师、科研人员埋头教学和科研，社会主义建设事业能取得如此伟大的成就吗?我们每个人和家庭能享受到今天这样幸福的生活吗?人总是要有点精神的。

一个人的价值大小就在于他在平凡的工作岗位上，爱岗敬业，为社会、为祖国作贡献。另外，改革开放以来，择业机会的增加和选择方式的多元化为人们选择自己喜爱的职业提供了很好的机会，也为人们爱岗提供了坚实的社会基础。同时，要看到，爱岗敬业是市场经济发展的必然要求。市场经济是一种自由竞争的经济。一个从业人员要想在激烈竞争中获得生存和发展的有利地位，实现自己的职业利益，就必须爱岗敬业，努力工作，提高劳动生产率和服务质量。否则，一个不履行职业责任的人，就将被职业组织所淘汰。

（2）诚实守信。

诚实守信是做人的基本准则，也是社会道德和职业道德的一个基本规范。在中国传统儒家伦理中，诚实守信被视为"立政之本"、"立人之本"、"进德修业之本"。孔子曾说："民无信不立。"他把信摆到了关系国家兴亡的重要位置，认为国家的朝政得不到人民的信任是立不住脚的。《纲要》把诚实守信列为社会主义职业道德的一项基本内容，真可谓顺应天意，合乎民心。

诚实就是真实无欺，既不自欺，也不欺人。对自己，要真心诚意地为善去恶，光明磊落；对他人，要开诚布公，不隐瞒，不欺骗。一句话，诚实就是表里如一，说老实话，办老实事，做老实人。守信就是信守诺言，讲信誉，重信用，忠实履行自己承担的义务。诚实和守信是统一的。守信以诚实为基础，离开诚实就无所谓守信。在我们的社会生活中，每个人每天都要与他人或单位打交道，根据与他人、与单位达成的协议来安排自己的会议、学习、工作、劳动和其他活动。如果人人都不诚实，不守信，那么，人和人之间的一切交往就无法进行，一切会议、学习、工作和劳动就无法开展，整个社会就会陷入一场无序、混乱之中。

（3）办事公道。

办事公道是指对于人和事的一种态度，也是千百年来人们所称道的职业道德。它要求人们待人处世要公正、公平。公正、公平要以公心为基础，从个人的感情和利益出发，很难做到公正、公平。当然，公正、公平也包括平等的内涵。

（4）服务群众。

服务群众就是为人民群众服务。在社会生活中，人人都是服务对象，人人又都为他人服务。服务群众作为职业道德的基本规范，首先是对党和国家机关干部、公务员的要求。服务群众不仅是对党和国家机关干部、公务员的要求，也是对所有从业者的要求。

在社会主义市场经济条件下，要真正做到服务群众，首先，心中时时要有群众，始终把人民的根本利益放在心上。其次，要充分尊重群众。要尊重群众的人格和尊严。再次，千方百计方便群众。

（5）奉献社会。

奉献社会就是积极自觉地为社会作贡献。奉献，就是不论从事任何职业，从业人员的目的不是为了个人、家庭，也不是为了名和利，而是为了有益于他人，为了有益于国家和社会。正因为如此，奉献社会就是社会主义职业道德的本质特征。在以私有制为基础的社会里，少数统治阶级的利益和广大人民的利益是相对立的。虽然，他们也提倡职业道德，但出发点和最终目的却是为了少数剥削阶级的私利。社会主义建立在以公有制为主体的经济基础之上，广大劳动人民当家做主，因此，社会主义职业道德必须把奉献社会作为自己重要的道德规范，作为自己根本的职业目的。

奉献社会并不意味着不要个人的正当利益，不要个人的幸福。恰恰相反，一个自觉奉献社会的人，他才真正找到了个人幸福的支撑点。个人幸福是在奉献社会的职业活动中体现出来的。个人幸福离不开社会的进步和祖国的繁荣。幸福来自劳动，幸福来自创造。当我们伟大的祖国进一步繁荣富强的时候，我们每个人的幸福自然就包括在其中。奉献和个人利益是辩证统一的。奉献越大，收获就越多。一个只索取不奉献的人，实质上是一个不受人们和社会欢迎的个人主义者。如果人人都只索取不奉献，社会物质财富和精神财富从哪里来，社会还能进步和发展吗？

4. 家庭美德的主要规范——尊老爱幼，男女平等，夫妻和睦，勤俭持家、邻里团结

（1）尊老爱幼是中华民族传统的家庭美德，也是社会主义家庭美德的重要规范。

（2）男女平等。坚持男女平等的美德，是指既要反对"大男子主义"，也不赞同"夫人专政"或"妻管严"。

（3）夫妻和睦。平等对待，相敬如宾，是夫妻和睦的关键，也是建立美满幸福家庭生活的关键。

（4）勤俭持家。勤俭持家是我国传统道德中传播最久的美德之一，我们提倡婚丧嫁娶要从简，并不是淡漠人情，违背道德良心，而是弘扬淳朴、善良、勤俭节约、艰苦奋斗的美德。

（5）邻里团结。搞好邻里团结重要的是互相尊重。邻里之间应该以礼相待、互谅、互让、互帮、互助，团结友爱。

三、感动中国的奥运冠军——栾菊杰

我回来了，祖国！因为是在祖国举办奥运会，所以没有什么可以阻挡我回来的脚步！

——栾菊杰

栾菊杰，女，1958出生在江苏南京，运动项目为击剑，加拿大籍，1973年入南京业余体校，1975年入江苏队，1976年进入中国国家剑击队，1984年获美国洛杉矶奥运女子个人花剑比赛冠军，成为第一个在奥运会上获剑击冠军的亚洲人。

1989年退役之后，栾菊杰到加国亚伯达大学留学，同时在一家剑击俱乐部兼任教练。先后担任爱明顿市剑击俱乐部教练、亚伯达省剑击协会技术部主任、加拿大国家队女子花剑总教练。

2000年栾菊杰以42岁年龄代表加拿大队参加悉尼奥运会剑击比赛，创造世界体坛奇迹。2008年的北京奥运会，现年已经50岁的栾菊杰再次奇迹般的代表加拿大参赛，在女子花剑1/16决赛中不敌匈牙利选手穆罕默德·艾达。尽管栾菊杰未能晋级，但是在赛场上她掏出的"祖国好"红色旗帜，表达了她的爱国心，也成为北京奥运会上令人印象深刻的经典画面。

1. "祖国举办奥运会，我一定要回来"

1984年的辉煌已经很久远，但是1984年的辉煌很经典。2008年后的北京，50岁的栾菊杰风尘仆仆地回来了。她说，她回到了祖国的怀抱，她回家了。"24年前，我第一次代表中国参加奥运会。现在，中国第一次举办奥运会，我一定要参加。如果是在其他国家举办这届奥运会，也许大家就看不到我了。这就是祖国的魅力，我永远无法抗拒的魅力，因为我的骨子里是中国人的血脉。"为了能够参加北京奥运会，栾菊杰走过了15个月的争夺积分的路程，其中的艰难只有她自己最能体味，用她的话说就是"拼了老命了"。"我一直在坚持，而且最终我真的回来了。我觉得，奥林匹克精神在我的身上得到了最充分的体现。"

2. "不在意结果，享受过程很爽"

第一场，栾菊杰以13:9战胜比自己小30岁的突尼斯选手。"那个小孩我从来没有交手过，她的进攻很厉害，我就和她打防守，她打不出自己的节奏，紧张了，我就抓住了机会，凭借经验果断出手。"第二场，栾菊杰以7:15负于匈牙利选手，北京奥运会之旅就此终结。"对手技术很全面，很难打，我一直叮嘱自己要冷静。第一局我的战术不太合理,第二局就改变了,开始进攻。第三局继续进攻,只是弓步不到位,最后输了。不过,过程中我尝试了不同的技术,感觉很不错。现在规则改变了,赛场很美,戴着透明面罩,感觉很潇洒,很爽。在赛场上,我根本不觉得自己是50岁的人,觉得自己很年轻。结果对于我来说并不重要,这个过程让我很快乐。"

3. "祖国好",全场为之动容

当栾菊杰走进赛场的时候,全场报以了最热烈的掌声,人们高呼着她的名字。看着这么热情的观众,栾菊杰扬起手中的剑,向大家致意。"这么多年了,还有这么多人记得我,支持我,真是太感动了。回到这里,就是回家了。"当她赢下第一场比赛后,面对热情的观众,她打出了一面写有"祖国好"的红色旗帜。那一刻,她的眼中充满了泪水,全场为之动容。"开幕式的时候,大山和团部的人帮着我举起了这面旗帜,我简直是太激动了。24年了,一切是祖国给我的,我的心一直和祖国连在一起。比赛现场,当那么多人高喊我的名字时,我的心情真是无法用语言来描述。我用这种方式表示我的感谢,这是我的心声。"

4. 成立击剑学校,回报祖国厚爱

虽然在加拿大生活了这么多年,但是栾菊杰时刻在关注着中国击剑的发展。她说,是时候了,她要回来奉献自己的一份力量。"过去在加拿大当击剑教练,做得不错。这么多年,我没有给咱们中国人丢脸,我用自己的行动为祖国争光。我希望用自己的技术和经验为中国击剑贡献一份力量。我觉得,当我站在奥运会舞台上的时候,对于从事击剑运动的人就是一种鼓舞。"据悉,栾菊杰将在上海浦东的一所中学成立"栾菊杰击剑学校"。"现在这个计划进展非常顺利,已经完成了80%。奥

运会之后，我会全力着手办理这件事。"

5. 谈复出

回到祖国首都北京，栾菊杰成为众多媒体追逐的焦点，走到哪里都会被人认出来。对此，栾菊杰并不介意，她回来就是享受比赛，享受被关注的感觉。11日下午，栾菊杰在比赛完之后出现在主发布厅外，记者对她进行了专访。尽管已经50岁了，但栾菊杰的身材依旧很修长，她将这归功于年轻时的锻炼和对击剑的永不放弃。

原来，栾菊杰决定复出，继续从事击剑运动始于2006年12月，当时加拿大的国内积分赛已经全部结束，但她突然有了一种十分强烈的愿望，渴望参加国内积分赛。此时她发现，至少在加拿大还没有人获得参加北京奥运会击剑比赛的资格，于是她跟丈夫说，"我想试一下。"当天，她就开始收拾包，准备自己的追梦之旅。

2007年1月中旬，以一名新人的姿态从分组赛打起的栾菊杰在美国举行的"泛美"击剑锦标赛排名世界第52；去年冬天，她在匈牙利布达佩斯租了一间公寓作为栖身之所，在9周里参加数个城市里的7场选拔赛。提起这段日子，栾菊杰充满感慨，"在加拿大，参加击剑比赛全部是个人的事情，国家不会支持你，你只能一个人走南闯北。从中国站开始，我参加了15站的比赛，从亚洲一路打到欧洲，所有的费用都是我自己承担，再加上6个月不工作，没有收入，你说说我付出了多少？"

"太感人了，栾菊杰是我小时候的偶像，能在北京奥运会上见到她我已经很开心了。现在，看到她打出这样的横幅，我觉得作为一个中国人，真的很骄傲，为我们的祖国骄傲，为奥运会骄傲。"——一个只有26岁的小姑娘眼含泪水说。

6. 谈家庭

当栾菊杰在剑道上闪转腾挪的时候，看台上有四双充满爱的眼睛在追随着她。一位中年男士，深情地看着她，为她得分喝彩，为她失分蹙眉。两个可爱的女孩子和一个英俊的男孩子，举着写有"妈妈"的红色牌子，挥舞着。这就是栾菊杰的家人——她的丈夫、两个女儿和儿子。他们说，妈妈是他们的骄傲。栾菊杰说，家是她的全部，是她精神的支柱，是她能够在50岁的时候依然在剑道上冲锋的动力。

因为出生时心脏就有问题，栾菊杰的大女儿是个智障孩子。当记者小心翼翼地和栾菊杰提起她的大女儿时，她没有丝毫的反感，很坦然。"她出生10个月的时候就进行了心脏手术，当时医生都说没办法了。整整5天5夜的抢救，我们从死神手中夺回了女儿。那一刻，我觉得生命是如此重要，为了她，我可以放弃一切。2岁，她就进行了心脏支架手术，5岁，又是手术，到现在她已经进行了10多次手术。女儿，是我最终留在加拿大的原因。"当年出国，栾菊杰的目标是读书，然后在国际剑联争得一个属于中国人的席位。然而，世事无常，女儿改变了她的生活轨迹。"没有一个母亲，像我这样走过。"说这些的时候，栾菊杰的声音有些哽咽。"我从来没有觉得大女儿是我的负担，她就是天使，给我们带来很多快乐，是上天恩赐给我的。"

——摘自《北国网—半岛晨报》

"老兵永远不死，只会慢慢凋零。"美国将军麦克阿瑟这句话，说的是战场，但也同样适用奥运竞技场。作为"中国击剑第一金"和三子之母的栾菊杰，在五十而知天命之年重披战衣，第四次走上奥运赛场，是什么在一直支撑着她？答案不言自明。爱国是公民对国家的最首要的道德义务，是公民应该承担的最基本的道德责任。爱国不是抽象的概念，中华民族自古以来就有着爱国主义的光荣传统。公民爱国责任的承担，是中华民族文化基因的延续，是中华民族之魂的弘扬。

第三节　公民的环保责任

公民承担环保责任，是公民的权利，也是公民的义务。环境是人类生存的条件，也是人类发展的根基。20世纪90年代，美国经济学教授芭芭拉·沃德和微生物学教授勒内·杜博斯合著了一部警世之书《只有一个地球》，该书集成了上百位相关领域专家的思想，怀着一种强烈的忧患意识，警示世人：在茫茫宇宙之中，星球无数，却只有一个星球来让长有四肢，用肺呼吸，用大脑思考，用嘴表达意愿的高等动物生存，如果人类自毁家园，明天我们将无处容身。人类，同其他动物一样，拥有纯净的空气，茂密的森林，蔚蓝色的大海。但随着社会的进步，人类成为整个地球的主人时，地球母亲又如何呢？

地球是人类的栖身之所、衣食之母，也是目前人类赖以生存的唯一家园。但是，随着人口的不断增加和世界经济的快速发展，地球的负荷越来越重，经济社会发展与资源环境的矛盾日益突出。大气污染、酸雨、水污染、土地荒漠化等等，尤其是以气候变化为核心的全球环境变化，正广泛而深刻地影响着人类社会。严峻的现实给我们敲响了警钟：人类只有"自救"才能遏止地球快速"衰老"的脚步。

一、公民承担环保责任的意义

随着工业化和城市化进程的不断加速和空前发展，环境污染问题也就越来越突出。人们环保意识的普遍提高和环境权益的自我保护，环境问题也逐步成为公众普遍关注的焦点问题和热门话题。基于政府在环境保护管理中的局限性，社会公众参与环境保护将成为国家环境保护体系的重要补充，甚至是不可缺少的组成部分。

1. 现代社会民主政治的要求

现代社会是民主政治的社会，在管理国家和社会的各种事务中都要求民主，实行民主。公民参与环境保护，承担环保责任，是现代社会民主政治的要求。我国宪法第二条明确规定："中华人民共和国的一切权力属于人民。人民依照法律规定，通过各种途径和形式，管理国家事务，管理经济和文化事业，管理社会事务。"环境保护作为社会事务的一种，当然要求民主。公民参与机制作为环境民主的重要制度，是符合民主政治要求的。

"天赋人权"的理论最早说明了人的生存权是与生俱来的，生存权的重要性是不言而喻的，而且其具有广泛性，即每个人作为人的生物体都拥有的。环境作为生物个体生存的基本物质条件与空间场所的提供者，是人类生存和繁衍的必要条件。随着环境问题日益地威胁到人类的生存时，学者们提出了环境权的概念。每个人都拥有环境权，无论当代人还是后代人。人类作为自然界的强大主体，必然要担负保护环境的责任，这哪怕是为了享有环境权。所以，在环境保护中就有必要建立公民参与机制。⑤

2. 捍卫公民自身利益的需要

环境与人类生产、生活息息相关，人类离不开环境人类应该尊重自然，破坏自然环境最后受害的仍是人类自己。公民是环境污染和生态破坏的最直接受害者，对环境状况变化也是最敏感、最了解的。为此，公民是完善和实施环境管理制度的最根本动力来源。公民的环保觉悟和环保参与将有力地推进一个国家或地区，乃至全球范围的环保进程。

3. 有利于提高政府决策的科学性和时效性

环境问题具有综合性、复杂性、技术性，仅仅依靠政府的力量难以达到预期效果。首先，政府不能及时全面地搜集到信息，而公众生活在环境之中容易获得全面、真实的信息，为政府制定科学合理的决策提供帮助。其次，政府资源的不足需要全社会投入人力、物力、资金保证环保事业的顺利进行。另外有些环保部门徇私枉法，为了自身利益而不惜牺牲公众利益。因此，政府对环境保护进行管理，离不开广大公民的拥护和支持。公民的参与有利于提高决策的科学性，提高环保政策的实效性；有利于环境行政部门了解当地情况，及早发现问题和解决问题；有利于取得公民对决策项目的了解、理解和支持，避免决策后陷入难以执行的两难境地，白白地浪费资源。

4. 有利于对环境违法行为进行有效监督

政府是追究环境违法行为责任的主体，但是环境问题具有广泛性、复杂性，仅仅靠政府的力量难以对违法行为进行全面监控，而公众的广泛性可以弥补政府监督的缺陷。就各国情况来看，目前环境执法不太受重视，公众参与可以使自己救济自己，减轻了环境执法部门的负担，同时也保护自己的利益不受非法侵害。由此对环境违法行为的有效监督只有通过公众参与才能实现。

二、公民环保责任的承担

古老的地球，是一本厚重的大书。今天，保护环境，走科学发展之路，已经成为人类共识。人与自然和谐发展，成为我们共同的追求。公民的参与，是做好环境保护的一个非常重要的条件。然而，公民在环保中应该承担哪些责任呢？

1. 在工作和生产上承担环保责任

在工作和生产上，倡导保护环境，节约资源，清洁生产，积极探索并创建发展循环经济、实现环境保护与经济发展"双赢"的局面。以"纸"为例，我国文化、工业等用纸多取自木材，同时还有大批的办公用纸从国外进口。北京市的一项调查数据表明，仅办公用纸一项，我国每年就要花费56亿美元用于进口纸浆。公民在纸制品的减少、再利用与回收和垃圾分类、办公区和公共场所禁止吸烟等环境保护、节约资源方面可以发挥重要作用。我国农村有9亿农民，农民在农业生产过程中能否兼顾环保的要求，开源节流，不以破坏生态环境为代价换取经济效益的提高，对于可持续发展战略的实施也非常关键。

2. 在消费中承担环保责任

在消费上，倡导绿色消费，建立健康、文明、环保的生活方式。随着环境保护和生态伦理观念逐步地被接受，公民的消费活动不但要考虑与生产发展相适应，而且要与生态环境相协调。日常生活消费方式是社会发展领域实现可持续发展的一个重要领域。由于公民是日常生活的主要参加者，对消费品和消费方式的选择，即能否选择一种低消耗、低污染、符合可持续发展的生活方式，可以直接影响生产结构的改变，进而影响到环境状况。公民在进行消费活动时，不仅要看所接受的产品或服务的质量及生产能力，而且要看它是否有利于生态环境保护，有利于人类社会的可持续发展。

例如，在开发、节约资源方面，节水、节电、节约燃料等；在改变传统的消费方式方面，拒绝使用一次性筷子、含磷洗衣粉以及塑料袋等；在抵制不良消费习惯方面，远离抽烟、酗酒、赌博、吸毒等；积极引导绿色消费，购买有环境标志的产品，食用绿色食品，采用绿色包装等；积极参与垃圾分类，进行废物回收，开发再生资源等。都将会进一步推进环保事业向前发展。

3.在环境保护教育上承担环保责任

人的初级社会化大都是在家庭和学校中进行的,家庭是孩子早期教育的一个重要场所,在家庭教育中具有重要的影响力。因此,在对下一代的道德教育、生活习惯、生活技能的培养过程中,还必须培养环境保护意识和环境保护行为,使他们从小就形成环境保护习惯。如果每一个父母都能用自己的行为影响自己的孩子,使他们在生活的点点滴滴中养成保护环境的好习惯,就可以增强下一代保护环境、热爱自然的自觉性。这关系到人类社会未来的环境状况,也决定了人类社会的可持续发展。下面是公民承担环保责任的一些生活方法:

1. 使用布袋
2. 尽量乘坐公共汽车
3. 不要过分追求穿着时尚
4. 不进入自然保护核心区
5. 倡步行,骑单车
6. 不使用非降解塑料餐盒
7. 不燃放烟花爆竹
8. 双面使用纸张
9. 节约粮食
10. 拒绝使用一次性用品
11. 消费肉类要适度
12. 随手关闭水龙头
13. 一水多用
14. 尽量购买本地产品
15. 随手关灯,节约用电
16. 拒绝过分包装
17. 使用节约型水具

18. 拒绝使用珍贵木材制品

19. 尽量利用太阳能

20. 尽量使用可再生物品

21. 使用节能型灯具

22. 简化房屋装修

23. 修旧利废

24. 不随意取土

25. 多用肥皂，少用洗涤剂

26. 不乱占耕地

27. 不焚烧秸秆

28. 不干扰野生动物的自由生活

29. 不恫吓、投喂公共饲养区的动物

30. 不吃田鸡，保蛙护农

31. 提倡观鸟，反对关鸟

32. 不捡拾野禽蛋

33. 拒食野生动物

34. 少使用发胶

35. 减卡救树

36. 不穿野兽毛皮制作的服装

37. 不在江河湖泊钓鱼

38. 少用罐装食品、饮品

39. 不用圣诞树

40. 不在野外烧荒

41. 不购买野生动物制品

42. 不乱扔烟头

43. 不乱采摘、食用野菜

44. 认识国家重点保护动植物

45. 不鼓励制作、购买动植物标本

46. 不把野生动物当宠物饲养

47. 观察身边的小动物、鸟类并为之提供方便的生存条件

48. 不参与残害动物的活动

49. 鼓励买动物放生

50. 不围观街头耍猴者

51. 动物有难时热心救一把，动物自由时切莫帮倒忙

52. 不虐待动物

53. 见到诱捕动物的索套、夹子、笼网果断拆除

54. 在室内、院内养花种草

55. 在房前屋后栽树

56. 节省纸张，回收废纸

57. 垃圾分类回收

58. 旧物捐给贫困者

59. 回收废电池

60. 回收废金属

61. 回收废塑料

62. 回收废玻璃

63. 尽量避免产生有毒垃圾

64. 使用无氟冰箱

65. 少用纸尿布

66. 少用农药

67. 少用化肥，尽量使用农家肥

68. 少用室内杀虫剂

69. 不滥烧可能产生有毒气体的物品

70. 自己不吸烟，奉劝别人少吸烟

71. 少吃口香糖

72. 不追求计算机的快速更新换代

73. 集约使用物品

74. 优先购买绿色产品

75. 私车定时查尾气

76. 使用无铅汽油

77. 不向江河湖海倾倒垃圾

78. 选用大瓶、大袋装食品

79. 了解家乡水体分布和污染状况

80. 支持环保募捐

81. 反对奢侈，简朴生活

82. 支持有环保倾向的股票

83. 组织义务劳动，清理街道、海滩

84. 避免旅游污染

85. 参与环保宣传

86. 做环保志愿者

87. 认识草原危机

88. 认识荒漠化

89. 认识、保护森林

90. 认识、保护海洋

91. 爱护古树名木

92. 保护文物古迹

93. 及时举报破坏环境和生态的行为

94. 关注新闻媒体有关环保的报道

95. 控制人口，规劝超生者

96. 利用每一个绿色纪念日宣传环境意识

97. 阅读和传阅环保书籍、报刊

98. 了解绿色食品的标志和含义

99. 拒绝过度包装。如能用一个装下，绝不使用两个塑料袋

100. 认识环保标志。

三、树神张候拉

如果你追寻著名的"造林英雄"张候拉的踪迹时，当地人都对这个称谓很陌生。但一提"野人"、"树神"，不管是老汉还是孩娃娃，都可以绘声绘色给你讲一段他的故事。

张候拉于1900年出生，1989年去世。他是山西省保德县人。

张候拉出名很早，1955年，他在分得的山坡上种了2万多棵树，价值数万元，后来，他把这些树无偿地献给了国家。

1956年，张候拉当上了省劳模。当时，像他这样的种树典型很引人注目，他便受到省里领导的接见，省长亲自为他颁发奖状。

没有人理解张候拉。从15岁起，每次出门远行，张候拉就给自己定下规矩，不管是何等情况，哪怕是乞讨化缘，也要寻几棵树苗种上。他一直坚守着这个约定，几十年来从没失约。

15岁那年父亲死了。父亲临死前对他说，人活一世，盖棺而安。你爹这一辈子冤枉，死时连个棺材也没有捞着。后悔呀，咱这土疙瘩山连棵树都没有。娃呀，多种树吧，种树是积德行善的事，多积点德，给后代留下点念想……

张候拉记住父亲的话，他当上了货郎，手摇拨浪鼓，挑起货郎担，在附近的山岭中走村串户。等货担轻了，钱袋子沉了，他便用铜板换几棵树种。有时没有铜板，便把老白布扯几尺换树苗。栽树的时候，并不分自家他家，看着合适，或山间小路，或河溪岸边，或村旁田头，总之，只要是他走过的路径，他看

着合适，就把树苗栽下来。从此多一分牵挂，等再路过那里，看树芽飘绿几许，量树身长高几分，眼巴巴盼它们长大。

年轻时人们说他，候拉拉呀拉拉候，你把爱妹子的心给了树们啦。

年老时人们说他，拉拉汉呀汉拉拉，你把爱儿女的心给了树们啦。

1958年，张候拉当上了公社林场的一名临时工人。这是他梦寐以求的事，他成了职业植树者。虽然是"临时"的，但他认为只要天天能和树们厮守在一起，并且名正言顺，就是大幸事。年终时，林场给每个职工分了三斤六两肉，可是他却把这些孩子做梦都想吃的肉给了别人，换回一些树苗栽下来。第一次发"工资"，才6块钱，张老汉回到家又从家里抽走了12块钱，加在一起跑到邻县买了一斤水柳籽，然后又把这些宝贵树籽分发给街坊邻居，求他们好生把这些树籽播洒在自己的庭院屋旁，好好呵护它们长大。

1966年的一天，张候拉的老伴张改子突然发现家里的80块银元不见了。这80块银元是她从娘家带来的，是她的镇家之宝。她连夜突击"审讯"，果然是"死老汉"拿走换了人家几车树苗。现在，这些树已经种在山沟沟山梁梁上了，生米已成熟饭，泼水难收了。

张改子压抑在心头的火终于爆发。自打跟定张候拉，她一天好日子没过过，为了种树，弄得全家倾家荡产，孩子们没有一件像样的衣服，家中从没见过一百块以上的钱。这银元是娘家陪送的，是娘家人的祝福。睹物思亲，张改子也把它们当作"娘家人"看待，再穷再难，也舍不得动它。可是，这种树种疯了的死老汉却把它换成了树！

见老伴动了怒，66岁的张候拉觉得很内疚。他这一辈子谁也不欠，就欠娃他娘。罢罢罢，还是别拖累家里了，让自己一人去完结和树的不了情吧。于是他背起铺盖卷，悄悄出走了……

张候拉只身一人进了山，在离村几十里的一处叫葫芦头的地方安顿下来。他的居室是一个深2米、宽4米的山洞。石洞背靠山坡，下临水沟，洞前青石如镜，坐卧皆可，若上到山顶登高远望，可以看到青山外许多景致，心事便飘得满世界都是。

张候拉一住就是五年。

五年来，眼见得山梁梁上的树多起来了，秃头山变得漂亮了。人们都知道山上住了一个"野人"，那是个白发盈尺，赤身裸体的"种树仙翁"，是个"树精树怪"，他是个谁都难以理解的怪人。

当了五年野人的张候拉，在葫芦山头上种了3万多棵树。

1972年，瘫痪多年的林场又恢复了。张候拉又回林场继续当临时工。72岁的老汉每天挥锹舞锨地种树，竟然把昏昏欲睡的林场弄得上下不得安宁。领导嫌他烦，便借故把他辞退了。

张候拉哀求领导说，我不当临时工了，让我义务种树行不？我一分钱不要林场的，你把林场的九塔山给我，我都给你种成树再还给你行不？

林场领导无法理解这个白发人，他又好气又好笑地白眼相告：你都这样一把年纪了，别折腾自己了，回家吧！

见场领导剥夺了自己的种树权，张候拉急了，他上县里告状去了。

去县政府告，去公安局告，去林业局告，还去信访办申诉……

大家都当笑话去对待。一个要求种树的人，人家不让种，他反而去告官，世上哪有这种人？莫不是老汉神经出了毛病？

于是都嘻嘻哈哈地劝他：老汉老汉，回吧！人家不让你种树是关心你哩。

张候拉不回，不让种树死也不回。

他终于在县府门前拦住了一个干部。

听完他的申诉，那人不解地说，在荒山上种树有啥不好？谁不让栽，去栽，就说我说的！

你是谁？

我是刘忠文。

哎呀，张候拉差点跪下来，原来是县委书记。他连忙从口袋里掏出红皮日记本，恭恭敬敬地说：刘书记，你给俺写个字吧。

刘忠文就给林场领导写了封信，让他们准许老汉种树。

张候拉得胜而归，从此便拉开架式在九塔山上栽起树来。

九塔山是个光秃秃的山，由于常年雨水冲刷，山上裸露着一些白花花的砾石，表层的土被剥光了似的。要想种好树，就必须保护好土壤，不让水土流失。于是候拉老汉就决定先治理山东边的臭水沟。

没有钱买水泥石料，怎能筑坝修堰？候拉老汉便想起了用芦苇根筑坝的方法。他打算先用土垒起坝来，然后再栽种上芦根，芦根密密麻麻的根须就会把坝子包得严严实实，就像铁丝网包得那般坚固。

于是老汉背上草绳，扛着挠钩，挎着干粮袋走20多里路到黄河滩上挖芦根。一天来回40里地，背负百十斤重的芦根，水淋淋的，在春寒料峭的时候，全靠老汉的热脊背才不致结成冰。

张候拉背了三个春天，跑了一千多里路，才把土坝修成了。芦根发芽了，土坝变成草坝了，老汉又在坝两边栽上柳树，这条沟治理好了。

他在九塔山一住又是五年。五年里，他种了一山树。县林业局的几位同志费了好几天的时间，才丈量计算过来他到底在九塔山种了多少树——九塔山成林面积310亩，树30.75万余株。

候拉老汉一生种树100万株。九塔山林木只占总数的三分之一。

老汉种树爱树养树育树，他视树为有生命的活物。大凡所植之树，皆栽贫瘠之地，老汉心颇不忍。俗话说人生如苦宴，苦尽方曲终人散。树有何罪，生在西北便来受苦，他便想方设法善待树们。种树前，他用黄连水浸泡树秧，很像医生们为人们做消毒防疫之事。刨坑时，尽量深挖，让树们的根须舒展从容。西部多旱，栽后必须浇透水，候拉老汉长年累月上山下山到几里之外的河里挑水浇树……

30多万株树，每株树都是他邀请到这个世界的"客人"。树虽无言，其情性若人，候拉老汉皆能和其交谈。他看不得树受苦，便竭尽其力为树效劳。五年来，挑水的扁担坏过多少根？他记不清了，然而他却清楚地记得凡是经他手栽的树，没有因旱致死的。

1989年，张候拉无疾而终。

他种够了100万棵树，离开了这个世界。死后人们才悟道：像张候拉这样的老汉，一辈子种了100万棵树的老汉，五百年怕是才能出一个，他是真正的种树圣人，是树神树仙……

——摘自阿拉善文化网

第四节　公民的慈善责任

　　构建和谐社会，建设美好家园，始终是人类孜孜以求的社会理想。全社会之间拥有一种普遍认同和奉行的诚信友爱的道德理念和规范，这是社会和谐的深层道德基础，而这一价值取向与慈善理念正相吻合。因此，慈善理念和慈善文化是和谐社会内在的道德基础。⑥

一、公民承担慈善责任的意义

1. 对社会政治产生重大影响

　　公民积极承担慈善责任，能够对社会政治产生重大影响。公民积极承担慈善责任，促进慈善事业的发展，能够弥补社会保障的不足，有利于社会的稳定和有序发展。作为社会保障体系"最后一道防线"的组成部分，慈善事业发挥着社会"减震器"的作用。如果社会上贫苦无告的弱势群体得不到政府和社会及时的救助，就可能在生存面临威胁的时候被迫铤而走险。

　　目前，我国社会保障体系还不完善，慈善事业以其有力而及时的救贫济困活动，使弱势群体摆脱生存危机，走上自立和发展的道路。慈善事业在减弱和消除社会动荡，确保政治稳定方面具有特殊的功效。我国还存在不少需要救助的弱势群体。为此，我国政府正在大力建设有中国特色的社会保障制度，力图通过收入再分配的方式保障低收入人群的基本生活。但由于各方面条件的限制，我国目前的社会保障制度还不能涵括所有低收入人群，保障的力度也比较有限。在这种情况下，公民积极承担慈善责任，可以起到补充社会保障制度不足、缓解社会矛盾、维护社会稳定的作用。

2. 对社会经济产生重大影响

公民积极承担慈善责任，能够对社会经济产生重大影响。慈善事业作为社会劳动成果的一种再分配形式，必然对社会经济产生巨大影响。首先，公民承担慈善责任，促进慈善事业的发展，对稳定社会经济秩序，支持效率优先原则和按生产要素分配原则的实行起着巨大的辅助作用。

发展慈善事业与建立社会主义市场经济体制具有一致性。市场经济是一种具有高度竞争机制的经济，无所不在的社会竞争必然会产生大量的失败者，竞争造成收入差距的拉大也使社会很难兼顾公平。公民积极承担慈善责任，通过社会竞争的强者向弱者提供救济和帮助的方式，使社会趋向公平。这种使社会公平化的努力反过来又支持了生产分配领域的原则。

其次，慈善事业通过救济活动，使社会以比较低的生活标准保存了大批预备劳动力，这些人成了劳动力蓄水池。一旦经济发展提速，即可以充分满足对劳动力的需求，从而支持社会经济的迅速发展。慈善事业通过从富有者手中筹集资金救助贫困者，而这些被救助者立即将他们所得的救济用于购买他们急需的生活资料，这在很大程度上扩大了市场需求，反过来又刺激生产的增长，从而促进了整个经济的增长。⑦

3. 社会文明进步的重要标志

公民积极承担慈善责任，是社会文明进步的重要标志。慈善事业是一项由公众参与、平等互助的自愿行为。发展慈善事业的意义不仅在于慈善是一个第三次分配的过程，更在于它是一个民族精神的体现，是重塑社会价值观的过程。因此，慈善事业的发展重在公众参与。缺乏公民积极参与的慈善是不完整的慈善，它对于和谐社会的意义要大打折扣。"平等、互助、友爱、共享"是现代慈善意识核心价值理念的最好概括。主张一视同仁地、无差别地对待所有需要帮助的人，使社会全体公民认识到慈善是个人应承担的社会义务和责任。

4. 对慈善机构发挥功能产生重大影响

公民积极承担慈善责任，对慈善机构发挥功能产生重大影响。依赖公民捐赠，特别是分散的个人小额捐赠，有助于保持慈善机构的独立性，而过于依赖企业或政府的捐赠容易导致慈善机构的资源依附性，并直接影响其组织的独立性。

公民捐赠比企业捐赠具有更大的稳定性，依赖企业捐赠的慈善机构往往面临更大的风险和波动。例如，香港金融风暴后，主要依赖个人捐赠的香港乐施会、宣明会等慈善机构每年的捐赠数额稳步增长，而大多数依赖企业、政府资助的慈善机构财政却出现了危机。

同时，动员个人捐赠的过程，也是慈善机构与公众沟通的过程，宣传组织理念、树立组织形象、扩大组织社会影响的过程。例如，"希望工程"早期的成功恰恰是动员个人捐赠的结果。

5. 公民实现自我教育、自我提高的重要途径

公民积极承担慈善责任，是公民实现自我教育、自我提高的重要途径。胡锦涛同志指出："一个社会是否和谐、一个国家能否长治久安，很大程度上取决于全体社会成员的思想道德素质。"公众行为受到意识的支配，一项事业的发展也离不开公众对其价值判断的影响。从根本上说，"任何事业的发展都是与人们的主观意识密切相关的，没有强烈的主观意愿不可能有积极主动的行动。发展慈善事业必须先培养并弘扬现代慈善意识"。[8]

二、公民慈善责任的承担

2008 年全美慈善捐款总额 3076.5 亿美元，其中个人捐赠

数额为2292.8亿美元，占总捐助额的75%，人均捐款近800美元。中国和美国的人均收入之比为1：38，而人均慈善捐款之比为1：7000。我国与西方发达国家相比，虽然还有很大差距，但中国公民并不缺乏慈善之心。我国慈善资源的潜力巨大，丰富的慈善资源孕育在公民之中。培养公民慈善意识，促进公民积极投入到慈善事业当中，显得尤为重要。培养公民积极承担慈善责任的意识，不仅需要公民自己提高素质，而且需要转变观念。

1. 政府引导，大力加强慈善事业的制度建设

大力加强慈善事业的制度建设，是培养公民现代慈善意识，促使公民积极承担慈善责任，推动我国慈善事业发展的根本保证。从国内外慈善事业发展实践来看，发展慈善事业必须有严密的制度，制度建设是慈善事业健康发展与运行有序的根本保证。我国慈善事业制度不健全、保障不得力是导致当前我国公民慈善意识薄弱的重要因素之一，是发展我国现代慈善事业亟待解决的问题。因此，必须大力推进慈善事业的制度建设。

（1）建立和完善有关慈善事业的法律制度。

法律制度建设是制度建设的重中之重，必须认真抓好。中国社科院发布的《中国慈善发展报告（2009）》中指出，从宏观而言，慈善事业法律体系尚未形成，在慈善主体、募捐制度等方面存在缺失。一要抓紧制定和通过"慈善事业基本法"，形成我国慈善事业的法律体系。二要抓紧修改和完善企业所得税法和个人所得税法等法律法规中与慈善捐赠相关的条款，逐步提高公益救济性捐赠的免税比例。三要尽快制定促进私募基金会发展的法律法规，鼓励更多的企业和个人以自己的名义成立私募基金会，发挥私募基金会在公益慈善事业中的主体作用。

（2）建立健全慈善事业的监督管理机制。

慈善机构"不仅是独立社团法人，而且是社会文明与公共道德的形象载体，人们参与慈善活动，是对慈善事业与慈善机构的信任，没有公信不可能有慈善事业，社会公信力构成了慈善机构与慈善事业的生命"。一要建立健全外部监督管理机制，充分发挥登记机关、国家审计部门和社会公众等的多重外部监督管理作用，使慈善组织始终置于监督之下。二要建立健全慈善组织内部监督管理机制。慈善组织内部组织机构要规范，规章制度要完善，逐步改变目前监督主体弱化甚至虚置的状况。三要建立健全慈善资金和物品的管理运营机制和监督反馈机制，使慈善机构对慈善资金和物品的管理更加规范化、制度化，慈善资金和物品的流向更加公开透明，慈善资金和物品的使用更加公平公正，确保慈善资金和物品的安全运行，从而提高慈善组织的公信力，增强公民对慈善事业的信心和热情，促进我国慈善事业持续健康地发展。

（3）借鉴发达国家慈善管理的先进经验。

以美国为例，美国慈善法律体系所确立的激励、公平和监管原则对于促进和规范美国慈善事业起到了至关重要的作用。美国慈善事业的发展在很大程度上归功于美国关于慈善事业的法制建设。美国慈善立法的经验对于我国的慈善管理有诸多启示：一是加强慈善的立法研究。慈善的立法研究是慈善立法的基础，美国慈善法体系的构建、充实与完善是以大量的、长期的立法研究为基础的。二是确定慈善机构与政府之间彼此独立、相互支持的关系。美国政府建立了规范的法律政策体系来规范各类慈善机构的活动，而不是以行政方式直接介入。三是以法律法规的形式保障慈善事业的公信度、透明度。美国政府规定慈善组织每年要向美国国税局详细报告本年度经费的来源和支出情况，以及各项活动经费的来龙去脉，为慈善机构公信度和透明度提供一个重要保障。

2. 富人引领，形成良好的慈善氛围

在"藏富意识"和"仇富心理"的双重作用下，我国慈善事业缺乏"富人"这个"第一行动集团"的积极引领，阻碍了慈善氛围的形成。中国慈善事业发展的观念壁垒，根源在于20%的财富拥有者未能真正承担起推动慈善事业发展的使命。中华慈善总会会长范宝骏指出："当前发展中国慈善事业的首要任务，是营造一个良好的社会氛围，没有一个好的氛围，慈善事业必然难以发展。

中国企业家并不像欧美国家的富豪们那样热衷于社会慈善事业。据调查，国内工商注册登记的企业超过1000万家，有过捐赠纪录的却不到10万家;《福布斯》评出的100位中国富豪，70%没有在慈善榜中出现。我国企业家在社会慈善事业中的欠作为，使我国慈善事业缺乏第一行动集团的积极引领，导致慈善意识难以在大众中培育。因此，富人积极承担起慈善责任，对于形成良好的慈善氛围大有裨益。

3. 公民参与，积极承担慈善责任

纵观欧美发达国家,企业和富人捐款其实只占社会捐赠总额的小部分，善款主要依赖于公众的个人捐赠。当然这些也与国家的社会结构有关，中产阶层人数多，成为慈善捐赠的主要群体。而我国的慈善捐赠则属于典型的企业主导模式，企业捐赠占私人慈善捐赠的比例达一半以上,而公民捐赠的比例还很低。然而，对于慈善事业的持续发展而言，如果公民个人捐赠少、比例低，会带来许多负面影响。因此，公民积极参与到慈善事业建设中，承担起应负的慈善责任，对于我国慈善视野的建设的重要性不言而喻。

在现代社会中，公民要走阳光富裕之路，敢于光明正大地

支配和使用自己的每一分钱财富。还要反对"仇富"、"藏富"、"崇富"和"炫富"等世俗的财富观，用金钱塑造高尚的人格，充分享受人生的乐趣，贡献社会、服务于大家，这才是财富的最高境界。

传统慈善观念中的"恩赐、怜悯"、"爱有差等"和"亲亲"思想等传统思想，都已不符合现代慈善事业的要求。"平等、互助、友爱、共享"是现代慈善意识核心价值理念的最好概括。主张一视同仁地、无差别地对待所有需要帮助的人，使社会全体公民认识到慈善是个人应承担的社会义务和责任。

三、"中国首善"曹德旺

慈善要像玻璃一样透明。

——曹德旺

曹德旺

他是中国真正的"首善"，20多年来，他累计捐款超过50亿元人民币。他的捐助模式曾被称为中国最"苛刻"的慈善。2011年，他又将家族价值35.49亿元的股票捐给他创立的河仁慈善基金会，使其成为目前中国资产规模最大的公益慈善基金会，并开创了中国基金会资金注入方式、运作模式和管理规则等多个第一。在这个"中国慈善"风波迭起的年份，他让我们看到了慈善的真义，以及不算微弱的正向力量。他是谁？

曹德旺，1946年出生，福建福清人。中国侨商投资企业协会副会长，福耀集团董事局主席，福建省企业家协会常务副会长。他曾荣获"中华慈善事业突出贡献奖"，并被授予"中华慈善人物"称号。他于1987年成立福耀玻璃有限公司，目前是中国最大、世界第二的汽车玻璃制造厂商。

1. 慈善原动力

对于社会的动荡，这位花甲老人印象深刻。他出生那年，国共两军激战正酣，等到长身体时，又遇上三年自然灾害。曹家本是大家族，父亲曹河仁曾是上海永安百货的股东，后来家道中落，9岁才上小学的曹德旺，14岁就辍学回家放牛了。他还记着小时候家里锅盖都揭不开的情景，一粒花生掉到地上都会遭到孩子们的疯抢，为了糊口，家里还曾用花生壳磨的粉做馒头。

青年曹德旺倒过烟丝，贩过水果，后来到福清县(现福清市)高山镇一家玻璃厂干起了业务员，推销水表玻璃。1983年，曹德旺把这家亏损的厂子承包下来，当年就挣了几万元。在那个"万元户"的年代，曹德旺成为第一批先富起来的人，这一年曹德旺仅37岁。

口袋鼓起来后，曹德旺这一年还做了件大事。他的小学班主任找到他，希望帮母校换些桌椅。曹德旺一口气把学校所有的桌椅全换了，花了两千多元。这也成为曹德旺慈善事业的开端。不过，在曹德旺心中，慈善并不一定是捐款捐物，做件好事也算是慈善。

随后，曹德旺认准了汽车玻璃巨大市场商机，并于1987年成立了福耀玻璃有限公司。在曹德旺的经营下，福耀玻璃开始了一段从注册资金200多万的小厂成长为世界第二大汽车玻璃生产企业的传奇。

2. "我连一盒月饼都没有送过"

2010年5月4日，曹德旺与中国扶贫基金会签署捐赠协议，向西南五省区市旱灾区贫困农户捐赠2亿元善款，但要求中国扶贫基金会必须在半年内将2亿元善款以每户2000元的标准发放到滇、桂、渝、黔、川五省区市的近10万农户手中，而且管理费不能超过3%，差错率不得超过1%，超出部分按30倍赔偿。这曾被称为"史上最苛刻的慈善"。最终，中国扶贫基金会还是按要求完成了善款发放。

捐助，就免不了和政府打交道。对于政商关系，曹德旺有自己的处事之道。他与房地产商王石是目前中国仅有的两位在公开场合表示从未向官员行贿的企业家。"我连一盒月饼都没有送过。"曹德旺说。

不过，曹德旺也向《中国新闻周刊》坦承他的幸运：福耀还是小企业时，官场风气还没有那么坏，待到世风日下时，他已做大做强。"我做的玻璃，他们不会做；做出来也不在你管辖区里卖。"曹德旺说这也是他不求人的原因之一。他说，只要老曹不高兴，就会与官员吵架，还说他最受不了连篇累牍的官话和一些"不合时宜的做法"。

曹德旺为"不合时宜的做法"举了个例子：他曾为某地公益项目捐了几亿元，并找到一家施工单位谈妥了价格。可当地政府希望以公开招标的方式决定施工方。曹同意，但同时提出招标价格不能高于他之前已谈妥的价格。这个要求让本想从中渔利的当地政府骑虎难下，以至于这个公益项目仍在搁置之中。

率性的曹德旺从不隐瞒自己的观点。在"西南大旱捐赠"总结会上，某位慈善专家发言，称曹的要求较为苛刻，曹德旺便当场与他辩论。"专家是读出来的，企业家是干出来的。"曹德旺事后对《中国新闻周刊》说。

这位靠打拼出来的企业家与其他企业家的打拼方式也有所

不同。在诸多企业向房地产、矿山等多元化方向发展时，曹德旺却始终如一地坚守汽车玻璃的阵地。"人不能有贪心，一心一意干好一件事很不容易。"

曹德旺举例说，2001年经济危机时，地方财政紧张向他借钱，以5年8000万的价格将福清市至宏路镇的公路收费权承包给他。从2003年正式接手，仅用了两年半时间，曹德旺就收回了成本，但他却建议把收费站拆掉。2006年，收费站最终拆除，若按合同，曹德旺收费可以收到2008年。曹德旺算过，如果不拆，可能已赚一两亿，但最终埋单的是老百姓。

3. 做透明的慈善

2011年11月，曹德旺荣获"2011胡润最受尊敬年度人物"。据胡润的统计，自1983年第一次捐助至今，曹德旺捐助的总金额已达50亿。对于这个数字，曹德旺也很认可。

曹德旺也颇为关注中国慈善的发展。他看到"免费午餐"项目后极为赞赏，出于爱护年轻人的目的，曹德旺特地约请这个团队，提醒后辈做慈善不要碰钱。"这个团队都是年轻人，钱上若不小心会出问题，这是犯众怒的事情。"

对于中国慈善的现状，曹德旺认为当务之急是降低准入的门槛，提高监管的门槛，让慈善像玻璃一样透明。"慈善是一个过程，特别是社会转型时期，要在协调中同步前进，避免异军突进。"曹德旺说，希望河仁慈善基金会成为推动中国慈善进步的力量。

如今，曹德旺把企业交给了儿子曹晖，自己只在战略上把握方向。在福州时他会住在自己那座造价六千万的豪宅中。他多年保持着每天早上阅读的习惯："我不是科班出身，所以见到什么好玩就看什么，每个月订的刊物我都看完。"他也会上网，但不太爱看网上的文章，因为都是年轻人写的。目前唯一的爱好是打高尔夫，有时早上5点多就开始打，一直打到上班时间。

他坦言，这座豪宅是他最为奢侈的一笔开销，"我就希望我死后，人们来参观时知道这房子是曹德旺盖的，并夸房子盖得好。"

在慈善界，曹德旺不仅是精神领袖，更是一位慈善布道者。每有机会，他都会告诉那些想做慈善的后来人：慈善做得再大都是小善，而促进社会进步，让天下和谐那才是大善。

4."没有责任感，充其量是富豪"

1998年，他亲自飞往武汉洪灾区考察，个人捐出300万元，加上公司员工捐款等共筹资400万元经由中央电视台汇出。同年，他也向闽北灾区建瓯市捐出200万元。2006年6月的闽北洪灾，他再捐200万元，福清基地员工捐47万多元，用于闽北小学教学楼重建；

2004年，他先后捐出500万元和800万元，用于修建福厦高速公路宏路出口与316国道连接道路以及福清三条农村公路；

2005年春节来临之际，他捐资70万元给永泰县福利院，扶助农村贫困老人；2005年，他又捐300万元拓宽高速公路宏路出口处公路，捐600万元修建福清高山中学科技楼；

2006年，捐资247万元帮助福建灾区学校重建；捐资500万元予海南省文昌市；

2007年，每年捐资150万元在西北农林科技大学设立"曹德旺助学金"，定向定额捐赠10年计1500万；

2008年，汶川地震，曹德旺多次亲赴灾区，先后捐赠2000万元；

2009年，捐赠公益共计2900万；

2010年至2011年4月捐款12亿元，其善款分配如下：玉树1亿，西南五省区市干旱2亿，福州市图书馆4亿，福清市公益事业3亿，2011年4月捐给厦门大学2亿。

2010年10月，捐资2000万建南京大学河仁楼，推动河仁社会慈善学院建设成慈善救助人才培养的基地。

2010年12月，历经三年锲而不舍地与中央各部委沟通、磋商，并请各领域专家进行论证和指导，曹德旺捐出价值数十亿元福耀玻璃股票成立的河仁慈善基金会在递交申请三年后终于正式获批，是中国目前资产规模最大的公益慈善基金会。

2011年4月股票正式过户，曹德旺明确表示，我的股票从过户那一刻登记到他的名下的时候，基金会将彻底与曹家剥离，基金会拥有完整股权。这是送予中国慈善机构的一笔费用。

二十多年来，他帮助贫困生共计捐出数千万元。胡润慈善榜统计，从1983年第一次捐款至今，曹德旺累计个人捐款已达50亿元。

谈及捐款数十亿，曹德旺说，拥有财富，也是背负责任。捐了，卸下重担，反而一身轻松。

5. 学校捐赠

经过建设者们的努力，由福耀集团总裁曹德旺先生捐资1.5亿元建设的老家高山镇的高山中学项目，进展顺利，各项目均按照倒计时计划安排表节点时间有序推进。新建的高山中学位于高山镇垄上村，占地146亩，是我省、福州市、福清市重点民生建设项目。新校区按照省一级达标中学的标准设计，划分为行政办公、教学、生活、运动等4个功能区，建筑面积70324平方米，其中包括主教学楼3座、60个教室；行政办公大楼1座，公寓式师生宿舍楼6座；图书馆1座，阅览室可同时容纳200人阅读，多功能报告厅可容纳500多人举行会议和讲座；科技楼1座，实验大楼1座，综合体育馆1座和1个400米塑胶跑道田径场，以及食堂、小型超市、艺术园区、停车场、绿地等配套设施，预计明年元旦可投入使用。

6.捐款问责

在西部五省2亿元捐款项目总结表彰大会上，来自云南、贵州等五省区的农户代表把亲手制作的民族服装送给企业家、慈善家曹德旺，把他打扮成一个"彝族老乡"。这一刻，曹德旺笑了。受助者们不知道，在这笔善款到他们手中的过程中，眼前这位和蔼可亲的富豪大多数时间都是板着脸的，对捐款的每一个环节都保持着高度警戒。

2010年5月，曹德旺通过中国扶贫基金会向西南五省十万贫困家庭捐赠善款2亿元。谈起这笔捐款，曹德旺动情地说："西南地区遭遇百年一遇的特大旱灾，老百姓生活苦得很。我年轻的时候吃过很多苦，知道那种滋味。对于一些偏远山区的农民来说，2000元钱可以说是他们的希望。"

因为年轻时吃过苦，曹德旺对每一分钱都精打细算。用他的话说："该花一万花一万，该省一分省一分。"在他看来，要确保捐出去的每一分钱都发到应该收到钱的人手中，而不是被"雁过拔毛，层层拦截"。

在捐款协议中，曹德旺的条件十分"苛刻"：扶贫基金会应在半年内将2亿元善款发放到10万农户手中，且差错率不超过1%，基金会违约将赔偿，管理费则不超过善款的3%，而"行规"一般为10%。为了保证善款发到每一个应该收到钱的人手中，而不是被"雁过拔毛，层层拦截"，曹德旺成立了专门的监督委员会，并请新闻媒体全程监督，要求基金会每10天向他递交项目进展详细报告。这次捐款从而被称为"史上最苛刻捐款"。如此苛刻的条件，无疑是对现行捐款体制的一次挑战。这也开创了中国捐赠者对公益捐款问责的先河。

7. 慈善荣誉

2005年，获得首届"中国最佳企业公民"称号；

2006年，荣获"2006中国十大慈善企业"称号；

2006年，荣获"06年中华慈善事业突出贡献奖"，并当选"爱心中国第二届中华慈善人物"；

2007年，荣获"2007中国最佳商业领袖奖"之"公众心目中的年度最佳CEO"；

2007年，荣获"CCTV年度最佳雇主"；

2008年，"中华慈善奖"大会上，荣获"最具爱心慈善捐赠个人"称号；

2009年，荣获有着企业界奥斯卡之称的"安永全球企业家大奖"，这也是该奖项设立23年以来，首位华人企业家获此殊荣。

2010年，福耀集团获由《财富》杂志中文版评选的"2010最受赞赏的中国公司。

2010年至2011年4月，曹德旺现金捐款12亿元，其善款分配如下：玉树1亿，西南五省区市2亿，福州市图书馆4亿，福清市公益事业3亿。2011年4月捐厦门大学2亿。

8. 中国首善

2011年胡润中国慈善榜发布：曹德旺捐款45.8亿元成为中国首善。

2011中国慈善排行榜于2011年4月26日在国家会议中心正式揭晓，本届慈善榜显示，曹德旺以2010年个人捐款逾10亿元的突出表现名列榜首，获年度"中国首善"称号。

对于"首善"称号，曹德旺表示自己捐款不是为了当首善，对排名并无兴趣，捐款出于一种共享的心态，与社会共享，只是做了应该做的事。

他认为，无论是"首善"也好、"中善"也好、"下善"也好，都是为了国家的进步和民族的兴旺，都在做同样一件事情，国人应该坚定自己的信心，相信世界上还是有真善美和真情的。

——摘自《中国新闻周刊》

《南方人物周刊》封面曹德旺下面那一行大字："真正的首善"，释放的信息非常丰富。首富已不再时髦，慈善才是当今社会和未来时代一项宏伟的事业。曹德旺这些年在慈善事业上的作为，持戒行商与持戒行善，提高了曹德旺的境界，这真善成就了大千世界的万分精彩！

四、南非妈妈——阿曼达

在西安南门城门洞下，一个小女孩拉着二胡"卖艺"，她想通过这种方式为阿曼达筹集治病的费用。这个女孩名叫姜安妮，上小学五年级，她说自己从小喜欢艺术，会拉二胡弹琴吹笛子。看到阿曼达救助了很多中国孩子，自己生病却无钱治疗时，安妮很着急，于是想出了"卖艺筹钱帮助阿曼达"的办法。"我想把自己的才艺展示给大家，给大家带来快乐的同时，也让我们把爱心献给这位有着金子般美好心灵的外国阿姨。"

她51岁，南非人，至今未婚，8年前只身来到西安；她爱上这片土地，并把更多的爱献给了众多患病的遗弃幼儿——8年来经过她的精心照料，百多名孤残幼儿康复并被收养；为此花光了近百万元积蓄的她如今两手空空，连看病都成了问题。她就是"南非妈妈"阿曼达。

"她太累了！完全就是累出的病！"阿曼达的助手兼司机袁先生说，就在2012春节前十多天时，阿曼达就感觉身体不适,志愿者也发现她的脸色不好看,劝她早点去医院检查身体,当时阿曼达所开办的西安市儿童福利院海星之家寄养点(以下简称海星之家)正处于工作人员放假时期,近一半的保姆都回家过年,剩下的工作人员工作量非常大。而阿曼达白天照顾孩子,晚上从9点睡到凌晨2点,便要起床更新博客,以供国外爱心人士浏览。"每天只休息5个小时,就是铁人也会累倒!"

据了解,2012年1月29日,阿曼达神志不清、突然跌倒,助手将她送往医院检查后发现,她竟身患多种疾病——糖尿病、高血压,血糖高达27(正常值为3.9~6.0),并怀疑腹部有囊肿。医院建议她立即住院。然而此时大家才发现,阿曼达已经没有一分钱积蓄,看病都成了问题。原来她所有的钱全部用于救治孤残幼儿。幸好有好心人的捐助,阿曼达得以住院。

听到助手的介绍,在场的热心市民都为之感动,"一个外国人尚且如此,我们就更应该帮助她",当即有人表示愿意给她捐款。消息在网上传开了,市民从各地赶到西安交大二附院住院部探望她。由于探望者众多,阿曼达所在病区突然增加了门卫。院方表示,"来看望她的人太多了,好多都是外地过来的,我们担心影响别的病人才限制进入。"有3位手捧鲜花的市民一再央求门卫放行未果后,其中一位女士流着泪喃喃说道:"这么好的人,咋就生病了呢!"

阿曼达坐着轮椅被推出了病房前去检查,她的身体非常虚弱,就连起身走路这样的简单动作都需要搀扶。趁着检查间隙,阿曼达仍然不断地给助手布置工作,"不要担心我的身体,我现在感觉还可以,你们应该回去照看孩子们,他们才是最需要关心的!"被寄养的50多名孩子中,绝大部分都是先天性智残幼儿,有唇腭裂、先天性心脏病、畸形等等,他们中年龄最大的4岁,最小的仅仅出生一周,孩子们不仅得到细致入微的照料，并都得到有效治疗。几年间，海星之家先后养育了100多名孤残幼儿，近半以上被外籍家庭收养。

2005年9月13日成立的"西安海星之家"，专门照顾西安市儿童福利院有特殊需要的儿童。她不但为这个"家"耗尽自己的近百万元积蓄，还在美国成立海星儿童基金会筹集善款，致力于给孩子提供好的物质条件。

志愿者付女士说，阿曼达总说要把钱省给孩子。她回忆起，有年夏天看到阿曼达的T恤穿破了仍在穿，志愿者执意要求她给自己购置新衣，她才在文艺路花了几元钱买了件T恤。

跟随阿曼达4年多的助手袁先生说，阿曼达2003年在西安开始救助事业后，远在南非的家人一直不理解她，多年来拒绝跟她来往。但阿曼达却不后悔，她说："我耗尽生命也要去救助孩子。"

——摘自《华商报》

公民承担慈善责任是超越国界的，当我们为这种超越国界的人性美好而感动时，也需要思考怎样延续"南非妈妈"的精神。"南非妈妈"希望能够尽一己之力救助更多的不幸儿童，然而她更希望的，是更多的人能够和她一样，将爱心化成那润物细无声的春雨，滋润到每个需要爱心的角落。如果每个人都能够积极承担自己的慈善责任，聚沙成塔，让"微不足道"的付出渗透到社会需求的各个角落，构建一个让所有人帮助所有有困难的人的社会，使越来越多的人感受人性的光辉和社会的温暖，这是南非妈妈的希望和精神所在。

五、爱心照亮世界

网球明星李娜慈善献爱心。"国内还有很多没有人关心的儿童，我很想用这笔钱来关心孤儿，他们一出生便被父母遗弃，这很不公平。"李娜和中国儿童基金会合作，将自己所获得的中网公开赛的全部奖金约90万元(税后)奖金全部捐出，选择在家乡武汉市儿童福利院修建"李娜爱心康健室"和"李娜爱心运动场"项目，帮助孩子们健康成长。马德里皇冠赛前，青海玉树发生地震，李娜随即将打进8强得到的全部奖金捐出，自己还加了一些钱，凑成40万元整捐给玉树灾区。

刘德华的慈善事业积善成德。刘德华出道至今20年，一直致力于公益活动，他担任了"乙肝防治宣传大使"、"中华文化大使"、"中国残奥委爱心大使"、"光明大使"、"保育大使"、"更生大使"、"护眼之星"、"爱心之星"。他以偶像身份亲历亲为，其热心公益的健康形象和勤奋向上、不屈不挠、谦逊宽容的人格魅力也受到外界的广泛认同。

蹬三轮的老人白芳礼。在74岁以后的生命中，靠着一脚一脚地蹬三轮，挣下35万元人民币，捐给了天津的多所大学、中学和小学，资助了300多名贫困学生。而每一个走近他的人都惊异地发现，他的个人生活几近乞丐，他的私有财产账单上是一个零。白芳礼老人"平凡中折射伟大"的这种精神，让我们从这个物欲横流的时代看到了这个社会的希望。

"最美洗脚妹"80后女孩刘丽资助百余学子。10年来她栖身租来的房子，她不舍得买衣服化妆品，她只想让贫困孩子不再遗憾。"我希望这些孩子不要因为贫困而放弃读书，不要让贫困给他们带来遗憾，希望他们能像正常孩子那样读书成才"。小时候，她因家贫辍学外出打工，被人称为"洗脚妹"。她省吃俭用，把工资分成三份，除去自己开销，一份寄给父母，一份资助贫困学生。被网友们称为"中国最美洗脚妹",为了资助更多贫困学生,让更多的人参与到公益事业中,她建了三个爱心QQ群,目前已有400多位网友加入爱心群。

怒放高原的并蒂雪莲胡忠。11年前,胡忠这位成都中学的化学老师辞掉工作,告别妻子与刚出生的女儿,来到甘孜州康定县塔公乡支教,每个月仅有300多元的生活补助。福利学校海拔3800米,甘孜州13个县、4个民族的143名孤儿被安排在这里寄宿制读书。除了上课,胡忠每天清晨5点多打开校园广播,叫大家起床、做操,平时要照顾他们的生活起居。一听说哪里有孤儿,他立马赶过去接人。久而久之,当地百姓把胡忠叫作"菩萨老师"。2003年,胡忠的爱人谢晓君报名支教,在旁人不解的目光中,她抱着女儿,与丈夫在福利学校"会师"。

公民慈善事例不胜枚举,我们只是从这慈善的海洋中选取了几朵浪花。慈善将人性关爱的光芒融入潮流,慈善让爱成为一种精神,一种力量。他们中有明星,也有普通人,他们就在我们中间。为了人间的真爱,他们做着既普通又不普通的事情。他们只为了一种信念,那就是让生活更美好。

参考文献:

① 〔古希腊〕柏拉图:《游叙弗抡·苏格拉底的申辩·克力同》,严群译,商务印书馆,1983年版

② 丁以升,李清春:《公民为什么遵守法律?(上)——评析西方学者关于公民守法理由的理论》,载《法学评论》,2003年06期

③ 侯建会:《遵纪守法:现代社会对公民道德素质的基本

要求》，载《陕西日报》，2006年

④金斯：《学与思——道德建设是促进健康的良药》，载《杭州卫生数字报》，2009年第4期

⑤罗仙凤，刘强生：《论环境保护公众参与机制的完善》，载《2007年中国法学会环境资源法学研究会年会》，2007年

⑥孙中民：《论我国慈善理念的变迁与政府职责》，载《理论导刊》，2009年第9期

⑦旦喻金：《走不出困境的企业捐赠》，载《南风窗》，2008年第14期

⑧常锐：《论我国公民慈善意识的培养》，载《扬州大学学报(人文社会科学版)》，2010年第1期

第八章　社会责任的管理

　　被誉为"现代管理学之父"的美国著名管理学者彼得·德鲁克指出："管理的三大任务是：实现组织的特定目的和使命，员工具有使命感，处理对社会的影响与承担社会责任。"他从管理的角度提出了关于社会责任管理的相关理论，指出了企业社会责任管理是企业管理的任务之一，是企业机构对企业所产生的社会冲击的管理。任何管理机构都是社会的组成部分，因此，企业管理机构的好坏不能仅仅从企业管理机构本身进行衡量，而应从其社会立场进行评断。随着社会的发展和企业文化的不断进步和更新，社会责任管理逐渐成为企业管理的新重点。

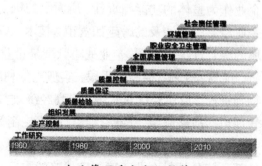

企业管理重点变化趋势图

第一节　社会责任战略管理

一、企业社会责任战略管理

面对经济全球化和入世的挑战,企业至少在中短期内需要在环境、社会目标与经济目标之间进行权衡,实施恰当的企业社会责任战略。有效的企业社会责任战略使企业既造福于社会,又使企业受益,关键是找到二者的相交部分,而平衡的观点有助于我们如何进行企业社会责任战略决策。[①]

1. 企业战略管理

企业战略是指企业根据环境的变化、自身的资源和实力选择适合的经营领域和产品,形成自己的核心竞争力,并通过差异化在竞争中取胜,它是对处于不断变化竞争环境之中的企业过去运行情况及未来如何运行的一种总体表述。企业战略所要回答的根本问题是:"企业的业务"是什么以及应该是什么。

企业战略管理是一门关于如何制定、实施、评价企业战略以保证企业组织有效实现自身目标的艺术与科学。它主要研究企业作为整体的功能与责任、所面临的机会与风险,重点讨论企业经营中所涉及的跨越如营销、技术、组织、财务等职能领域的综合性决策问题。企业战略管理是企业在宏观层次通过分析、预测、规划、控制等手段,实现充分利用本企业的人、财、物等资源,以达到优化管理,提高经济效益的目的。企业战略管理包括战略制定、战略执行、战略控制等过程。

(1)战略制定的依据是进行外部环境和内部条件的分析。外部环境分析是企业正确制定战略的重要基础,因此要及时收集和准确把握企业的各种各样的外部环境信息,如国家经济发展战略,产业发展与调整政策,本部门、本行业和本地区的经济发展战略,竞争对手、供应厂家、协作单位、潜在的竞争者的情况等。内部条件分析是分析本企业的人员素质、技术素质和管理素质,产、供、销、人、财、物的现状以及在同行业中的地位等,明确本企业的优势和薄弱环节。

战略制定的一般程序: 明确战略思想→分析外部环境和内部条件→确定战略宗旨→制定战略目标→弄清战略重点→制定战略对策→进行综合平衡→方案比较及战略评价。

(2)战略执行是为了有效执行企业制定的战略。依靠各个层次的组织机构及工作人员的协同配合和积极工作,并且通过企业的生产经营综合计划、各种专业计划、预算、具体作业计划等,去具体实施战略目标。

(3)战略控制是将战略执行过程中实际达到目标所取得的成果与预期的战略目标进行比较,评价达标程度,分析其原因;及时采取有力措施纠正偏差,以保证战略目标的实现。推行目标管理是实施战略执行和战略控制的有效方法。根据市场变化,企业要适时进行战略调整,建立跟踪监视市场变化的预警系统,对企业发展领域和方向,专业化和多元化选择,产品结构,资本结构和资金筹措方式,规模和效益的优先次序等进行不断的调研和战略重组,使企业的发展始终能够适应市场要求。

2. 企业社会责任战略管理

世界可持续发展工商理事会认为: 企业社会责任战略以一定的伦理和核心价值观为基础,能给企业带来明显的收益。这种观点认为,企业有更宽广的视野,能跟踪社会期望的变迁,有助于控制企业风险和发现新的市场,有助于社会价值和企业价值的一致性,因此提高了企业声誉,保持了公众对企业的支持。

企业社会责任战略模型主要有两个:一个是由内及外的价值链模型;另一个是由外及内的钻石模型。由内及外的价值链模型描绘了企业创造价值的活动所带来的社会冲击,可以用作企业社会责任自检,也可以帮助企业将社会责任落实到具体的经营管理活动之中。由外及内的钻石模型是由四个要素组成的,它们分别是生产要素、需求条件、相关与支持性产业、企业战略及其结构以及同业竞争。企业可结合这两个模型分析潜在的社会责任并进行分类、分级及排序,最后确定相应的实施战略。

依据企业战略管理模式,结合社会责任的特点,企业社会责任战略管理可依照以下模式逐步进行:

(1)战略制定。

企业制定社会责任战略,应以利益相关者理论为基础,结合外部环境和内部条件综合分析。实践表明,那些很好地履行社会责任的企业可以获得更好的经济和社会效益。这些效益直接或间接地与财务上的收益相关联,主要是通过降低诉讼费用、管理费用,提高产品的质量与服务,加强品牌的效力,获得人才等途径来间接提高财政收入的。

企业管理过程中更加注重利益相关者,能够使得企业更着重对长期的目标和持续的发展的追求,而无需因为股东利益最大化的目标而只注重短期效益。在制定企业社会责任战略时,应该综合考虑企业各个利益相关者,包括股东、员工、消费者、供应商、政府部门等,并对其进行综合分析,最后制定出适宜的社会责任战略。

(2)战略执行。

①企业社会责任规划。企业社会责任规划是承接企业社会

责任战略和企业社会责任计划的中间环节,其重要性是不言而喻的。优秀的企业社会责任规划可以帮助企业社会责任管理实现阶段性进步,解决阶段性问题;科学的社会责任规划能够使企业走向可持续发展之路。那么,如何进行企业社会责任规划呢? 现介绍"企业社会责任六步走"的规划模式:

第一步,明确企业社会责任战略。

制定企业社会责任战略是十分必要的。如果企业管理层思想混乱,必然导致在经营方针上一个经理一个做法,给短期行为创造了温床,为企业发展埋下了隐患。明确的企业社会责任战略为企业社会责任规划指明了方向。

第二步,制定中长期社会责任管理目标。

未来数年内,企业社会责任管理目标是什么? 达到这些目标的关键何在? 这些都是制定中长期社会责任管理目标时需要考虑的问题,确定中长期社会责任管理目标要建立在可行性研究的基础上。

第三步,确定企业社会责任管理内容。

分析企业内部条件、外部环境,依据企业自身规模的大小、承担社会责任能力的强弱、企业自身优势、劣势所在,在其能力所及的范围内,确定承担的社会责任的内容。

第四步,财务成本分析。

财务成本是任何企业都重视的要素,财务成本分析在企业社会责任管理的过程中扮演着重要角色。财务成本分析是寻求成本降低途径的一种财务分析手段,其目的是利用企业内部成本和外部成本资料以及其他相关资料,对财务成本水平及其构成的变动情况进行分析和评价,以揭示影响成本升降的各种因素及其变动的原因。

第五步,潜在的和外在的问题分析。

哪些情况会影响社会责任管理目标的实现？应急计划是什么？企业在其发展过程中，经常会受到一系列不确定因素的影响，对此企业应有充分的估计并找出解决办法。

第六步，制定并执行计划。

在今年需要开始哪些重点项目以便达到长远目标？时间表如何排定？需要采取什么行动？需要什么样的标准来衡量社会责任管理的成绩以及是否达到长期和短期目标？制定出符合企业社会责任规划的行之有效的计划，并贯彻实施。

②企业社会责任计划。企业社会责任计划是指企业根据社会责任战略、社会责任规划为指导，对企业外部环境与内部条件进行分析，提出在未来一定时期内要达到的社会责任管理目标以及实现该目标的方案途径。那么，如何进行企业社会责任计划呢？现介绍"企业社会责任六步走"的计划模式：

第一步，确定的社会责任管理战略和社会责任管理规划。

社会责任管理战略和社会责任管理规划先于实际的计划工作开始以前，严格来讲，它不是社会责任管理计划的一个组成部分，但却是计划工作的真正逻辑起点。优秀的社会责任管理战略和社会责任管理规划对做好计划工作十分关键。

第二步，拟定可供选择的可行方案。

各个企业自身发展状况不同，其可供选择的社会责任管理方案也是多种多样的。编制计划时应在评判其优缺点后，尽量减少可供选择方案的数量，以便把主要精力集中在对少数最有希望的方案的分析上面。

第三步，评价可供选择的方案。

在找出了各种可供选择的社会责任管理计划方案和评判其优缺点后，根据已经确定的社会责任管理战略和社会责任管理规划，权衡轻重优劣，对可供选择的方案进行评估。评估应该用运筹学中较为成熟的矩阵评价法、层次分析法、多目标评价法，进行评价和比较。

评估可供选择的方案，要注意考虑四点：第一，认真考察每一个计划的制约因素和隐患；第二，要用总体的效益观点来衡量计划；第三，既要考虑到每一个计划的有形的可以用数量表示出来的因素，又要考虑到无形的、不能用数量表示出来的因素；第四，要动态地考察计划的效果，不仅要考虑计划执行所带来的利益，还要考虑计划执行所带来的损失，特别注意那些潜在的、间接的损失。

第四步，选择方案。

这是决策的抉择阶段，可能会遇到有两个以上可取方案。在这种情况下，必须确定首先采取哪个方案，并将其他方案也进行细化和完善，以作为后备方案。

第五步，制定派生计划。

基本计划还需要派生计划的支持。比如，一家企业年初制定了"当年能源消耗量比上年减少10%"的社会责任管理计划，与这一计划相连的有许多计划，如生产计划、工艺改进计划等。

第六步，编制预算。

在做出决策和确定计划后，计划工作的最后一步就是把计划转变成预算，使计划数字化。编制预算，一方面是为了计划的指标体系更加明确，另一方面是使企业更易于对计划执行进行控制。定性的计划往往可比性、可控性和进行奖惩方面比较困难，而定量的计划具有较硬的约束。

③建立相应的组织管理机构。将社会责任管理融入企业日常管理，必须建立相应的机构并形成管理制度。企业应建立相应的机构对全部的社会责任进行监督和控制，并建立相应的责任制度、教育制度、检查制度、事故统计、报告、处理机制、

预评价制度、活动开展的程序制度以及相应的操作规程。并根据企业自身特点，不断完善相应制度。②

（3）战略控制。

企业社会责任管理战略控制，主要包括对战略实施的结果进行评价考核与在必要的时候采取校正行动。对企业社会责任战略实施的结果进行评价考核，主要指社会责任战略执行情况；对企业社会责任战略实施过程中采取校正行动，主要指对战略控制部门发现的问题以及员工和其他利益相关者质疑企业是否符合公司政策或相关标准规定的事项，企业应该调查、处理，并根据其性质和严重性，调配相应的资源予以适当的补救和纠正。

二、政府社会责任战略管理

20世纪80年代，西方国家掀起了大规模的政府改革运动，政府部门的职能、角色、组织结构及其与社会的关系都发生了深刻的变化。这场"新公共管理"运动对西方政府管理理论与实践产生了重大而深远的影响。在私人部门战略管理模式的示范效应下，战略管理问题越来越受到政府部门的关注和重视，政府战略管理随之兴起。

1. 政府战略管理

政府战略管理的工作主要包括三项内容：确定组织工作目的；积极争取外部支持，使自己的工作目的具有合法性；提高组织能力，以实现工作目的。这三项工作内容构成了政府战略管理三大基本要素：使命管理、政治管理和运营管理。

（1）公共价值。

衡量政府是否创造了公共价值，是对政府战略管理进行评价的核心，主要运用两方面的标准：第一，该政府是否有效满足了社会公众对它的期望和要求；第二，该政府的运营成本是否合理。若政府以合理的运营成本满足了社会期望，则该政府为社会创造了公共价值；若政府没能满足社会期望，或即使满足了社会期望，但由于运营成本过高而对社会造成了较大负担，那么该政府仍没有创造公共价值。

（2）使命管理。

使命管理的核心工作即为发现、确立政府使命，并将此使命传达给政府的利益相关者。使命作为政府存在的核心目的和理由，界定了政府提供的公共产品和公共服务的性质和范围，它是政府区别于其他社会组织的根本标志。鼓舞人心的使命一方面可使外部利益相关者了解、认同并支持政府发展战略；另一方面可使广大公民目标明确、行动协调。同时，使命有利于政府在变革时期坚定目标方向，并为政府的重大决策提供参考依据。

（3）政治管理。

政治管理就是政府战略管理者运用各种手段去获取政治、法律、社会各方面的支持，以实现政府使命，达成政府目标。相对而言，政治因素对企业战略管理的影响较小，但对政府部门却具有特殊的重要性。因为政府部门所处环境充满了需要权衡的政治因素，它必须面对各种相互制约的权力关系。因此，政府战略管理者在制定战略时，必须预期到各种谈判和讨价还价的情况，这样才能为今后更加顺畅地执行战略打下稳固基础。

（4）运营管理。

运营管理就是通过有效整合、利用组织内部资源来实现组织的战略目标。它是将组织战略计划转化为战略行动的步骤和环节，对于实现组织战略目标具有重要作用。③

2.政府社会责任战略管理

政府社会责任战略管理作为政府战略管理的重要组成部

分，应该得到政府战略管理者的高度重视。政府在社会责任战略管理过程中，应从以下两方面着手进行：

（1）依据社会公众对其履行社会责任的期望和要求，制定并实施社会责任战略。

政府应该依据社会公众对政府履行社会责任的期望，制定社会责任战略。其中，社会公众对政府履行社会责任的期望即为政府的使命，包括经济责任、法律责任、道德责任、可持续发展责任和慈善责任。

（2）政府履行社会责任的运营成本合理。

所谓政府运营成本，是政府向社会提供一定的公共服务所需要的行政投入或耗费的资源，是政府行使其职能必须付出的代价，是政府行使职能的必要支出。从狭义的角度看，政府机构正常运行需要消耗资源，比如建筑物、办公设施、人员工资等，这一部分行政成本本身不会带来直接的经济效益，却是必需的。从广义的角度看，政府运营成本还包括政府行政决策所付出的代价，这部分代价是不是值得，取决于决策是否正确。如果决策失误，必然会导致不必要的行政成本支出。

政府在履行社会责任过程中，应该将运营成本控制在合理范围内，要坚持三个原则：一是坚持有限与责任的统一；二是坚持协调与发展的统一；三是坚持他控与自控的统一。

政府社会责任使命管理的核心工作即为发现、确立组织使命，并将此使命传达给组织的利益相关者。满足社会公众对政府履行社会责任的期望和要求，这就是政府的使命，是政府承担社会责任的源泉。

政府社会责任运营管理是通过有效整合、利用政府资源进行有效的社会责任管理，它是将政府战略计划转化为战略行动的步骤和环节，对于实现政府社会责任战略目标具有重要作用。政府的社会责任运营管理包含三个方面，即政府职能的运营管理、政府组织的运营管理、政府过程的运营管理。

三、德国将企业社会责任提升至国家战略

2010年10月6日，德国政府出台了企业社会责任国家战略，名为企业社会责任行动计划。德国政府想以此鼓励更多的企业积极履行高于法律规定的、社会、经济、生态保护方面的社会责任行动。联邦劳动与社会事务部以及德国可持续发展议会的专家们在国家企业社会责任论坛上提出了相关建议，在这些建议的基础之上形成了该行动计划。

1. 德国政府将企业社会责任提升至国家战略

在德国，联邦劳动与社会保障部是企业社会责任的中央部门主管机构。该部从对内对外的角度负责企业社会责任在德国和在全球范围内推进。制定国家企业社会责任(以下简称"CSR")战略是其主要职责之一。

2009年1月，德国联邦劳动与社会保障部与其他职能部门进行了历时2年的协商后，发起成立了CSR论坛工作委员会。该论坛工作委员会为联邦政府制定国家企业社会责任战略提供支持，至此，德国政府开始正式将企业社会责任提升到国家战略层面。经过一年的工作，该CSR论坛工作委员会形成了"对企业社会责任达成共识"的建议案，对政府在企业社会责任活动中的介入和干预范围取得了一致意见并成立了行动领域起草工作小组。作为德国CSR战略的核心内容，"德国企业社会责任行动计划"于2010年初制定完成并提交联邦内阁审议。在"德国企业社会责任行动计划"获得通过之后，即开始实施国家CSR战略。

2. 德国国家CSR战略的目标和内容框架

总体上来讲，德国国家CSR战略的制定主要是在全社会营

造一个适合企业履行社会责任的氛围,推动竞争制度框架的建立,以确保企业可通过积极履行社会责任来构筑企业的竞争优势。同时特别鼓励中小企业、员工和消费者都参与到企业社会责任能力建设中。

德国希望通过企业社会责任战略达成两个目标:

(1)通过提升企业社会责任在社会公众心目中的认知程度,进而在国内外强化德国企业社会责任的特色。这种认知程度主要体现在两个方面:一个是对企业社会责任形成共识,一个是增强德国企业社会责任活动的透明性。

在德国,有越来越多的企业开始关注社会责任。特别是一些中小企业也逐渐意识到企业社会责任的重要性,但不同的社会群体会从各自的角度去看待企业社会责任并在企业社会责任概念中加入不同的内容。因为没有形成共同认识,特别是员工和消费者时常对社会责任概念模糊不清,一方面在企业内部难以形成良好的履责主体,另一方面在市场上形成不了鼓励履责企业的市场机制。与此同时,愿意积极采取社会责任措施进行战略性调整的中小企业也难以得到社会应有的支持和帮助,这些都制约了德国企业社会责任的特色发展。加上德国企业社会责任活动经常缺乏足够的透明性,履责好的企业也难以得到社会的认同,特别是难以得到责任消费者的购买激励。因而,无论在国内,还是在国际上,德国企业社会责任都没有形成自己应有的特色。

因此,通过形成企业社会责任共识,有利于德国企业社会责任形成一个更为清晰的基本轮廓和特点,有利于德国企业与各相关利益者之间建立共生关系,有利于德国企业在全球竞争力的提升。

(2)为实现全球化背景下生态环境保护与经济社会协调发

展作出贡献。德国企业积极承担社会责任对其在国际市场竞争中立于不败之地至关重要，也是在国际上提升德国企业良好形象起到重要作用。

3. 德国国家CSR战略的内容

德国企业社会责任战略由两部分内容组成：

第一个是德国企业社会责任活动框架说明。主要包括四个方面的内容：一是系统总结德国企业社会责任现状和发展情况；二是形成对企业社会责任的统一认识；三是在达成对企业社会责任共识的基础上形成各相关方的行动措施；四是要特别强调德国企业的社会责任活动相关的国际规范。

第二个是德国企业社会责任政治行动计划。主要包括两方面内容：一是对政府在企业社会责任活动中的角色形成一个清晰的认识和明确的定位；二是详细介绍在"德国企业社会责任行动计划"的框架内与企业社会责任活动实践有关的目标、课题、公约和措施。

4. 德国国家CSR战略的制定过程

（1）成立国家CSR论坛工作委员会。

2009年1月，德国联邦劳动与社会保障部与其他部门进行了历时2年的协商后，首先发起了CSR论坛工作委员会。CSR论坛工作委员会的成员是来自经济界、企业、工会、公民社会、政府和国际组织的43位利益相关方代表。国家CSR论坛构成了对话和与企业社会责任推动者达成共识的平台。获得参加CSR论坛工作委员会资格的标准是能否成功地将致力于树立企业社会责任典范的CSR社区成员紧密组织在一起，这为广大利益相关方群体注入了推动力。反过来，也能对讨论案和起草的文件进行广泛传播。在CSR论坛工作委员会的工作细则中对成员进行密切合作做出了规定。

（2）达成共识，形成国家CSR战略建议案。

CSR论坛工作委员会自成立以来共召开了3次会议，召开时间分别是2009年1月20日、2009年4月28日和2009年6月10日。这三次会议CSR论坛工作委员会就CSR达成共识形成决议：在德国，对企业社会责任(CSR)的相同理解达成共识。这些共识包括：

一是对企业社会责任认识上，认为企业社会责任是企业承担的在法律要求之上的社会责任，它是自愿的，但不是随意的。它根植于企业战略中，又融入在企业核心业务上，目的是促进企业可持续经营。

二是在企业承担社会责任方式上，企业对CSR活动进行战略性调整时应把内部和外部的利益相关者也纳入其中。

三是指出政府的任务是为企业社会责任的履行创造一个有利的环境。可通过企业社会责任这种方式来改善市场的环境和不断完善市场的功能，同时为社会和企业带来效益。

四是战略型企业社会责任将逐渐成为企业赢得市场竞争优势的重要因素。提高企业社会责任在消费者和投资者心目中的透明度和可信性是至关重要的。对于企业，重要的是要做到企业社会责任活动的公开透明。

五是企业社会责任还能够增强社会团体和公众对社会市场经济的信任，以及为实现全球化背景下生态环境保护与经济社会协调发展作出贡献。

六是企业积极参与公益事业有助于大大提升企业形象和扩大企业的社会影响。通过积极参与社区和地方建设来加快公益事业建设的步伐是企业社会责任的一部分。中小型企业和大型企业应致力于推动公益事业的发展。

七是在国际制度环境和倡议的框架内积极承担社会责任，

对于德国企业在国际市场竞争中立于不败之地也是至关重要。

同时,决议对政府在企业社会责任活动中的介入和干预范围取得了一致意见。这彰显出了与社会利益相关方群体共同推行国家CSR战略和在国内外增强德国企业社会责任特色的强烈意愿。并通过了"对企业社会责任达成共识"建议案,提交给联邦政府。联邦政府将于2010年春发布联邦政府"德国企业社会责任行动计划"。

5. 德国国家 CSR 战略政府介入和行动领域

"德国企业社会责任行动计划"的一个组成部分是具体的政府介入领域,政府介入和干预这些领域有助于国家CSR战略目标的实现。特别是在以下四个方面发挥作用:一是推动企业社会责任的透明化;二是对企业社会责任的推广进行引导,向全社会传播企业社会责任信息,特别是加强中小企业对这个问题的深入了解;三是组织专家对企业社会责任有关问题进行研究分析;四是在国际上注重企业在所在国履行社会责任,保持跨国公司履行企业社会责任的一贯性。

行动领域一:提升企业社会责任的可信度和透明度。该行动领域的目标是增强德国企业在国内外积极履行企业社会责任的良好形象和特色。

行动领域二:对企业社会责任的推广进行引导,向全社会传播企业社会责任信息,特别是加强中小企业对这个问题的深入了解。该行动领域的目标是制定宣传倡导推动企业社会责任的办法和途径。

行动领域三:推动教育、培训和科研领域对企业社会责任有关问题进行研究分析。该行动的目的是在政府的组织下,推动教育和培训领域展开对CSR的理论研究与对策探讨和在国民教育中进行商业道德观培训及专业课程教育,以便使人才形成较强的CSR意识与观念以及尽快形成CSR理论体系与实施方案。

行动领域四：在国际上注重企业在所在国履行社会责任，保持德国公司履行企业社会责任的一贯性。

行动领域五：推动企业社会责任为解决社会问题作出贡献。该行动领域的目标是对企业社会责任活动在战胜社会面临的重要挑战方面所起到的作用进行深入研究。

行动领域六：创造一个有利于企业履行社会责任的环境。该行动领域的目标是找到能够创造一个有利于企业社会责任建设的环境途径。

6. 德国国家CSR战略制定的启示

启示一：在国家CSR战略制定过程中，以可持续发展原则为指导。

企业社会责任是企业在履行对其各利益相关方社会责任的过程中，实现企业的可持续经营，促进整个国内社会的可持续发展，在全球范围内成为生态保护和经济社会全面协调可持续发展的重要力量。因此，国家CSR战略制定必须平衡好政府、企业和社会等各相关方利益，以充分发挥各方对促进企业社会责任发展的积极性和主动性，进而促进整个社会的可持续发展。

启示二：在国家CSR战略制定过程中，充分发挥政府的主导作用。

企业社会责任的健康发展需要政府积极支持和倡导。政府的任务是拟定社会发展目标和为企业和社会积极履行社会责任奠定坚实的基础。总之，国家战略能够对推动建立和完善企业社会责任创造一个有利的环境，并起到主导和支撑作用。

启示三：在国家CSR战略制定过程中，充分调动CSR推进者各方的能动作用。

企业社会责任是一项需要全社会都来关注的事情，这也对所有社会群体的行为提出了要求。为了能使企业社会责任取得成功，不但需要企业将CSR融入其战略体系中、建立健全企业内外部管理机制，也需要社会各方，比如消费者、投资者、非政府组织等都要求企业遵守社会道德，同时对积极履行社会责任的企业给予切实支持。因而，国家企业社会责任战略的制定也需要企业社会责任各积极推进方的参与，这个战略制定和未来的实施才能取得真正的成功。

启示四：在国家CSR战略制定过程中，充分体现企业社会责任的国家特色。

企业运营必然要与当地自然、经济、社会和环境的发展相适应，企业社会责任必须为当地的社会经济的协调可持续发展服务，为当地的社会经济可持续发展目标服务，并体现出当地CSR实践的特色。同时在全球运营中也能鲜明地体现出企业社会责任的国家特色，并在可持续发展的竞争中创造优势。

启示五：在国家CSR战略制定过程中，充分考虑企业社会责任相关国际规范。

在世界经济全球化的大背景下，企业社会责任国际规范正在逐步形成。在国家CSR战略制定过程中，除了充分体现国家特色外，还必须考虑企业社会责任相关国际规范，这样一方面使企业在全球责任竞争时代立于不败之地。另一方面，在促进全球可持续发展的同时，也为企业赢得更广阔的发展空间。

总之，德国国家CSR战略的制定过程给我们的启示是，要以可持续发展原则为指导，在政府的主导下，充分发挥各利益相关方的积极性和能动性，上下结合。同时做到国内为主，国内国际相结合，既充分体现企业社会责任国家特色，又考虑到相关国际规范。

——摘自《WTO经济导刊》

四、中国电科：固责任之本，行科学管理

近年来，随着经济社会的迅速发展和经济全球化的不断深入，企业社会责任问题越来越受到广泛关注和重视。胡锦涛总书记、温家宝总理等中央领导多次强调企业要积极履行社会责任。国务院国资委也多次下发指导性文件，明确提出了中央企业履行社会责任的具体要求。中国电子科技集团公司（以下简称中国电科）作为中央企业，深入贯彻科学发展观，积极响应党中央、国务院的号召，紧密结合企业改革发展实际，牢记责任使命、统筹兼顾、积极实践，深入推进社会责任工作。

特别自国资委"中央企业社会责任工作会议"召开以来，中国电科集团公司领导高度重视企业社会责任工作，带头认真学习中央各级领导指示，贯彻国资委会议精神，深入研究、系统规划、积极部署，统筹集团公司社会责任体系建设。集团公司领导要求集团上下将社会责任工作作为一件必须要做，而且必须做好的工作来抓，要健全集团公司社会责任体系，全方位、多领域、系统深入地开展工作。为此，集团公司专门成立了质量安全与社会责任部，具体负责集团公司社会责任推进工作。

中国电科结合自身发展特点，借鉴其他集团先进经验，着眼集团公司社会责任战略、规划、重点、实践和管理，在不断摸索和实践中总结发展，积极策划具有中国电科特色的社会责任实践活动，逐步将社会责任理念融入企业经营、管理脉络。

1. 提高思想认识，树立电科特色社会责任理念

作为军工电子国家队和国民经济信息化建设的主力军，中国电科秉承"国家利益高于一切"的核心价值观，以"构建国家经络体系，共享平安智慧生活"为责任使命，以"创一流企业，担一流责任"为责任目标，始终将履行社会责任作为贯彻落实科学发展观、服务党和国家工作大局、服务和谐社会建设

的具体实践。努力将社会责任理念全面融入企业经营理念、发展战略、企业文化、责任管理；努力构建企业与政府、投资者、用户、合作伙伴，企业与员工、社区和自然环境和谐关系，为利益相关方创造价值，实现企业和全社会可持续发展。以筑牢国家安全长城，夯实国家经济基础，引领电子信息科技创新，在国家重大活动中撑起共和国顶梁之责为己任，努力成为履行社会责任的表率。鲜明的社会责任理念为中国电科全系统上下、全面履行社会责任提供了思想基础和行动指引，有力促进了责任履行与企业发展的融合与统一。

2. 明确责任核心，形成电科社会责任工作模型

中国电科结合企业使命和自身特点，深入研究、系统规划，明确责任核心与工作重点，构建了维护国家安全、确保经济发展、促进社会和谐、推动环境保护、全面融入责任管理为一体的企业社会责任模型，明确了四大板块的工作目标和核心议题，为企业全面履行社会责任确立了工作重点和努力方向。

以维护国家安全这一核心责任为重心，不断做强军工电子主业，引领国防军事电子科技发展，提高军民融合能力，推动军事电子信息技术应用于和平发展，在

电科社会责任工作模型

推动在国防科技发展和武器信息化建设以及非传统安全防务中发挥中流砥柱作用；

以促进经济发展这一根本责任为基础，完善现代企业运行机制，注重科技创新，发挥行业引领作用，积极参与国际合作与竞争，提高价值创造能力，保持经济发展的质量和速度，确保国有资产保值增值，通过诚信经营，竭力为用户提供优质产品和一流服务，促进行业、地方、伙伴和用户共同发展，为利益相关方创造价值；

以构建社会和谐这一重要责任为目标，坚持以人为本，以员工为核心构建和谐企业，坚持守法合规，彰显央企道德风范，与各利益相关方携手共建和谐社会，支持社会公益，在重大事件和自然灾害面前发挥顶梁柱作用；

以推动环境保护这一时代责任为关键，致力于资源节约和环境保护，构建资源节约型和环境友好型企业，不断提升绿色电子科技创新贡献社会的能力，推动全社会节能减排，促进企业、社会、环境的可持续发展。

3. 不断融合创新，确立社会责任工作目标

在全面推进社会责任工作过程中，在集团党组和班子的领导下，中国电科开拓创新，深入研究，精心谋划，形成了"理念引入—健全

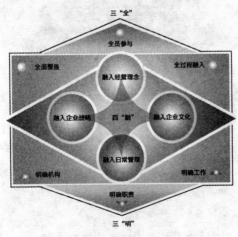

电科社会责任管理格局

体系—全面实践—深入融合—持续改进"的各阶段工作目标和措施，并不断扩展内涵，丰富工作目标内容。

通过规划和制度体系建设，中国电科努力将社会责任融入企业战略，在企业长期发展宏图中，明确了社会责任的重要支撑作用，体现社会责任的目标与要求；将社会责任融入经营理念，在企业经营效益中考虑与利益相关方的关系以及经济、环境和社会的综合价值；将社会责任融入企业文化，在企业内部建立良好的责任文化氛围；将社会责任融入日常管理，将质量、安全、环保、风险等多方面整合为有机整体，形成可持续发展管理体系。

同时，明确"全员参与、全面覆盖、全过程融入"的社会责任推进思路，要求各级管理人员、广大员工及利益相关方形成共识，凝聚社会责任管理的主客体合力，自觉将社会责任渗入企业发展的运营、管理、生产、营销、服务等各个层面，在企业运营管理全过程中贯彻落实履责要求，并通过形成"明确机构、明确职责、明确工作"的良好管理格局，使各项工作得以有效落实。

4. 健全管理体系，落实社会责任组织和工作责任

为全面推进社会责任管理不断深入，中国电科从责任战略、责任治理、责任融合、责任绩效入手，深入研究、加强沟通，突出体系建设和特色实践，层层推动、持续改进。集团在社会责任工作委员会领导下，组建成立了质量安全与社会责任部，具体负责集团公司社会责任管理推进工作。各职能部门根据职责要求，形成生产研发、资本运营、沟通合作、环境保护、质量安全、纪检审计等具体工作类别，确保了中国电科社会责任重点工程与公司业务发展有机整合，有效发挥了公司的业务和规模优势。同时，根据工作类别需要，设立了应急管理领导

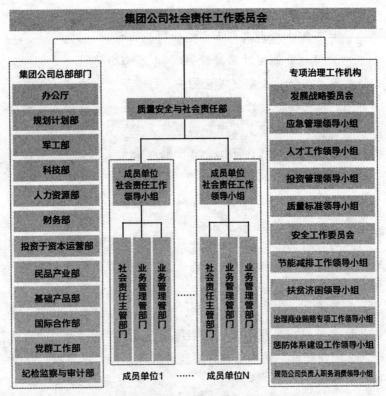

电科社会责任工作委员会

小组、人才工作领导小组、质量标准领导小组、节能减排领导小组、扶贫济困领导小组等11个专项治理工作机构，负责社会责任工作核心议题的综合治理。各成员单位把社会责任工作作为单位建设和发展的重要内容，全面系统地开展工作，迅速建立起院所负责人亲自挂帅、组织落实、责任明确的社会责任管理队伍，开展一系列落实部署工作。最终形成集团公司责任部门牵头，各部门分工配合，专项机构专项治理，成员单位系统建设的上下一体的社会责任管理网络。

5. 集团上下联动，打开社会责任工作良好局面

按照国务院国资委的总体要求，在集团公司统一部署下，中国电科以"树理念、建体系、打基础、作策划、抓实践"为出发点，全面、系统地推进社会责任工作。

结合国内外标准和集团公司特点，初步构建了中国电科自身的企业社会责任指标体系，推进社会责任制度建设，主要责任议题指标纳入集团公司经营业绩考核体系；加强内部、外部宣传与交流，召开"社会责任工作会议""社会责任专题研讨会"，向总部所有处室推荐社会责任书籍与影片，定期发布"质量安全与社会责任简报"，在集团内外部网站分别设立了社会责任专栏，编制发布首份社会责任报告，全面披露社会责任绩

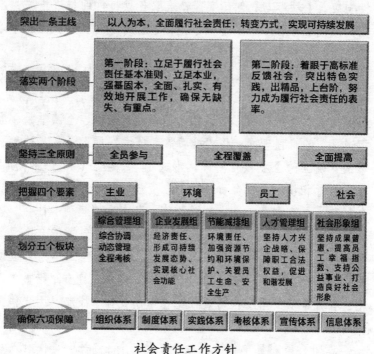

社会责任工作方针

效指标，开展用户、合作方走访、座谈等各类交流活动促进与利益相关方的沟通与参与；集合自身特点，积极开展重大保障、"平安"、"智慧"城市建设、对口支援等具有电科特色的社会责任实践，策划"社会责任教育示范基地"建设；积极参加国资委和社科院组织的社会责任课题研究，学习经验，开展集团公司内部社会责任工作调研，在全集团范围内开展"社会责任优秀实践征集"活动，注重经验的积累、总结和交流，不断将社会责任工作推向深入。

在中国电科集团总部大力倡导下，按照总体部署规划，依照"全员参与、全面覆盖、全过程融入"的要求，全系统不断深入推进社会责任管理实践。各成员单位结合自身特点，积极响应，主动参与，创新实践，采取各具特色的推进措施，并在实践过程中，形成了带头示范，比学赶帮的良好氛围，开辟了集团公司社会责任工作的良好开端。

"尽责担道义　承诺促跨越"，中国电子科技集团成员单位根据集团公司各项宣传、推进、部署工作，结合自身实际情况，研究探索，凝练形成了"诚信为基、创新为本、至诚奉献、勇担道义"的责任理念；将"推动信息技术发展，服务人类和平幸福"确立为企业核心使命；形成了"社会目标、企业目标、个人目标相统一，社会责任、企业责任、个人责任相统一，社会利益、企业利益、个人利益相统一"实现"经济、社会、环境的综合价值最大化"的一整套相对完整的社会责任工作理念体系框架。成立了社会责任领导小组、社会责任工作办公室以及有业务部门组成的五个专项工作组，确保从组织、绩效、文化、培训等多个角度推动责任工作与所使命、战略、运营和文化的全方位融合。

集团公司成员单位不断细化工作目标，将社会责任融入每一个环节，开展了一系列如签订社会责任履行承诺书，建立社会责任工作考核管理办法，落实社会责任月报制度，开展社会责任工作主题宣传月活动，"双增双减"节能减排活动、"结对帮扶、慈善感恩"公德公益活动等特色实践内容，开展评优评先活动等具体的社会责任工作，并取得了良好效果。

集团公司成员单位也在长期的发展和积累过程中，形成了符合自身特色的社会责任工作格局，并将社会责任引入实际工作，例如电科国际在海外实践中系统推进海外履责管理和实践，各项工作的开展，将社会责任工作与企业营业融合落到实处，为中国电科更好地履行社会责任贡献出自己的力量。

——摘自《中国电科社会责任报告》

固责任之本，行科学管理。中国电科从责任培训、体系建设、重大研究等方面切实提升公司履行社会责任的水平和整体能力，在理论研究与实践探索中实现持续改进，在利益相关方在沟通交流中迸发创新活力，以公司的持续健康发展，服务和促进社会的可持续发展，最大限度地实现公司的经济、社会和环境的综合价值，发挥中央企业履行社会责任的表率作用。

第二节　社会责任信息披露

社会责任信息披露,是各社会组织在履行社会责任过程中必不可少的重要环节,是满足利益相关者了解其社会责任履行情况的重要途径,是社会责任被各社会组织认可的重要标准。

一、社会责任信息披露的必要性

1. 利益相关者对企业的要求

传统的信息披露制度主要是为股东、投资者以及债权人提供进行投资决策的有用信息。随着企业承担社会责任的运动在全球范围内迅猛发展,这些简单的财务报表资料已经无法满足除投资者以外的其他利益相关者对企业社会责任的信息需求。比如, 政府需要了解企业在环境保护、能源耗用、公益事业等方面的信息; 消费者需要了解企业所提供产品和服务是否是优质、安全、可信赖的信息, 以及自身权益保障方面的信息; 职工需要了解企业在薪酬待遇、教育培训等方面的信息; 社区居民需要了解企业在社区建设等方面的信息。

随着现代经济的发展, 建设和谐社会目标的深入人心, 社会责任观念在社会和企业中的普及程度越来越高,各利益相关群体越来越希望通过企业的相关社会责任信息披露制度了解企业履行社会责任的情况。

2. 能够满足企业盈利的需求

企业社会责任的信息披露不仅是企业履行社会责任的一种表现形式, 它对企业本身来说, 也有着巨大的收益回报。因此, 社会责任报告得到了许多企业的响应。企业要从股东之外的利益相关者那里获得各种专用性资产和良好的经营环境，以实现其可持续发展，就必须承担社会责任。而在信息不对称的条件下，企业只有通过有效的信息披露制度将这些承担的社会责任公之于众，才可能让这些潜在的收益转化为现实回报，形成企业核心竞争力。④

3. 法律约束作用的结果

企业社会责任信息披露除了受到企业利益相关者及企业的盈利需求影响外，还受到国家法律法规的约束。在我国，虽然在社会责任信息披露方面并没有正式法律或法规，但目前至少有20部以上的法律法规与企业社会责任相关，形成了企业履行社会责任的法律基础和底线。

二、社会责任披露的国际经验

在西方发达国家，社会责任信息披露越来越受到重视，目前绝大多数行业和领域都被要求报告或披露社会责任信息，多数社会责任报告已经能够反映企业总体履行社会责任的情况，方便社会公众通过市场参与提高整个社会福利水平的活动，这对于促进该国的可持续发展起到了积极作用。

西方发达国家在社会责任信息披露比发展中国家起步更早、经历更丰富、背景形式更加复杂，随着时间的推移，各国根据自身的实际情况均制定了企业社会责任信息披露的具体内容。虽然分类不一，但要求企业社会责任信息披露的内容都在发展变化，并且不断将披露内容细化和完善。这能够对我国社会责任信息披露起到良好的导向和借鉴作用。下面，我们分别以政府主导型社会责任信息披露模式、非营利组织主导型社会责任信息披露模式为例，分别介绍其先进经验：

1. 法国——政府主导型

社会责任会计是会计在社会学、政治科学和经济学等社会科学中的应用。社会责任会计作为会计发展的新领域和新分支，是社会责任同会计学的结合，它是以会计特有的方法和技术对某一组织的行为带来的社会贡献和社会损害进行反映和控制的会计。社会责任会计作为会计发展的趋势之一，虽然其他许多国家在这方面也进行了种种探索，但目前尚未确立社会责任的计量和报告体系。而法国走在了世界各国的前列。

在1975年，法国政府在《关于公司法改革的报告》中就建议各家公司每年公布"社会资产负债表"。1977年7月，法国通过一项法令，要求所有职工人数达到或超过300人的企业都须编制"社会资产负债表"，内容涵盖雇员人数、工资及福利、健康安全保护、雇员培训等，各项指标非常详尽，为社会责任的披露提供了一个很好的蓝本。1982年4月法国财政经济部批准生效《会计总方案》。随后，社会责任会计报告成为会计报告体系的重要组成部分。在《关于公司法改革的报告》中要求符合标准的企业、组织必须编报年度社会资产负债表。

法国通过法律规范的方式规范社会责任信息披露。法国是一个在政治上具有高度集权传统的国家。法国政府在企业实施社会责任会计信息披露过程中起主导作用，通过相关法令和政令予以保证，强制推行企业社会责任信息的披露，并取得了很好的效果。⑤

2. 美国——非营利组织主导型

美国是世界社会责任会计的发源地，社会责任信息披露的理论和实践均走在了世界前列。美国社会责任信息披露的最大特点是会计研究组织机构为社会责任信息披露提供理论支持。

20世纪70年代，美国掀起了社会责任信息披露的研究浪潮。美国会计学会（American Accounting Association，简称AAA）——美国最大的会计学术组织，要求企业在年报中披露履行社会责任的信息，主要包括社会责任活动业绩、人力资源、社会费用及企业活动对社会的影响信息。在美国会计学会及其他各方的努力下，美国社会责任会计取得了巨大的成就。《幸福》杂志对排名前500名的大公司的调查表明，1971年只有29家公布有关社会责任信息，1989年已达到四百多家，报告社会责任会计信息的企业数也逐年上升。

美国会计准则的制定先后经历会计程序委员会（CAP）→会计原则委员会（APB）→财务会计准则委员会(FASB)三个阶段，每个阶段都涉及社会责任会计信息披露的准则，到财务会计准则委员会发布的《财务会计准则公告》中，已经有几十项准则涉及社会责任问题。例如1992年11月发布的SFAS NO.112雇主对雇用后福利的会计处理，1993年6月发布的 SFAS NO.116捐赠收入和捐赠支出的会计处理，1983年8月发布的SFAS NO.74对雇员支付特殊终止津贴的会计处理，1998年2月发布的SFAS NO.132雇主对养老金以及其他退休后福利的披露等。

在美国社会责任信息披露发展进程中，作为非营利组织的美国会计学会起着至关重要的作用，是美国社会责任信息披露发展的主导。

三、我国社会责任信息的披露

1. 发展状况及存在的问题

在科学发展观的指导和全球性企业社会责任活动的影响下，我国企业社会责任实践虽然起步较晚，但发展较为迅速，正处于逐步形成以公司法和证券法为核心的信息披露体系的过程中。2005年国内第一部综合性的《中国企业社会责任标准草案》获得通过；随后深交所发布《深圳证券交易所上市公司社会责任指引》对上市公司社会责任信息披露提出了具体要求；2008年国资委印发《关于中央企业履行社会责任的指导意见》，对中央企业的社会责任提出了具体要求；2009年上证所和中证指数有限公司正式对外发布上证社会责任指数。

总体来说，我国企业社会责任信息披露具体特征主要体现在：发展势头强劲，具有很强的政策导向性；社会责任信息披露主要集中在大型国有企业和制度较完善的上市公司；以自愿披露为主，披露内容零散分布于传统会计报表之中。这些特征表明我国的企业社会责任信息披露制度正逐渐向规范化、法制化、国际化的进程迈进。⑥

虽然我国的社会责任活动发展速度很快，但从目前发展现状来看，仍然存在很多问题。这些问题集中体现在三方面：一是企业社会责任会计信息披露内容不充分、形式单一；二是企业缺乏对社会责任信息进行独立报告的意识；三是与社会责任信息披露相关的法律制度不健全。⑦

2. 存在问题的对策分析

在我国，企业社会责任信息披露还处于探索阶段，社会责任披露的内容和披露模式等还有待于进一步的探索与完善。针对我国企业社会责任信息披露存在的问题，提出以下对策：

（1）完善社会责任信息披露内容。

企业披露的独立的社会责任会计信息至少应当包括以下几个方面的内容：

第一，在改善生态环境方面的贡献。企业应披露的内容主要包括环境保护的历史行为与现实计划、环境保护设备的投入情况、有关环境保护和治理方面的研究费用支出、减少使用稀有资源等所支付的相关费用、企业对环境治理方面提供的产品和服务。

第二，在提高社会福利方面的贡献。企业应披露的内容主要包括为发展公共交通、医疗保健服务、市政建设、娱乐设施等方面提供的人、财、物的支持，对文化、教育、体育及公益活动的捐赠，提供平等就业机会，特别是对失业者、妇女、残疾人等就业方面提供的便利。

第三，在人力资源方面的贡献。企业应披露的内容主要包括企业职工人数、平均工资，职工的招募、培训、职务轮换和提薪制度等，职工工作场所的安全防护措施，企业环境美化、与员工交流等。

第四，在提供产品和服务方面的贡献。企业应披露的内容主要包括产品在性能及安全性方面的保证，对消费者提供的社会咨询服务，产品的售后服务及顾客的满意程度，对消费者的忠实程度等。

另外，企业还可以根据自己的实际情况选择其他一些信息自愿披露，以提高企业在社会公众中的良好形象。⑧

（2）编制独立的企业社会责任会计报告。

社会责任会计信息的需求者多种多样，需求的信息也各不相同，为便于企业社会责任会计报告更加直观地反映社会责任资产、负债以及社会责任权益的分布情况，让企业各利益相关者更全面系统地获取对其有用的信息，避免信息披露的内容不全面致使不能满足有关各方了解企业社会责任情况的需求，企业应借鉴国际上对社会责任会计报告体系运用和研究，结合我国现阶段企业社会责任信息披露的现实国情，编制独立的企业社会责任会计报告。

（3）完善相关法律、法规和制度的建设，强化信息披露支持系统。

虽然我国已形成了以公司法和证券法为核心的信息披露体系，但仍有一些问题需要解决。现有的企业披露的信息的广度和深度都不够，形式也很单一。因此，我国现有的企业信息披露制度急需从法律上进行完善，规范社会责任信息披露的内容与格式、编报规则和时间，明确社会责任信息披露的主客体，细化信息披露的要求，保证我国企业社会责任信息披露沿着法制化、规范化、国际化的进程迈进。

四、国家电网——中国企业发布社会责任报告的先行者

2012年2月21日，《国家电网公司2011社会责任报告》发布。这份报告是国家电网公司迄今发布的第7份年度报告，也是该公司"十二五"首份社会责任报告。报告首次以"意愿篇、行为篇、绩效篇"为内容框架，系统阐述了该公司的企业社会责任观，披露了该公司2011年重大履责行动及其绩效，并对2012年主要履责目标作出承诺。

国家电网标志

回顾2006年的3月11日，国家电网公司新闻发言人王敏在新闻发布会上表示，公司期望通过每年定期向社会发布社会责任报告，向社会客观展示公司价值观与长远追求以及具体的行动，在公司与社会之间架起新的沟通桥梁，打开新的交流窗户，使政府、公众和社会各界能够更容易、更准确、更好地了解公司，支持公司可持续发展、推动电力工业可持续发展、促进经济社会可持续发展。

在2006年的社会责任报告中，国家电网公司从自身性质和使命出发，深入阐述公司的"六个角色定位"，即作为关系国家能源安全和国民经济命脉的国有重点骨干企业，承担着实施国家能源发展战略，促进电力工业和经济社会可持续发展的责任；作为对经济社会具有重要影响力、带动力的中国资产规模最大的企业，承担着加强管理，提高效率和效益，最大程度创造社会财富的责任；作为经营范围遍及全国大部分城乡、有着广泛客户的电网经营企业，承担着为千家万户优质服务的责任；作为直接管理150万员工、影响近千万社会成员的企业，承担着员工发展、队伍建设、促进社会和谐的责任；作为开放透明运作的公用事业公司，承担着自觉接受政府监管和社会监督，依法规范经营的责任；作为遵循高尚道德标准和优秀企业行为准则的公司，承担着做优秀企业公民、为社会作道德表率的责任等。

时光荏苒，距离2006年的第一份社会责任报告已经六年的时间了。与往年社会责任报告不同，国家电网2011社会责任报告选择了"意愿、行为、绩效"的新内容框架，向社会各界介绍国家电网公司追求经济、社会和环境综合价值最大化的意愿、行为和绩效。报告披露了国家电网公司探索科学的企业社会责任观的最新成果，首次披露了国家电网的责任议题确定方法和责任议题落实机制，披露了国家电网2011年履责"十大实践"，并提出了2012年履责的"十大承诺"：

（1）城市地区：供电可靠率不低于99.90%，居民客户端电压合格率96%。农村地区：供电可靠率和居民客户端电压合格率，经国家电网公司核定后，由各省（自治区、直辖市）电力公司公布承诺指标。

（2）提供24小时电力故障报修服务，供电抢修人员到达现场的时间一般不超过：城区范围45分钟；农村地区90分钟；特殊边远地区2小时。

（3）供电设施计划检修停电，提前7天向社会公告。对欠费客户依法采取停电措施，提前7天送达停电通知书，费用结清后 24 小时内恢复供电。

（4）严格执行价格主管部门制定的电价和收费政策，及时在供电营业场所和网站公开电价、收费标准和服务程序。

（5）供电方案答复期限：居民客户不超过 3 个工作日，低压电力客户部超过 7 个工作日，高压单电源客户不超过 15 个工作日，高压双电源客户不超过 30 个工作日。

（6）装表接电期限：受电工程检验合格并办结相关手续后，居民客户 3 个工作日内送电，非居民客户 5 个工作日内送电。

（7）受理客户计费电能表校验申请后，5 个工作日内出具检测结果。客户提出抄表数据异常后，7 个工作日内核实并答复。

（8）当电力供应不足，不能保证连续供电时，严格按照政府批准的有序用电方案实施错避峰、停限电。

（9）供电服务热线"95598" 24 小时受理业务咨询、信息查询、服务投诉和电力故障报修。

（10）受理客户投诉后，1 个工作日内联系客户，7 个工作日内答复处理意见。

国家电网公司企业社会责任披露的历程始自 2006 年。那一年，国家电网公司发布了中国第一份企业社会责任报告，温家宝总理在报告上批示：这件事办得好。企业要向社会负责，并自觉接受社会监督。

2012 年 2 月 21 日，国家电网公司发布了 2011 年社会责任报告，这是该公司"十二五"首份社会责任报告，也是该公司连续发布的第 7 份年度报告。七本沉甸甸的社会责任报告，使得国家电网成为中国企业社会责任披露的领头羊。这段伟大的旅程体现在社会责任报告的字字句句当中，具化为公司每一项履责实践，也贯穿于企业发展的始终。

第三节　社会责任标准——SA8000

SA8000（Social Accountability 8000）即"社会责任标准"，是全球首个社会责任国际标准。该标准适用于世界各地、各行业、各种规模的企业。其依据与ISO9000质量管理体系及ISO14000环境管理体系一样，皆为一套可被第三方认证机构审核的国际标准。SA8000标准包括童工、强迫性劳工、健康与安全、组织工会的自由与集体谈判的权利、歧视、惩戒性措施、工作时间、工资、管理体系等方面。

一、SA8000标准概述

1. SA8000标准发展历程

1996年6月，欧美的商业组织及相关组织召开了社会责任制订规范的初次会议。该会议在商业（包括大西洋两岸的领先的商业公司）和非营利组织中引起了强烈反响，商界和非营利组织对新标准规范的制订极为关注。1997年初，经济优先权委员会成立了经济优先权委员会认可委员会（CEPPA），由CEPAA负责制定该标准，并根据ISO指南（质量体系评估和认证机构的基本要求）来评估认可认证机构。

之后，经济优先权委员会认可委员会（CEPAA）更名为社会责任国际（SAI）。SAI咨

通用公证行

询委员会负责起草社会责任国际标准，它由来自11个国家的20个大型商业机构、非营利组织、工会、人权及儿童组织、学术团体、会计师事务所及认证机构的有关人士组成。SAI在纽约召开的第一次会议上就提出了标准草案，最初名为SA2000，最终定名为SA8000社会责任国际标准，并在1997年10月公开发布。2001年12月12日，经过18个月的公开咨询和深入研究，SAI发表了SA8000标准第一个修订版，即SA8000：2001。

2. 制定 SA8000 标准的宗旨

制定 SA8000 标准的宗旨是为了保护人类基本权益。SA8000标准的要素引自国际劳工组织（ILO）关于禁止强迫劳动、结社自由的有关公约及其他相关准则、人类权益的全球声明和联合国关于儿童权益的公约。标准首先给出了对组织和公司进行独立审核的定义和核心要素，确认审核评判的基本原则。例如"儿童劳工"是该标准的核心要素之一，该要素的原则如下："公司不能或支持剥削性使用儿童劳工，公司应建立有效的文件化的方针和程序，从而推进未成年儿童的教育，这些儿童可能是当地义务教育法范围内应受教育者或正在失学的未成年儿童。"标准规定了具体的保证措施，如：在学校正常上课时间，不得使用未成年儿童劳工；未成年儿童劳工的工作时间、在校时间、工作与学习活动往返时间每天不得超过8小时；不得使用儿童劳动力从事对儿童健康有害、不安全和有危险的工作。

3. SA8000 认证的作用

（1）减少国外客户对供应商的第二方审核，节省费用；

（2）更大程度地符合当地法规要求；

（3）建立国际公信力；

（4）使消费者对产品建立正面情感；

（5）使合作伙伴对本企业建立长期信心。

4. SA8000标准对企业的要求

（1）不得使用或者支持使用童工；

（2）不得使用或支持使用强迫性劳动，也不得要求员工在受雇起始时交纳"押金"或寄存身份证件；

（3）应尊重所有员工结社自由和集体谈判权；

（4）反歧视原则；

（5）不得从事或支持体罚，精神或肉体胁迫以及言语侮辱；

（6）工作时间要严格遵守当地法律要求；

（7）企业支付给员工的工资不应低于法律或行业的最低标准；

（8）应具备避免各种工业与特定危害的知识，为员工提供安全健康的工作环境，采取足够的措施，降低工作中的危险因素，尽量防止意外或健康伤害的发生，为所有员工提供安全卫生的生活环境，包括干净的浴室，洁净安全的宿舍，卫生的食品存储设备等；

（9）高层管理阶层应根据本标准制定公开透明，各个层面都能了解并实施符合社会责任与劳工条件的公司政策；

（10）员工辞工需要提前一个月写出书面申请。

二、SA8000标准主要内容

1. 劳工标准

（1）童工。公司不应使用或者支持使用童工，应与其他人员或利益团体采取必要的措施确保儿童和应受当地义务教育的青少年的教育，不得将其置于不安全或不健康的工作环境和条件下；

（2）强迫性劳动。公司不得使用或支持使用强迫性劳动，

也不得要求员工在受雇起始时交纳"押金"或寄存身份证件;

（3）自由权。公司应尊重所有员工结社自由和集体谈判权;

（4）歧视。公司不得因种族、社会阶层、国籍、宗教、残疾、性别、性取向、工会会员或政治归属等而对员工在聘用、报酬、训练、升职、退休等方面有歧视行为;公司不能允许强迫性、虐待性或剥削性的性侵扰行为,包括姿势、语言和身体的接触;

（5）惩戒性措施。公司不得从事或支持体罚、精神或肉体胁迫以及言语侮辱。

2. 工时与工资

（1）公司应在任何情况下都不能经常要求员工一周工作超过48小时,并且每7天至少应有一天休假;每周加班时间不超过12小时,除非在特殊情况下及短期业务需要时不得要求加班;且应保证加班能获得额外津贴;

（2）公司支付给员工的工资不应低于法律或行业的最低标准,并且必须足以满足员工的基本需求,并以员工方便的形式如现金或支票支付;对工资的扣除不能是惩罚性的;应保证不采取纯劳务性质的合约安排或虚假的学徒工制度以规避有关法律所规定的对员工应尽的义务。

3. 健康与安全

公司应具备避免各种工业与特定危害的知识,为员工提供安全健康的工作环境,采取足够的措施,降低工作中的危险因素,尽量防止意外或健康伤害的发生;为所有员工提供安全卫生的生活环境,包括干净的浴室、洁净安全的宿舍、卫生的食品存储设备等。

4. 管理系统

公司高管层应根据本标准制定符合社会责任与劳工条件的

公司政策，并对此定期审核；委派专职的资深管理代表具体负责，同时让非管理阶层自选一名代表与其沟通；建立适当的程序，证明所选择的供应商与分包商符合本标准的规定。

三、SA8000 认证程序

SA8000 社会责任管理体系认证过程大致包括以下几个步骤：

1. 公司提交申请书

当公司完成准备工作，基本具备认证条件时，可向认证机构递交申请书，也可提前提交申请，在认证机构的指导下进行准备。

2. 评审和受理

认证机构对公司递交的申请书进行评审，审核其内容是否符合认证的基本条件，如符合则受理，不符合则通知公司不予受理。

3. 初访

社会责任管理体系十分注重现场表现，审核前对被审核方的访问是必要的。初访的目的是确定审核范围，了解公司现状，收集有关资料和确定审核工作量。

4. 签订合同

认证机构和委托方可就审核范围、审核准则、审核报告内容、审核时间、审核工作量签订合同，确定正式合作关系，缴纳申请费。

5. 提交文件

合同签订后，被审核方应向认证机构提供社会责任管理手册、程序文件及相关背景材料，供认证机构进行文件预审。

6. 组成审核组

在签订合同后，认证机构应指定审核组长，组成审核组，开始准备工作。

7. 文件预审

由审核组长组织审核组成员进行文件预审，如果社会责任管理文件存有重大问题，则通知被审核方或委托方，由被审核方进行修改并重新递交文件。如文件无重大问题，则开始准备正式审核。

8. 审核准备

审核组长组织审核组成员制定审核计划，确定审核范围和日程，编制现场审核检查表。

9. 预审

委托方认为有必要，可以要求认证机构在正式认证审核前进行预审，以便及时采取纠正措施，确保正式审核一次通过。

10. 认证审核

由认证机构按审核计划对被审核方进行认证审核。

11. 提交审核报告和结论

根据审核结果可能有三种结论，即推荐注册、推迟注册及暂缓注册。

12. 技术委员会审定

对审核组推荐注册的公司，认证机构技术委员会审定是否批准注册，如未获批准则需重新审核。

13. 批准注册

认证机构对审定通过的公司批准注册。

14. 颁发认证证书

认证机构向经批准注册的公司颁发 SA8000 认证证书。

15. 获证公司公告

认证机构将获证公司向 SAI 备案，由 SAI 在其网站公布。

16. 监督审核

认证机构对获证公司进行监督审核，监督审核每半年一次，认证证书有效期为三年，三年后需进行复评。

四、SA8000发展现状

1. SA8000认证的总体状况

SA8000自1997年10月公开发布后就受到国际社会的广泛重视，认证工作发展迅速。根据社会责任国际官方网站的数据1998年底全球仅有8家组织获得认证，截至2010年初，全球已有63个国家66个行业共2103家企业或组织获得SA8000标准认证，涉及的劳动者共1213796人。

2. SA8000认证涉及企业或组织数量

从1998年至今，国际上通过SA8000认证的企业数量保持了一个较快的增长速度，截止到2010年初的统计结果见下表：

全球通过SA8000认证企业总数的年度对比单位

年份	企业数	年增长率/%
2009	2103	12
2008	1874	19
2007	1580	32
2006	1200	36
2005	881	54
2004	572	67
2003	342	79
2002	191	68
2001	114	54
2000	74	95
1999	38	375
1998	8	

从1998年到2009年，SA8000认证一直保持了一个较快的年增长速度递增。从其发展趋势来看，虽然SA8000尚未转化为ISO国际标准，但它已得到国际范围内的认可，是未来国际竞争中组织获得成功的一个重要组成部分。

3. SA8000认证涉及员工数量

从SA8000标准涉及员工数量来看，截止到2010年初，共有1213796名工人与之有关联，其中，印度已超过中国位居第一位，涉及工人总数319505人，占全球总数的26.32%，中国企业工人人数为215987人，占全球总量的17.79%，位于第三位的是意大利共202093人。具体分布见下表：

SA8000认证涉及部分工人数量分布情况单位

国家/地区	企业	数量占比/%	国家/地区	企业	数量占比/%
印度	319505	26.32	罗马尼亚	11478	0.95
中国	215987	17.79	哥斯达黎加	11212	0.92
意大利	202093	16.65	泰国	10268	0.85
巴西	70230	5.79	葡萄牙	9871	0.81
西班牙	67319	5.55	孟加拉国	7958	0.66
越南	61322	5.05	肯尼亚	5704	0.47
巴基斯坦	57226	4.71	阿根廷	4731	0.39
菲律宾	28657	2.36	巴拿马	4350	0.36
中国台湾	23650	1.95	阿联酋	4169	0.34
斯里兰卡	16582	1.37	中国香港	4127	0.34
德国	16269	1.34	其他	45645	3.76
印尼	15443	1.27			

4. 认证的产业分布

SA8000 认证涉及的行业分布

行 业	数 量	行 业	数 量
服装	375	纸制品／印刷	39
纺织	208	能源	32
清洁服务	114	食品服务	32
建筑	101	信息技术	31
食品	73	后勤	31
商业服务	64	辅助设备	30
社会服务	63	工业设备	27
金属制品	59	垃圾处理	27
资讯顾问	57	工程／开发	26
交通运输	52	计算机产品和服务	1.37
化学品	1.34	电气设备	25
塑料制品	48	医疗／制药	27
电子产品	47	皮革	21
鞋类	44	金属与采矿	21
家具	42	其他	321

认证企业的产业分布见上表。从表中可以看出，通过认证居前五位的行业主要为劳动密集型行业，为服装、纺织、清洁服务、建筑行业和食品行业，分别有375家、208家、114家、101家和73家企业通过认证，从发展趋势来看，全球获得认证的企业所属行业正在从传统的劳动力密集型的第一和第二产业

向第三产业延伸,这充分说明各个行业已经越来越意识到该认证对企业发展的重要作用。⑨

五、SA8000 标准评析

关于 SA8000,我国多数学者都认为其具有某种贸易壁垒的特性,将其称之为"蓝色壁垒"。蓝色壁垒是指以劳动者劳动环境和生存权利为借口采取有关的贸易保护措施,是对劳动保障、劳动者待遇、劳工权利、劳动标准等方面规定的总称,它和政治权利相辅相成。

我国许多学者认为,SA8000 是标准蓝色壁垒的核心。随着贸易保护主义的重新抬头和贸易壁垒形式的不断翻新,作为旨在关注劳工身心健康和劳工权益的 SA8000,它不仅迎合了发达国家借口保护人权和环境,从而达到保护本国产业、抑制发展中国家竞争优势的目的,而且也满足了公众和消费者关注可持续发展的好奇心。因此,SA8000 这种新的贸易壁垒形式的隐蔽性和欺骗性使其在推行的过程中出奇得顺利。

SA8000 作为一个认证体系明确了社会责任规范,也提出了相应的管理体系要求。将社会责任和管理相结合在一定程度上可以规范社会组织尤其是企业的道德行为,有助于改善劳动条件,保障劳工权益。虽然 SA8000 的宗旨是好的,但是在关税和非关税壁垒不断被削减的今天,非常容易被贸易保护主义者所利用,成为限制发展中国家劳动密集型产品出口的工具。

SA8000 实际上的强制性认证,使这个"工作场所的行为标准"演变成了国际贸易与国际劳工标准"挂钩"之争的延续,把本来属于解决生产链与供应链内部的劳资问题,提升到国家层面的贸易关系问题。随之而来,一个原本自愿选择的企业标准,变成了一个带有强制性的国际贸易标准。

虽然多数学者认为 SA8000 具有贸易壁垒的特征,但是也有持相反意见的，认为 SA8000 不具备贸易壁垒的特征：从产生过程看，SA8000 的出现是为了解决多种社会责任标准的一致性问题，而不是为了削弱发展中国家产品的竞争力，社会责任运动的根本基础是公众，而公众不会是贸易壁垒的始作俑者；从标准的内容看，SA8000 具有普遍性与灵活性；从标准的性质看，SA8000 是由非官方制定的标准，不属于国家行为，跨国公司在要求其供应商获得 SA8000 认证时是为了自身的利益而不是出于限制贸易的目的。

第四节　社会责任指南——ISO26000

　　国际标准化组织（International Standard Organization，缩写为ISO）从2001年开始着手进行社会责任国际标准的可行性研究和论证。2004年6月，最终决定开发适用于包括政府在内的所有社会组织的"社会责任"国际标准化组织指南标准，由54个国家和24个国际组织参与制定，编号为ISO26000，是在ISO9000和ISO14000之后制定的最新标准体系。这是ISO的新领域，为此ISO成立了社会责任工作组（WGSR）负责标准的起草工作。2010年11月1日，国际标准化组织(ISO)在瑞士日内瓦国际会议中心举办了社会责任指南标准(ISO26000)的发布仪式，该标准正式出台。

一、ISO26000 概述

1. 开发 ISO26000 的背景

　　自20世纪初以来，随着经济的全球化，跨国公司快速发展，全球化、一体化进程加快，环境问题开始显现，劳工、消费者权益、质量管理等问题层出不穷。在此背景下，全球社会责任运动不断发展，最初只针对企业，提出企业社会责任（CSR），并且主要涉及技术领域，出现了众多生产守则，大多由行业或企业自身制定，用于约束供应商的与劳工相关的行为。但是这些生产守则之间彼此互不承认，导致一家供应商可能要同时应对不同的生产守则，降低了生产效率，提高了产品成本，并且容易引起混乱。在此情形下，一些民间组织根据此种情况采取了相应的举措。国际劳工组织（ILO）在上世纪90

年代大力推行自己的国际劳工标准,联合国全球契约办公室在全球契约十项原则的基础上由联合国发起成立,美国的民间组织社会责任国际(SAI)于2001年12月12日,经过18个月的公开咨询和深入研究,SAI发表了SA8000标准第一个修订版,即SA8000:2001并被广泛应用于第三方认证,全球报告倡议组织(GRI)发布可持续发展报告指南(最新版本G3)并被广泛接受。

虽然各种组织对企业社会责任领域作出了自己的贡献,促进了社会责任的发展,但是这些标准、指南、规范大都针对一个方面的问题,比如劳工实践、环境问题,不够全面,很有局限性,并且没有形成统一的意见,各方观点不一。在这种情况下,本世纪初,ISO依照所属的消费政策委员会(COPOLCD)提请,着手制定企业社会责任相关的标准。

2. ISO26000 的开发历程

ISO26000的开发经历了一个复杂而漫长的历程,大致可分为准备、草拟和发布三个阶段。ISO从2001年开始着手进行社会责任国际标准的可行性研究和论证。后经广泛调查和研究,最终在2004年决定开发ISO26000社会责任指南,并于2005年正式实施项目计划。2005年9月在泰国曼谷举行的ISO社会责任标准第二次会议是整个标准开发的一个重要转折点。此次会议确定了ISO26000标准的最终草案完成时间至发布前的工作安排,确定了制定标准的机构和主要内容,使标准的开发进入了实质性阶段。2006年5月,在葡萄牙首都里斯本社会责任标准第三次会议上,拟订了标准的第一稿;2007年1月在澳大利亚西尼社会责任第四次会议上,则确定了标准的核心内容。从此,该标准的开发"开始朝着一个正确的方向发展"。2010年9月12日,ISO26000最终草案(FDIS)经ISO成员国组织以93%

赞成票获得最终通过，并于同年11月1日在日内瓦（瑞士）国际会议中心举办发布仪式。

二、ISO26000 的主要内容

ISO26000《社会责任指南》主要内容包含七部分：

1. 与社会责任有关的术语和定义

识别并提供了本国际标准所用关键术语的含义。这些术语对理解社会责任和使用本国际标准至关重要。

2. 与社会责任有关的背景情况

阐述了那些已经影响社会责任发展并继续影响其性质和实践的因素、条件和重要问题，也阐述了社会责任本身的概念——它意味着什么以及它如何应用于组织。

3. 与社会责任有关的原则和实践

介绍和阐明了社会责任的原则，阐述了两种社会责任实践。指南中指出，社会责任原则包括七个方面：（1）承担责任；（2）透明度；（3）道德行为；（4）尊重利益相关者的利益；（5）尊重法律规范；（6）尊重国际行为规范；（7）尊重人权。

4. 社会责任核心主题和问题

阐述了与社会责任有关的核心主题和相关问题。其中，七个核心主题分别为（1）组织管理；（2）人权；（3）劳工；（4）环境；（5）公平经营；（6）消费者权益保护；（7）社区参与和发展。针对每个核心主题，就其范围、与社会责任的关系、相关原则与思考以及相关行动与期望提供了信息。

5. 社会责任的履行

提供了将社会责任融入到组织实践中的指南。具体包括：（1）意识到企业的社会责任；（2）社会责任方面的已有先例；（3）增强社会责任方面的信誉；（4）评估并改进组织中有关社会责任方面的行为；（5）和利益相关各方交流社会责任；（6）

组织中和社会责任相关的特点之间的关系。

通过把社会责任融入到组织的政策、文化、策略和具体行动中，在企业内部培育实践社会责任的能力，在企业内外和各利益相关方沟通社会责任方面的内容，实现企业的有社会责任地运营。

6. 处理利益相关方问题

讨论的是社会责任的两个基本做法——组织对其社会责任的辨识；识别利益相关方并促其参与。

7. 社会责任相关信息的沟通

包括内部沟通和外部沟通。

三、ISO26000 标准与 SA8000 标准

作为最具代表性的社会责任国际标准，ISO26000 与SA8000标准在适用范围、社会责任概念的界定、核心主题及其在国际社会中发挥的作用皆有所差别：

1. 适用范围有所不同

SA8000标准适合于供应链体系中的所有公司，不受地域、产业类别和公司规模限制，包括零售商、批发商、供方、分包方及其合同或订单工厂。一般来说，零售商或者批发商要求它们的供应链，包括每一条生产线都能提供合法的工作条件，符合SA8000标准。申请审核的工厂往往是一家直接供方或者分包方，这样可以鼓励多层次的供方寻求SA8000认证。

相较于SA8000标准，ISO26000标准有着更强的适用性，它适用于发达国家以及发展中国家有关公共或者私人部门的所有类型的组织，包括非营利组织、学校、工会、企业等，不局限于公司。该标准有三个特性：一是指导性的文件；二不用于第三方认证；三不是管理体系。该标准仅仅是针对组织履行社会责任的指南和指导方针，不是强制性要求和管理体系标准，

也不像SA8000标准一样用于认证。

2. 对社会责任概念的界定有所不同

SA8000标准未对社会责任的概念进行界定，仅对公司、供应商、分包商、下级供应商、补救行动、纠正行动、利益相关方、儿童、青少年工人、童工、强迫劳动、救济儿童、家庭工人的概念进行了定义。

在ISO26000标准中将社会责任定义为"通过透明和道德行为，组织为其决策和活动给社会和环境带来的影响承担的责任。这些透明和道德行为有助于可持续发展，包括健康和社会福祉，考虑到利益相关方的期望，符合适用法律并与国际行为规范一致，融入到整个组织并践行于其各种关系之中"。

3. 核心主题有所差别

SA8000标准界定的核心主题涉及劳工保护和人权方面的问题，其根由在于对组织社会责任主题的曲解或误解，这从某种程度上反映了社会责任运动尚处于探索阶段。

ISO26000标准在这方面则取得了突破，它界定了社会责任的核心主题有七个方面，明确了社会责任的基本思路与基本原则，是站在全球平衡和可持续发展角度思考得出的结论。

4. 标准的侧重点有所不同

从标准的内容上来看，两个标准的侧重点有所不同。SA8000标准更多的是对劳工保护方面的规定，如不准使用童工、不准强迫劳动、不准歧视员工等，这也是国际社会刚刚意识到企业社会责任问题的初始反映。当时其他方面的企业社会责任问题还不是那么突出，人们关注的焦点一般放在劳工问题上，由此SA8000标准规范了企业在劳工保护方面的社会责任。

随着社会责任运动的发展，企业在经营过程中出现的其他问题越来越突出，仅规范企业对劳工的社会责任已不能涵盖企业在生产经营活动中出现的各方面CSR相关问题。由此国际社会产生了制定一个更为全面的新标准的需求,促成了ISO26000标准的出现。为适应国际社会的需求,ISO26000标准涵盖的内容更加广泛纳入了不同利益相关方的诉求。

作为最具代表性的社会责任国际标准,尽管二者在标准的适用范围、对社会责任概念的界定、核心主题等方面存在差异,但它们都在企业社会责任的发展过程中扮演着重要角色。将对我国社会责任管理体系的构建、共同的价值理念的形成和企业诚信制度的建立产生深远的影响。

四、中铝公司发布中国首份ISO26000社会责任报告

2011年4月28日,中国铝业公司向社会公开发布了2010年社会责任报告,这是中铝自2005年以来发布的第六份社会责任报告,也是国内首份按照最新的社会责任国际标准ISO26000体系编写的社会责任报告。

这份报告从科学发展、人权、劳工实践、环境、公平运营、用户、社区参与和发展等角度,反映中铝2010年在履行社会责任方面所做的努力和取得的成绩。

中国有色金属工业协会会长陈全训说,这是一份充满新意的报告。报告突出地披露了公司的人权状况,对在采购与投资中的人权尊重、妇女权益保障、厂区和矿区居民的保护、劳工基本权利与保障等方面都做了阐述;对人权状况的公开披露,体现了一个优秀企业的责任担当。同时,报告还如实阐述了生产经营和责任履行中的不足,显得诚实、可信,体现了公司持续改进的态度和决心。

国务院国资委研究局副局长楚序平说,按照ISO26000体系编写社会责任报告,提高了报告的规范化和国际化水平,有利于提升国际范围内的沟通效果,提升报告价值,是中央企业进

行社会责任信息披露的一个新尝试。

2012年3月1日，商务部《WTO经济导刊》公布了"中国2011年企业社会责任十大事件"评选结果，"中铝公司编发中国首份ISO26000社会责任报告"入选并排名第二。在入选理由一栏是这样写的：

在"十二五"开局之年，作为国内首个采用ISO26000社会责任国际标准编制公司社会责任报告的企业，中铝公司借助于ISO26000社会责任国际标准创新发展企业社会责任报告的结构和沟通方式，不仅实现了公司企业社会责任理念和实践的深度挖掘、有效梳理和系统展现，同时对于创新社会责任报告信息披露方式、探索ISO26000实施路径，以及提升企业可持续发展素质等方面都进行了开创性的思考和实践。

这些探索和实践，在中央企业实施五大战略，努力培育具有国际竞争力的世界一流企业的背景下，一方面显示出了中铝公司致力于打造可持续发展的世界一流矿业公司的战略意识，更为重要的是，对于国际标准在中国的创新运用也提供了可供参考的借鉴和有益启示。

参考文献：

① 姜启军：《浅析企业社会责任战略管理和实施》，载《江淮论坛》，2007年第4期

② 刘立燕：《企业可持续发展的战略选择：社会责任管理》，载《经济与管理》，2004年第12期

③ 赵景华，李代民：《政府战略管理三角模型评析与创新》，载《中国行政管理》，2009年第6期

④ 罗云，李惠玲：《企业社会责任信息披露研究》，载《管理论坛》，2010年第10期

⑤ 谢晖，曾郁林：《法国社会责任会计信息披露模式》，载

《中国工会财会》，2009年第12期

⑥罗云，李惠玲：《企业社会责任信息披露研究》，载《管理论坛》，2010年第10期

⑦张根文，朱永勇：《企业社会责任会计信息披露现状与对策》，载《财会通讯》，2010年第9期

⑧时薛原：《论企业社会责任会计信息披露模式框架》，载《会计之友》，2008年第4期

⑨冯国峰，周杰，朱蓓蓓：《SA8000标准的国际认证现状及思考》，载《南通职业大学学报》，2010年第3期

后记

"什么是社会责任"，"社会责任包括什么内容"，"如何进行社会责任管理" 等等问题一直困惑着我。我是一个做社会责任管理工作的人，如何做好单位的社会责任工作，尤其是要将社会责任落实到具体工作中，真不知从何着手。

我记得是 2010 年下半年，集团公司质量安全与社会责任部吴永亮副主任来我单位检查社会责任工作。

我们共同探讨社会责任的学习问题，企业的社会责任方面已经有一些书籍了，但如何全面的理解社会责任，如何开展这方面的工作，还是一片茫然。吴主任希望我写一本这方面的书，我也就欣然接受了。

阅读了一些有关的书，查阅了相关的资料，就给山西人民出版社报了社会责任选题报告，没想到顺利批下来了，同意出版。

本书的总体框架，社会责任的定义、组成、主体以及管理，这些如何着手，如何落笔，如何给读者呈现一个完整的社会责任全景图，怎样才能浅显易懂等等，都是摆在我们面前的困难问题。

在这期间，与中国电子科技公司质量安全与社会责任部、广东东莞科协、四川成都大学、山西省经信委电子信息处、太原市科技局、太原市信息中心、太原市小店区执法局等单位的领导和同仁探讨社会责任问题，受益匪浅。

在草稿中没有《公民的社会责任》这一章，并不是这一章不重要，而是实在不知如何写，只好放弃了。没想到山西人民出版社的姚军副总编辑坚决要求加上这一章，因为他深刻地认识到公民社会责任的重要性。他给我们谈了公民道德与社会和谐的关系，公民道德在社会主义初级阶段应有的作用。于是我们加上了第七章《公民的社会责任》，说句实话，写是写出来了，但距姚副总的要求相去甚远。

说起公民的社会责任，我突然想起三个朋友。第一个是山西天能科技股份有限公司的秦董事长，他20世纪80年代做服装生意起家，90年代做餐饮业，2000年以后又转型到太阳能光伏产业。他是一个成功的转型人士，但他最了不起也让我佩服的，就是无论在生意之初，还是在成功之后，他都是一个慈善家。他每年都要投入上百万元，专门用于治疗先天性心脏病儿童，只要符合帮扶条件，他的救助基金就会帮扶。

我的另一个朋友是山西宇翔科技有限公司的许总，他的公司并不大，利润也不高，但他每年要帮扶几个贫困儿童上学，有的要帮扶到小学毕业，有的要帮扶到中学毕业，每年帮扶的贫困儿童的数量都在累计，这是一笔不小的开支。

第三个朋友是山西金厦建筑工程有限公司的郭总，为了传承围棋文化，他连续三届承办并赞助了"金厦杯"山西省业余围棋甲级联赛。前些天在一起时他说："我主办山西围甲联赛，一不为名，二不为利，只为山西围棋界人士有个交流的舞台。"这是多么朴实的话。

有些事情说起来简单，可是做起来就不容易了。我们的世界多一些像秦董、许总、郭总这样的人，我们的社会就会更加和谐，世界就会变得更美好。

出版社要求本书尽量浅显易懂，让它成为一本人从都喜闻乐见的书，都能读懂的社会责任读本。这是一本有关社会学的书籍，如何达到出版社的要求，也太难了。几易其稿，终于可以交差了，尽管没能满足出版社的要求，只是我们尽力了。

在本书中一定存在不少让社会责任专家耻笑的或者不屑一顾的问题。但自然科学工作者编写社会学方面的书籍，其优势在于从自然科学的角度来谈论社会责任，也许给解决社会责任问题一种全新的诠释。

在本书中，有一些是我们提出的观点，如把可持续发展责任中的环保责任和创新责任列入了社会责任中，如社会责任的主体问题，此乃一家之言，万勿口诛笔伐。社会在进步，我国的社会责任发展方向，社会责任在社会发展中的作用都有待进一步探索和研究。

本书由多名热爱社会责任的业余工作者共同努力合作完成，得到了许多单位领导以及朋友们的大力支持和帮助，在此表示衷心感谢。我们引用了许多参考资料和文献，在此对原作者表示衷心的感谢。在搜集资料时，查阅了大量社会责任的案例，有许多案例的确很好，在本文中，不能一一列举，只能表示遗憾了。

由于笔者水平有限，我们的社会责任探讨还有许多欠缺之处，诚盼各位专家和广大读者给予批评指正。

张福生

2012 年 3 月于太原